NPO
MANAGEMENT
INNOVATION THEORY

NPO 경영 혁신론

김성철
김태현
유옥자
윤승호
최명순
허　찬
홍병옥
공저

양성원

머리말

지금 우리는 문명의 전환기에 서 있습니다. 기술은 상상을 초월할 정도로 발전하고, 세계는 국경과 시간을 뛰어넘어 연결되고 있지만, 그 안에서 오히려 인간의 존엄과 공동체의 가치는 점차 희미해지고 있습니다. 기후위기, 양극화, 사회적 고립, 돌봄의 붕괴와 같은 복합적 사회문제는 더 이상 국가나 시장 중심의 전통적 해결 방식만으로는 풀 수 없는 구조적 한계에 이르고 있습니다. 이처럼 시스템이 한계에 도달한 이 시점에서, 우리는 비영리조직(NPO)이라는 대안을 다시 주목해야 합니다.

비영리조직은 단지 공공서비스의 보완자가 아닙니다. 이들은 지역사회에서 가장 먼저 위기를 감지하고, 가장 낮은 곳에서 사람들의 목소리를 듣고, 가장 절실한 곳에 손을 내미는 실천의 주체입니다. 시민의 참여를 촉진하고, 사회적 연대와 신뢰를 회복하며, 민주적 공공성을 실현하는 데 있어 NPO는 그 누구보다 핵심적인 위치에 있습니다. 그렇기에 NPO가 얼마나 역동적이고 전략적으로 운영되느냐에 따라 공동체의 회복력과 미래 사회의 방향이 결정될 수 있습니다.

그러나 오늘날 많은 NPO들은 중대한 전환의 갈림길에 서 있습니다. 사명은 고귀하나 재정은 불안정하고, 공동체를 위한다는 사명에도 불구하고 내부의 갈등이나 전략 부재로 조직의 역량은 쉽게 한계에 부딪히고 맙니다. 열정만으로는 지속하기 어려운 시대, 행정 중심의 관행과 수치로만 평가되는 성과주의, NPO의 전문성과

가치를 낮게 보는 사회적 인식은 이제 NPO 스스로가 "경영 혁신"을 통해 돌파해야 할 과제입니다.

오늘날의 NPO는 더 이상 선의만으로 존재할 수 없습니다. 변화하는 사회의 복잡성을 이해하고, 이해관계자들과의 협력을 조율하며, 사회적 임팩트를 전략적으로 설계하고 실행할 수 있어야 합니다. 기획과 실행, 커뮤니케이션, 재무, 리더십, 기술 활용 등 다면적인 역량이 요구되는 NPO 경영 환경 속에서 '경영 혁신'은 선택이 아니라, 공공성과 지속가능성을 위한 필수조건이 되었습니다.

『NPO경영혁신론』은 이러한 인식 아래 기획되었습니다. 이 책은 단순한 이론서가 아닙니다. 현장에서 실질적으로 활용할 수 있는 전략, 도구, 사례, 그리고 제도적 조건과 변화 요인을 함께 담고자 했습니다. 각 장은 현장의 실무자들이 겪는 고민에서 출발하여, 경영적 관점과 공공성의 균형을 고민하고자 하였으며, 변화의 기획자이자 실행자로서 NPO가 어떻게 사회적 혁신을 선도할 수 있는지를 모색합니다.

이 책은 경영자와 실무자뿐만 아니라, NPO 현장의 변화와 혁신을 준비하는 리더와 중간관리자, 공공과 시민사회 사이에서 협력하는 실천가, 대학과 교육기관에서 미래 인재를 양성하는 교수자와 학습자, 그리고 사회적 가치 실현에 관심 있는 모든 사람들에게 의미 있는 나침반이 되기를 바랍니다. 향후 이 책이 다양한 교육과정의 교재로 활용되고, 현장과 행정을 잇는 실천적 교량이 되기를 기대합니다.

이 책이 세상에 나오기까지 함께 집필에 참여해 주신 모든 전문가 여러분께 깊이 감사드립니다. 각자의 전문성과 경험을 아낌없이 나눠 주신 분들이 있었기에 이 책은 단순한 이론서가 아닌, 살아 있는 현장의 목소리를 담은 실천적 지침서가 될 수 있었습니다. 또한 어려운 출판 여건 속에서도 기꺼이 이 책의 기획과 출간을 맡아 주신 양성원 출판사 대표님과 정성을 다해 편집에 임해주신 편집팀 여러분께도 진심으로 감사드립니다.

무엇보다 오늘도 현장에서 묵묵히 사람과 사람 사이를 잇고, 공동체를 지켜내는 수많은 NPO 실무자, 사회복지사, 활동가, 공익 리더들께 이 책을 바칩니다. 이 책이 여러분의 실천에 작은 영감과 용기를 더하고, 새로운 시대의 비전과 전략을 함께 그리는 출발점이 되기를 바랍니다.

변화는 위대한 이론보다, 작지만 실천적인 손끝에서 시작됩니다.

이 책이 우리 사회의 공공성과 공동체 회복을 위한 진지한 여정에 의미 있는 발걸음이 되기를 바랍니다.

2025년 8월

저자일동

차 례

CHAPTER 01

NPO 경영 혁신의 필요성과 도전

NPO 경영 혁신의 필요성과 도전

Chapter 01

1. NPO 경영

NPO(Non-Profit Organization, 비영리 조직) 경영은 영리를 목적으로 하지 않고 공익적 목적과 사회적 가치를 실현하기 위해 조직을 운영하는 모든 과정을 포함한다. 이는 사회 문제를 해결하거나 특정 커뮤니티의 복지를 증진시키기 위해 운영되며, 미션 중심의 전략과 효율적인 자원 관리를 통해 지속 가능성을 확보하는 데 초점을 둔다(피터 드러커의 비영리단체(NPO) 경영론, 1990).

1) NPO 경영의 목적

NPO(Non-Profit Organization) 경영의 목적은 공익을 실현하고 사회적 가치를 창출하는 데 있다. 이는 영리 기업의 이윤 추구와는 달리, 사회적 문제를 해결하거나 특정 커뮤니티의 복지와 삶의 질을 향상시키는 데 중점을 둔다. 주요 목적은 다음과 같다.

(1) 사회적 가치 실현

NPO는 교육, 빈곤, 환경보호, 인권, 의료 등 다양한 사회적 문제를 해결하기 위해 존재한다. 이들은 경제적 가치보다는 사회적, 환경적, 인도적 가치를 우선시한다.

(2) 공익 증진

특정 개인이나 집단의 이익이 아닌, 모든 사람에게 이익을 줄 수 있는 공공의 목적을 추구한다. 이는 지역사회, 국가, 혹은 전 세계를 위한 활동일 수 있다.

(3) 지속 가능한 사회 구축

현재 뿐만 아니라 미래 세대의 복지를 고려하여, 지속 가능하고 공정한 사회를 만드는 데 기여한다. 환경 보호, 재생 에너지 도입, 커뮤니티 개발 등 지속 가능한 프로젝트를 추진한다.

(4) 커뮤니티 강화 및 참여

지역 사회의 문제를 해결하고, 구성원들이 적극적으로 참여할 수 있는 구조를 만든다. 또한 커뮤니티 내에서 협력과 신뢰를 강화하여, 공동체의 역량을 증진시킨다.

(5) 소외된 계층 지원

사회적으로 소외된 계층, 취약 계층, 혹은 도움이 필요한 사람들에게 직접적인 지원을 제공한다. 이 과정에서 기회 평등과 공정성을 강조한다.

(6) 사회 혁신 촉진

창의적이고 혁신적인 접근 방식을 통해 기존의 문제를 새로운 방법으로 해결한다. 기술, 데이터, 협력 네트워크 등을 활용하여 사회적 변화를 주도한다.

(7) 공공 의식 향상

기부, 자원봉사, 환경보호 등 사회적 책임에 대한 의식을 높이고, 사람들이 공공의 이익을 위해 행동하도록 독려한다.

(8) 협력과 네트워크 구축

다른 비영리단체, 정부, 기업과 협력하여 더 큰 임팩트를 만들어낸다. 파트너십을 통해 자원을 공유하고 시너지 효과를 창출한다.

2) NPO 경영의 핵심 요소

NPO(Non-Profit Organization) 경영의 핵심 요소는 조직의 미션을 달성하고 지속가능한 운영을 보장하기 위해 필수적으로 관리되어야 하는 분야들이다. NPO는 공익 실현을 목표로 하며, 자원의 효율적 활용과 이해관계자와의 신뢰 구축이 중요합니다. 구체적으로 NPO 경영의 핵심 요소는 다음과 같다(김정린, 2005).

(1) 미션 중심 경영

NPO의 모든 활동과 의사결정은 조직의 미션(사명)에 기반해야 한다고 정의한다. 또한 명확한 미션은 조직의 방향성을 제시하며, 이해관계자와의 소통과 협력을 용이하게 한다. 환경보호 단체는 기후변화 대응, 플라스틱 사용 감소와 같은 미션에 따라 전략과 프로그램을 설계하는 부분 등이 미션 중심 경영에 대한 예시이다(희망제작소, 2010).

(2) 재원 조달 및 관리

NPO의 주요 자금원인 기부금, 후원금, 정부 보조금 등을 확보하고 투명하게 관리하는 과정이라고 정의한다. 핵심 전략으로서 다양한 수입원 확보, 재정 투명성 확보, 지속 가능성 확보 등이 있다. 또한 Water는 기부금의 100%를 프로젝트에 사용하고, 운영비는 별도의 기금으로 충당하는 구조를 운영한다는 부분은 재원 조달 및 관리에 대한 예시이다(네이버블로그 gelpax, 2004)

(3) 인적 자원 관리

직원과 자원봉사자의 역량을 강화하고 조직에 기여할 수 있도록 동기 부여하는 것으로 정의한다. 핵심 전략으로서 자원봉사자 활용, 직원 및 자원봉사자 교육을 통해 전문성 제고 등의 역량 강화, 공정한 보상 및 인정 부분이 있다. 또한 Habitat for Humanity는 지역사회 자원봉사자들과 협력하여 주택 건설 프로젝트를 성공적으로 운영하는 부분은 인적 자원 관리에 대한 예시이다(이로운넷, 2023).

(4) 성과 측정 및 평가

조직이 창출한 사회적 가치를 정량적, 정성적으로 평가하여 목표 달성 여부를 파악하는 것으로 정의한다. 핵심 전략으로서 조직의 활동이 사회적 변화를 얼마나 이끌었는지 측정하는 성과지표 개발과 이해관계자로부터 받은 피드백을 기반으로 프로그램을 개선하는 피드백 체계 구축, 기부자와 후원자에게 성과를 정기적으로 보고하는 투명한 보고 부분이다(소셜이노베이션그룹, 2014).

(5) 커뮤니케이션 및 홍보

조직의 미션, 성과, 필요 자원을 효과적으로 알리는 활동으로 정의하며 디지털 마케팅 활용, 스트리텔링, NPO의 신뢰성과 정체성을 확립하는 브랜드 전략인 브랜드 강화 부분이 핵심 전략이다(희망제작소, 2010).

(6) 파트너십 및 협력

정부, 기업, 다른 NPO와 협력하여 자원을 공유하고 시너지 효과를 창출하는 것으로 정의하며 다양한 이해관계자와의 네트워크 형성하는 다자간 협력, 협력 기관과 명확한 공통 목표 수립하는 공동 목표 설정, 협력 기관 간 역할 분담과 자원 공유하는 효율적 자원 배분이 핵심 전략이다. 또한 World Wildlife Fund(WWF)는 정부 및 민간 기업과의 협력을 통해 환경 보호 프로젝트를 실행하는 것은 파트너십 및 협력에 대한 예시이다.

(7) 기술 활용 및 디지털 전환

데이터 분석, 자동화, 디지털 플랫폼을 통해 조직의 효율성과 성과를 증대하는 것으로 정의하며 기부자 및 후원자 관계 관리를 위한 도구를 활용하는 CRM (Customer Relationship Management), 기부자 편의를 위한 디지털 결제 시스템 제공하는 온라인 기부 플랫폼 운영, 데이터 분석을 통해 효과적인 프로그램을 설계하는 데이터 기반 의사결정 부분이 핵심 전략이다. 또한 디지털 플랫폼을 통해 소액 금융 서비스를 제공하여 전 세계 소상공인을 지원하는 것은 기술 활용 및 디지털 전환에 대한 예시이다.

(8) 투명성과 책임성

재정, 성과, 의사결정 과정에서 신뢰와 투명성을 유지하는 것으로 정의하며 재정 내역 및 프로그램 성과를 명확히 공개하는 정기적 감사 및 보고, 모든 활동에서 공정성과 윤리를 우선하는 윤리적 의사결정, 이해관계자 의견을 수렴하고 조직 운영에 반영하는 피드백 체계 구축은 핵심 전략으로 본다. 또한 Transparency International은 모든 활동 내역을 정기적으로 보고하고, 신뢰성을 높이는 데 집중하는 부분 등은 투명성과 책임성의 예시이다.

NPO 경영의 핵심 요소는 조직의 목적과 사회적 임팩트를 달성하기 위해 필수적으로 관리해야 할 요소들이며 이러한 요소들을 잘 운영하면 조직은 신뢰를 얻고 지속 가능한 공익 활동을 통해 사회에 긍정적인 변화를 이끌 수 있다.

2. NPO 경영 현황

NPO(Non-Profit Organization, 비영리조직)의 경영 현황은 국가, 지역, 활동 분야에 따라 다르지만, 전 세계적으로 공통적으로 나타나는 주요 트렌드와 특징이 있다. 다음은 NPO 경영의 전반적인 현황을 다룬 내용이다(조대연 외, 2008).

1) NPO의 글로벌 증가

(1) 전 세계적으로 NPO의 수가 꾸준히 증가하고 있습니다. 이는 복잡한 사회적 문제를 해결하고자 하는 민간 주도의 노력이 늘어난 결과이다.

(2) 유엔 보고서에 따르면, 전 세계에 약 1천만 개 이상의 비영리단체가 활동 중이며, 이는 공공서비스 제공의 중요한 축으로 자리 잡고 있다.

(3) 개발도상국에서는 정부의 역할이 부족한 분야를 보완하기 위해 NPO가 필수적이다.

2) 주요 활동 분야

NPO는 다양한 사회적 문제 해결을 목표로 여러 분야에서 활동하고 있다. 주요 활동 분야는 다음과 같다.

(1) 빈곤 퇴치 및 인도적 지원: 난민 지원, 기아 해결, 재난 구호 등.

(2) 교육: 취약 계층 교육, 평생 학습, 디지털 교육 확대.

(3) 보건 및 의료: 전염병 예방, 보건 서비스 제공, 정신 건강 지원.

(4) 환경 보호: 기후 변화 대응, 재활용 캠페인, 생태계 복원.

(5) 인권 및 사회 정의: 소수자 권리 보호, 성 평등, 법적 지원.

3) NPO의 재정 현황(노태일, 2016).

대부분의 NPO는 외부 재원(기부금, 정부 보조금, 기업 후원)에 크게 의존한다. 최근에는 사회적 투자(social investment)와 같은 새로운 재정 모델이 도입되면서 지속 가능성을 높이고 있다. 사회적 기업 운영을 통해 자체 수익을 창출하거나 크라우드펀딩 플랫폼을 활용해 다수의 소액 기부자를 확보하는 것이 이에 해당된다.

(1) NPO의 주요 재정 원천

NPO는 영리 조직과 달리 수익을 목적으로 하지 않기 때문에 외부 재정 지원에 크게 의존한다.

가. 개인, 기업, 재단으로부터 기부금을 받는 것이 가장 주요한 수입원인 기부금은 경제 상황에 민감하게 영향을 받으며 기부자의 관심사가 조직의 활동 방향에 영향을 미칠 수 있다.

나. 많은 NPO는 정부로부터 공익적 프로젝트를 위한 보조금을 받고 있다. 안정적인 지원이 가능하나 정부 정책 변화나 예산 삭감에 취약하다.

다. 일부 NPO는 자체적으로 사회적 기업을 운영하여 수익을 창출하는 사회적 기업 활동은 공정무역 제품 판매, 유료 교육 프로그램 운영 등이 포함된다.

라. 국제기구, 대기업의 CSR(기업의 사회적 책임) 프로그램 등을 통해 프로젝트 단위로 재정을 지원받는 프로젝트 기반 펀딩이 있다.

(2) NPO의 재정적 도전 과제

가. 많은 NPO가 소수의 기부자나 특정 재원에 지나치게 의존하고 있어 재정적 위험이 크다.

나. 글로벌 경제 불황, 팬데믹 등으로 인해 전 세계적으로 기부금이 감소하는 추세다.

다. 기부자들이 프로그램에 직접적인 영향을 미치는 비용에만 기부금을 사용하길 원할 때, 운영비 확보가 어렵다.

라. 기부자와 후원자는 기부금이 효과적으로 사용되고 있다는 확신을 원하며 회계 투명성이 부족할 경우, 기부자 신뢰를 잃고 추가 기부를 유도하기 어려울 수 있다.

NPO의 재정적 현황은 조직의 규모, 활동영역, 국가의 지원 정책에 따라 다르지만, 공통적으로 다양한 재원 확보, 투명성 강화, 장기적인 재정 계획이 중요한 과제로 나타난다. 지속 가능한 재정 모델을 구축하고, 기부자와 후원자의 신뢰를 얻기 위한 노력이 NPO의 성공에 필수적이다.

4) 디지털 전환

디지털 기술의 발전은 NPO 경영에 큰 영향을 미치고 있다. 또한 NPO는 소셜 미디어, 온라인 기부 플랫폼, 데이터 분석 도구를 활용해 기부자와의 소통을 강화하고, 운영 효율성을 높이고 있으며 디지털 전환은 특히 젊은 세대의 참여를 유도하고 글로벌 기부자 네트워크를 확장하는 데 기여하고 있다.

5) 파트너십 확대

많은 NPO가 기업, 정부, 국제기구와의 협력을 통해 자원을 공유하고 시너지 효과를 내고 있다. 유엔 산하 기구와의 협력으로 개발도상국에서 대규모 구호 프로젝트 진행하거나 기업 CSR(Corporate Social Responsibility) 프로그램과의 연계를 통해 기부금 및 전문성 지원 확보 등이 이에 해당된다.

6) 운영 투명성과 신뢰 구축

명성과 신뢰는 NPO 경영의 핵심 요소로 부각 되고 있다. 많은 NPO가 재정 보고서 공개, 기부금 사용 내역 공개, 외부 회계 감사 등으로 투명성을 강화하고 있는데 일부 NPO는 블록체인 기술을 도입해 기부금 사용 과정을 실시간으로 추적할 수 있는 시스템을 구축하여 진행하고 있다.

7) NPO 지식 경영 현황

지식경영(Knowledge Management, KM)은 조직 내외부의 지식을 체계적으로 관리하여 활용함으로써 조직의 성과와 가치를 극대화하는 경영 방식이다. NPO는 제한된 자원으로 복잡한 사회적 문제를 해결해야 하므로 지식경영은 필수적인 요소로 부상하고 있다. 아래는 NPO에서 지식경영이 적용되는 현황과 주요 특징, 도전 과제 및 사례를 정리한 내용이다.

(1) NPO에서 지식경영의 필요성

가. 복잡한 문제 해결: 빈곤, 환경 문제, 인권 등 다양한 사회적 문제는 다학제적 접근이 필요하며, 이를 위해 조직 내부와 외부의 지식을 통합해야 한다.

나. 제한된 자원의 극대화: NPO는 재정, 인적자원이 한정적이기 때문에 지식을 효과적으로 관리하여 효율성을 높여야 한다.

다. 협력과 파트너십 강화: 다양한 이해관계자(정부, 기업, 국제기구 등)와 협력할 때, 지식을 공유하고 조직 간의 시너지를 창출하는 것이 중요하다.

(2) NPO에서 지식경영의 도전 과제

가. 한정된 자원

NPO는 지식경영을 위한 기술 도입, 전문 인력 고용, 인프라 구축에 필요한 재정적 여유가 부족한 경우가 많다.

나. 조직 내 지식 공유의 부족

NPO는 구성원 간의 지식이 사일로(silo)화되어, 정보가 조직 전체에 효과적으로 확산되지 않는 경우가 있다.

다. 지식의 문서화 문제

프로젝트나 활동의 결과를 체계적으로 기록하지 않으면 중요한 지식이 손실될 가능성이 큽니다. 직원 이직률이 높을 경우, 축적된 경험과 지식이 조직 밖으로 유출될 위험이 있다.

라. 기술 인프라 부족

많은 소규모 NPO는 지식관리 시스템(KMS)이나 클라우드 솔루션 같은 디지털 도구를 도입할 여건이 부족하다(조대연 외, 2008).

(3) NPO 지식경영의 미래 방향

가. 디지털 전환: 클라우드 기반 시스템, 인공지능(AI), 데이터 분석 기술을 활용해 지식 관리의 효율성을 극대화할 가능성이 높다.

나. 지식 공유 플랫폼 구축: 다양한 NPO 간 지식을 공유할 수 있는 글로벌 플랫폼이 활성화될 전망이다.

다. 학습 조직화: 조직 전체가 지식을 축적하고 학습하는 문화를 조성하여 지속적인 성장과 혁신을 추구한다.

라. 지식의 투명성: 블록체인 같은 기술을 활용해 모든 이해관계자가 신뢰할 수 있는 지식관리 시스템을 개발한다.

8) 도전 과제

(1) 재정적 불안정

기부금 감소, 정부 지원 축소 등으로 인해 재정적 어려움을 겪는 NPO가 많다.

(2) 인재 유치와 유지의 어려움

낮은 급여와 복지 혜택으로 인해 전문 인재 확보와 유지가 어렵다.

(3) 사회적 요구 변화

팬데믹, 기후 변화 등 급변하는 사회적 요구에 적응하기 위한 혁신이 필요하다.

9) 성공적으로 운영되고 있는 NPO

(1) 국제적 NPO

가. 레드 크로스(Red Cross): 전 세계 인도적 지원 활동으로 유명하며, 재난 구호와 의료 지원을 중심으로 활동한다.

나. 그린피스(Greenpeace): 환경 보호와 지속 가능한 개발을 위해 캠페인과 정책 옹호 활동을 수행한다.

(2) 지역적 NPO

① 희망제작소(한국): 지역 사회 혁신과 지속 가능한 사회를 목표로 다양한 프로젝트를 운영한다.

② Tzu Chi Foundation(대만): 빈곤층 지원과 교육을 통해 국제적 명성을 얻은 NPO이다.

10) 미래 전망

(1) 기술 발전과 기부 문화의 변화는 NPO의 경영 방식에 지속적으로 영향을 미칠 것이다.

(2) ESG(Environmental, Social, Governance)의 중요성이 부각되면서, NPO는 기업과의 협력 기회가 늘어날 것으로 예상된다.

(3) NPO는 점점 더 글로벌 네트워크와 협력하며, 사회적 문제를 해결하기 위한 혁신적인 방법을 모색하게 될 것이다.

3. NPO 경영 혁신

NPO(Non-Profit Organization) 혁신은 역할 조직이 사회적 가치와 미션을 달성하기 위해 운영 방식, 조직 구조, 자원 활용, 기술 도입, 제공 서비스 방식을 만족 개선하고 최적화하는 과정이다. 존재한다는 가능성을 배제하고, 관계를 맺기 위해, 조직이 전망하는 사회적 임팩트를 최대한 활용하는 것을 목표로 삼는다. NPO 혁신은 참여 조직이 활동하는 외부 환경을 누리고, 기부를 자초하며, 수혜자들의 기대에 유연하고 참여할 수 있도록 유도하는 것이 핵심이다.

1) NPO 경영 혁신의 주요 요소

(1) 미션 중심의 계획

조직의 인수과 목표에 기반을 둔 장기 분리 계획을 수립하여 리소스를 배분하고, 모든 활동이 임무와 연관되도록 한다.

(2) 전력자원 관리자

용량을 최대한 활용하기 위해 재정, 인력, 물적 자원을 사용하여 관리하고, 기부금 및 후원금 사용의 권한을 강화한다.

(3) 기술 혁신

전환, 대규모 데이터 분석, 클라우드 서비스 등 최신 기술을 도입하여 업무 디지털 역할, 데이터 기반 의사결정, 의사소통을 담당하게 된다.

(4) 협력 및 군사력 강화

정부, 기업, 기타 NPO 및 지역사회 협력을 통해 네트워크를 확장하고, 공동 목표를 달성하기 위한 효과를 창출한다.

(5) 서비스와 혁신

수혜자들의 선호와 환경에 맞춰 새로운 프로그램을 개발하거나 기존의 프로그램을 강화하여 더 나은 효과를 창출한다.

(6) 문화와 혁신을 조직하다

개방적이고 참여적인 조직의 문화를 공감하고, 긍정적이고 혁신적인 것을 주도할 수 있는 열정을 갖고 있다.

(7) 성과 측정 및 제출

사회적 감각을 측정할 수 있는 명확한 지표를 개발하고, 데이터를 활용하여 성과를 내기 위해 모니터링하고 개선한다.

2) NPO 경영 혁신의 필요성

(1) 사회적 요구 변화: 기술 발전, 환경 변화, 인구 구조의 변화 등으로 인해 NPO는 새로운 문제와 도전에 직면한다(경제포커스, 2021).

(2) 재정적 압박: 기부금과 정부 지원금의 감소는 기존 방식만으로는 조직 운영을 지속하기 어렵게 만든다(이로운넷, 2023).

(3) 신뢰와 투명성 요구 증가: 이해관계자들이 투명한 운영과 성과에 대한 요구를 강화하고 있다(LIFEIN, 2019).

(4) 효율성 증대 필요: 제한된 자원을 효율적으로 사용하고, 최대의 임팩트를 창출해야 한다(피터드러커 경영수업, 2016).

3) NPO 경영 혁신의 주요 영역

(1) 조직 구조 혁신

가. 협력적 구조 도입: 수평적 조직 문화를 구축하여 의사소통과 협업을 강화한다.

나. 유연한 업무 환경: 재택근무, 분산형 팀 구조 등을 통해 효율성을 증대시킨다(이로운넷, 2023).

(2) 재원 조달 혁신

가. 다양한 수익 모델 개발: 전통적인 기부 의존에서 벗어나 자체 수익 사업이나 사회적 투자 유치한다.

나. 크라우드펀딩 활용: 디지털 플랫폼을 통해 소규모 기부자들과의 연결을 강화한다.

다. 임팩트 투자 유치: 사회적 성과를 측정하고 이를 기반으로 투자를 유도한다.

(3) 기술 활용

가. 디지털 전환: 데이터 관리, 자동화, 소셜 미디어 캠페인 등 디지털 기술을 활용한다(최상미, 2014).

나. CRM(Customer Relationship Management): 기부자 관리와 맞춤형 소통으로 신뢰를 강화한다.

다. 데이터 기반 의사결정: 활동의 성과를 분석하고 효과적인 전략을 수립한다.

(4) 프로그램 설계 혁신

가. 이해관계자 참여: 프로그램 기획 단계에서부터 수혜자와 이해관계자를 참여시켜 효과성을 높인다(김성철 외, 2024).

나. 협력 모델 구축: 다른 NPO, 기업, 정부와의 협력을 통해 자원과 역량을 공유.

다. 사용자 중심 접근: 수혜자들의 실제 필요를 반영한 맞춤형 서비스 제공한다.

(5) 투명성과 신뢰 강화

가. 재정 공개와 성과 보고: 기부금 사용 내역과 활동 결과를 투명하게 공개.

나. 윤리적 경영: 모든 의사결정 과정에서 윤리성과 공정성을 우선한다(더나은미래, 2024).

(6) 리더십 및 인적 자원 혁신

가. 혁신적인 리더십 도입: 비전 제시와 변화 관리 역량을 갖춘 리더를 발굴한다.

나. 직원과 자원봉사자 역량 강화: 교육과 훈련을 통해 전문성을 강화하고 동기를 부여한다.

4) NPO 경영 혁신의 성공 사례

혁신적 경영을 통해 사회적 임팩트를 극대화한 대표적인 NPO 사례들은 다음과 같다(FasterCapital, 2024).

(1) Charity: Water – 투명한 기부금 운영 모델

기부금의 100%를 현장 프로젝트에 사용하고 운영 비용은 별도의 펀드를 통해 충당하는 혁신적 재정 구조를 도입하였고 투명성과 신뢰를 바탕으로 전 세계적으로 큰 지지를 얻었다.

가. 핵심 혁신 요소

가) 100% 모델: 모든 기부금의 100%를 직접 현장 프로젝트에 사용하며, 운영 비용은 별도의 기부금으로 충당한다.

나) 기술 활용: 위성사진과 GPS 기술을 사용해 기부금으로 설치된 우물의 위치와 상태를 공개한다.

다) 투명성 강화: 기부자들에게 프로젝트 진행 상황을 실시간으로 공유한다.

나. 성과

지금까지 29개국에서 15만 개 이상의 깨끗한 물 프로젝트를 완수하며 17백만 명 이상의 사람들에게 안전한 식수를 제공한다.

(2) World Wildlife Fund(WWF)– 기술과 파트너십을 통한 환경 보호

기술 기반의 혁신적 프로젝트(예: 드론을 이용한 밀렵 방지)와 다양한 기업 파트너십을 통해 환경 보호 활동을 확대하였다..

가. 핵심 혁신 요소

가) 기술 활용: 드론과 AI를 활용해 밀렵 감시 및 야생동물 보호한다.

나) 협력적 접근: 정부, 기업과의 협력을 통해 대규모 환경 프로젝트 실행한다.

다) 커뮤니티 참여: 지역 주민들을 생태 보호 활동에 참여시켜 지속 가능성을 확보한다.

나. 성과

주요 프로젝트로 인도양 참치 어획량 감소, 판다 서식지 복원 등 성공적 결과를 달성하였다.

(3) Kiva – 디지털 플랫폼을 통한 소액 대출

디지털 플랫폼을 통해 소액 대출(microloans)을 제공하며 개발도상국의 소상공인을 지원하였다.

가. 핵심 혁신 요소

가) 소액 대출(microloans): 개발도상국 소상공인과 농민들에게 자금 지원한다.

나) 크라우드펀딩 기반: 대출자를 전 세계 개인 투자자들과 연결하는 디지털

플랫폼 운영한다.

다) 높은 상환율: 대출 상환율이 96% 이상으로 높은 성과를 유지한다.

나. 성과

가) 2005년 설립 이후, 77개국에서 26억 달러 이상의 대출을 지원한다.

(4) Doctors Without Borders(Médecins Sans Frontières, MSF)의 신속한 위기 대응

가. 핵심 혁신 요소

가) 모바일 의료 팀: 분쟁 지역이나 자연재해 발생 직후 신속히 이동 가능한 의료팀을 운영한다.

나) 투명한 운영: 모금액의 80% 이상을 직접 활동에 사용하며, 모든 기부금 사용 내역을 공개한다.

다) 현장 중심의 의사결정: 각 지역 상황에 맞춘 자율적이고 빠른 결정 구조를 가지고 있다.

나. 성과

매년 70개국 이상에서 약 9백만 건의 의료 서비스를 제공한다.

(5) Grameen Foundation – 소외 계층의 금융 접근성 확대

가. 핵심 혁신 요소

가) 모바일 금융 기술: 휴대폰을 통해 농촌 지역 여성들에게 금융 서비스를 제공한다.

나) 데이터 기반 접근: 데이터 분석을 통해 소외 계층의 니즈를 파악하고 맞춤형 금융 서비스를 제공한다.

다) 협력 모델: 지역 금융 기관과의 협력으로 지속 가능성을 강화시킨다.

나. 성과

40개국 이상에서 2백만 명 이상에게 금융 서비스와 교육 제공한다.

(6) 국경없는의사회(Médecins Sans Frontières, MSF)

MSF는 분쟁 지역이나 자연재해 발생 직후 신속히 이동 가능한 모바일 의료 팀을 운영하며, 모금액의 80% 이상을 직접 활동에 사용하고 모든 기부금 사용 내역을 공개하여 투명성을 유지하고 있다.

(7) 그라민 재단(Grameen Foundation)

그라민 재단은 휴대폰을 통해 농촌 지역 여성들에게 금융 서비스를 제공하고, 데이터 분석을 통해 소외 계층의 니즈를 파악하여 맞춤형 금융 서비스를 제공합니다. 또한, 지역 금융 기관과의 협력을 통해 지속 가능성을 강화하고 있다.

위의 사례를 종합하여 공통적인 성공 요인은 다음과 같다. 첫 번째는 기부금 사용 내역과 프로젝트 성과를 철저히 공개함으로써 투명성과 신뢰성 강화하였다. 두 번째는 디지털 플랫폼, 데이터 분석, 첨단 기술 등을 도입하여 운영 효율성을 극대화하는 등기술의 전략적 활용하였다. 세 번째는 기부자, 지역사회, 파트너 기관 등 다양한 이해관계자와의 협력을 강화하는 등 이해관계자를 참여시켰다. 마지막으로는 단기적 성과보다 장기적인 사회적 가치를 우선시 여기는 등 지속 가능한 모델을 개발하였다. NPO 경영 혁신의 성공 사례들은 공통적으로 사회적 문제를 해결하기 위해 창의적이고 지속 가능한 접근 방식을 채택한 점이 돋보인다. 이러한 사례들은 다른 NPO들에게도 유용한 벤치마킹이 될 수 있다.

4. NPO 경영 도전 과제

NPO(Non-Profit Organization, 비영리조직)는 사회적 문제를 해결하거나 공공의 이익을 증진하기 위해 운영되는 조직으로, 영리 조직과는 다른 운영 목적과 구조를 가지고 있다. 하지만 이러한 특성 때문에 다양한 도전 과제에 직면하게 된다. 주요 도전 과제는 다음과 같다(김성철 외, 2024).

1) 재원 조달의 어려움

NPO는 수익 창출이 목적이 아닌 조직 특성상 외부 자금에 크게 의존한다. 주요 재원은 기부금, 후원금, 정부 보조금, 국제 기금 등이다. 그러나 이러한 재원이 항상 안정적이지는 않으며, 경기 침체나 사회적 우선순위 변화로 인해 기부금 감소 위험에 노출된다. 특정 국가의 경제 위기가 기부금 감소로 이어질 경우, NPO는 필수 프로젝트를 중단하거나 축소해야 할 수 있다. 이러한 문제를 해결하기 위해서는 다각적인 재원 조달 전략(예: 크라우드펀딩, 사회적 기업 운영)과 지속 가능한 수익 모델 개발이 필요하며, 장기 후원 계약 체결 및 기업 파트너십 확장을 통해 안정적인 재정을 확보해야 한다.

2) 투명성과 신뢰 문제

기부자와 이해관계자들은 NPO의 기부금 사용 내역과 운영 방식을 투명하게 알고 싶어 한다. 비효율적인 자금 관리나 운영상의 부정행위가 발생하면 조직에 대한 신뢰가 크게 훼손될 수 있다. 어떤 NPO가 기부금을 부적절하게 사용했다는 뉴스가 보도될 경우, 다른 NPO들까지 부정적인 영향을 받을 수 있다. 이러한 문제를 해결하기 위해서는 정기적으로 재무 보고서를 공개하고, 외부 감사 기관을 통해 회계 투명성을 확보해야 하며, 디지털 기술(예: 블록체인 기반 기부 추적 시스템)을 활용하여 기부금 사용 내역을 실시간으로 공유할 수 있다.

3) 경쟁 심화

동일한 사회 문제를 해결하려는 여러 NPO가 존재하면서, 제한된 자원(기부자, 정부 지원금 등)을 두고 경쟁이 심화 되고 있다. 이는 특히 규모가 작은 NPO에게 큰 부담으로 작용한다. 특정 지역의 빈곤 문제를 해결하기 위해 여러 NPO가 같은 기부자와 후원자를 대상으로 홍보를 진행하면, 자원의 분산과 함께 효과적인 해결책이 어려워질 수 있다. 이러한 문제를 해결할 수 있는 방안은 각 조직의 차별화된 강점을 부각하고, 협력적 네트워크를 형성하여 자원을 공유하고 시너지 효과를 낼 수 있도록 노력해야 한다.

4) 인력 관리의 어려움

NPO는 대개 영리 조직에 비해 낮은 급여와 제한된 복지 혜택을 제공하기 때문에 유능한 인재를 채용하고 유지하는 데 어려움이 있으며 자원봉사자 중심의 운영은 전문성 부족으로 이어질 수 있다. 이러한 전문 지식이 필요한 기술 기반 프로젝트(예: IT 시스템 구축)를 진행하려 할 때, 필요한 전문가를 고용하지 못하거나 자원봉사자로 충당해야 진행될 수 있다. 이러한 문제를 해결하기 위해서는 교육과 훈련 프로그램을 통해 내부 인재를 육성하고, 유연한 근무 조건(예: 원격 근무, 파트타임)을 제공하여 인재를 유지해야 하거나 조직의 사회적 가치를 부각하여 사명감이 강한 인재를 유치하는 데 집중할 필요가 있다(빠띠, 2025).

5) 기술 도립 및 활용의 부족

최신 기술을 활용하지 못하면 운영 효율성이 떨어지고, 대중과의 소통이 약화 될 수 있다. 특히 디지털 시대에는 데이터 분석과 소셜 미디어 활용이 중요한데, 기술적 역량 부족으로 이를 효과적으로 활용하지 못하는 경우가 많다. 기부자와의 관계를 관리하기 위한 CRM(고객 관계 관리) 시스템 도입이 지연되거나, 소셜 미디어 캠페인이 비효율적으로 운영되는 사례가 있다. 이러한 문제를 해결하기 위해서는 디지털 도구와 데이터 기반 접근 방식을 도입하여 기금 모집, 캠페인 관리, 운영 효율성을 높여야 하며, 기술 분야 전문가와의 협력을 통해 기술 역량을 보완할 필요가 있다.

6) 사회적 요구 변화에 대한 적응

사회적 문제와 요구는 빠르게 변화합니다. NPO는 이러한 변화를 이해하고, 이에 맞춘 새로운 프로그램과 전략을 수립할 수 있는 유연성이 부족한 경우가 많다. 팬데믹과 같은 글로벌 위기가 발생했을 때, 기존의 활동 방식으로 대응하지 못해 빠르게 지원 활동을 전환하지 못하는 경우가 있다. 이러한 문제를 해결하기 위해서는 사회적 트렌드를 예측하고, 새로운 요구에 신속하게 대응할 수 있는 조직 구조를 마련하거나 정기적인 환경 분석과 데이터 수집을 통해 변화에 민감하게 반응해야 한다.

7) 지속 가능성 부족

많은 NPO가 단기 프로젝트 중심으로 운영되면서, 장기적인 재정적 안정성과 사회적 임팩트를 지속하기 어려운 경우가 많다. 특정 프로젝트가 종료된 이후 후속 지원이 부족해 그동안 구축한 시스템이 무너지거나 혜택을 받은 커뮤니티가 다시 어려움을 겪는 사례가 발생한다. 이러한 문제를 해결하기 위해서는 장기적인 재정 계획과 비즈니스 모델(예: 사회적기업 운영)을 수립하거나, 프로젝트 종료 후에도 커뮤니티가 스스로 운영할 수 있는 자립 기반을 마련해야 한다.

8) 이해관계자와의 협력 부족

NPO는 다양한 이해관계자(정부, 기업, 국제기구 등)와 협력해야 하지만, 각자의 목표와 가치의 차이로 인해 효과적인 협력이 어려울 수 있다. 기업과 협력하는 과정에서 상업적 목적이 지나치게 강조될 경우, NPO의 정체성과 가치를 훼손할 위험이 있다. 이러한 문제를 해결하기 위해서는 명확한 목표와 가치를 설정하고, 협력 파트너와의 공통 이해를 강화하거나 협력 관계에서 신뢰와 투명성을 기반으로 장기적인 관계를 구축해야 한다(희망제작소, 2010).

NPO 경영은 다양한 도전 과제에 직면하지만, 이를 해결하기 위해 투명성, 기술 활용, 지속 가능성 확보, 협력 네트워크 강화와 같은 전략적 접근이 필요하다. NPO는 이러한 문제를 극복함으로써 사회적 임팩트를 더욱 극대화할 수 있으며, 그 과정에서 지역사회와 기부자들로부터의 신뢰를 더욱 강화할 수 있다.

CHAPTER

02

비영리 기관에서의 특수한 고려사항

비영리 기관에서의 특수한 고려사항

Chapter 02

1. 비영리기관의 특성

최근 새로운 환경에의 적응, 생존과 지속 가능성 그리고 이를 위한 혁신 전략 등이 다양한 분야에서 논의되고 있다. 사회적 문제 해결이나 지원을 목적으로 하는 조직인 비영리조직에서도 이러한 현상이 관찰되고 있다. 혹자들은 '비영리조직의 위기'라고 표현하며 비영리조직을 둘러싼 내부 및 외부 환경의 변화가 무시할 수 없는 수준임을 강조하고 있다. 기업들은 ESG 경영, 4차 산업혁명의 추세에 따라 혁신 노력을 하며 자리를 잡고 있으나, 상대적으로 비영리 분야는 코로나 이후 후원이 급격하게 줄어 사회에 대한 영향력이 약화하였다고 느끼고 있다. 즉, 비영리조직의 생존과 지속가능성은 비영리조직을 둘러싼 환경변화와 함께 매우 중요한 쟁점이 되고 있다는 것이다.

사람마다 개인의 성격이 있듯이, 조직은 문화라는 조직의 성격이 존재한다(Allaire & Firsirotu, 1984). 비영리조직의 성격으로서 조직문화는 조직의 지속적인 발전 및 성장에 이바지하는 중요한 요인이다. 그러므로 환경 변화에 대응하기 위하여 혁신을 추구하는 적합한 문화를 구축하고 실행 방안을 모색하는 것은 당연하다(김혜정ㆍ김유나ㆍ김미희, 2023).

1) 비영리기관의 특징

비영리단체(非營利團體, nonprofit organization, NPO)는 소유주나 주주를 위해서 자본의 영리를 추구하지 않고 그 자본으로 어떠한 목적을 달성하는 단체를 말한다. 비영리단체의 반의어는 영리단체(營利團體)이다. 이러한 분류는 단체를 영리 목적과 비영리 목적으로 나누는 것으로, 해당 단체가 법인인지 아닌지와는 관계가 없다(위키백과). 비영리단체는 공익(公益, 사회 전체의 이익)성과 공익(共益, 공동의 이익)성으로 분류할 수 있다. 비영리조직의 특성을 알아보기 전에 비영리 분야의 특징을 먼저 살펴보면, 다음과 같다(정민섭, 2016).

(1) 비영리조직은 기업이나 관공서는 아니지만 이들과 정확히 분리되지 않으며, 정부로부터의 규제, 기업으로부터의 지원 및 기부 등의 영향을 받는다. 또한 영리 조직이 아닌 비영리조직은 특수하고 다양한 성격을 지니고 있어 비영리조직이 속한 나라의 정치, 사회, 경제적 상황과 역사적 상황에 따라 모습의 다양성을 띄고 있다.

(2) 비영리 분야가 사회적으로 표면에 드러나기 시작한 것은 석유파동 위기 이후 복지에 대한 책임 주체로 국가의 역할론이 나오기 시작한 1970년대부터이다.

그리고 비영리조직은 인적자원, 즉 참여자로서 자발적인 자원봉사를 강조하였고 자원봉사 활동을 통해 복지분야에서 방법적으로 시민사회의 활동론이 제기되었다.

2) 비영리기관의 6가지 특성

비영리 분야에 관한 저명한 연구자인 Johns Hopkins 대학의 Lester Salamon 교수가 정의한 비영리조직의 6가지 특성은 다음과 같다(정민섭, 2016).

(1) 조직화된 독립체(organized entity)

'조직화'는 조직의 운영 즉 행정, 인사, 지위체계 등에 대해서 체계적인 틀을 가지고 있다는 의미이고, 정부나 지방자치단체와 같은 외부로부터 영향을 받긴 하지만 조직의 운영에 관한 의사결정에 있어 조직 자체의 독립된 의결권을 행사할 수 있다는 점에서 '독립체'라고 할 수 있다. 비영리조직들은 '정관'이 정한 의결과정을 통해 조직의 비전, 사명, 사업 범위 등을 스스로 결정하게 되어있고, 조직의 장과 이사회도 민주적인 선출과정을 통해 뽑게 되어 있기 때문에 독립체로서의 필요충분조건을 갖추었다고 볼 수 있다.

(2) 민간(private)

비영리조직의 중요한 특징 중의 하나가 '민간'에 의해 구성된 조직이라는 것이다. 비영리조직들은 정부나 공공기관의 인사를 구성원으로 하지 않고, 민간의 사람들로 구성된 조직체이다. 하지만, 비록 구성원은 민간으로 이루어지지만 실제로는 공공이 설립한 비영리 조직들도 존재하는 것이 사실이어서 다소 판단이 모호한 경우도 있다.

(3) 비이익 배분(non-profit distributing)

비영리조직은 대표 혹은 이사들에게 수익을 배분하지 않는다. 비영리조직이 만들어내는 어떠한 이익도 대표나 투자자들에게 배당금 지불로 사용되어서는 안 되고 조직에 재투자되어야 한다. 이것이 비영리조직으로 인식되는 기본 기준이 된다.

(4) 자치(self Governing)

비영리조직은 정부나 개인 대표들에 의해 관리되지 않는다. 비영리조직의 통제는 이사회나 신탁관리자에게 있다.

(5) 자발성(Voluntary)

많은 비영리조직이 상당수의 유급 직원을 고용하고 있음에도 불구하고 그들은 자발성주의의 전통에 뿌리를 두고 있다. 대다수 비영리조직을 운영하는 임원들은 자원봉사자로 보상 없이 이바지하고 있다.

(6) 공공의 혜택(Of public benefit)

비영리조직은 사적으로 통제되는 실체이지만, 공공의 혜택이라는 것으로 여겨져 온 사회적 목적에 기여하기 위해 존재한다. 비영리조직의 목적은 미션 선언서속에 자세히 설명되어지는데, mission statement란 조직이 취하는 모든 행동의 지침이고 조직의 성과가 측정되어지는 주요한 기준이다. 미션은 비영리조직의 목적이고 그

것을 달성하는 것은 비영리조직의 최우선시 되는 목표이다. 미션에 대한 헌신은 비영리조직과 영리 섹터의 근본적인 차이점이고, 비영리 경영이 갖는 독특한 전문영역의 이유가 되는 것이며, 수익의 창출은 오로지 공익을 제공하는 목적을 위한 수단이다.

3) 법률에 의한 비영리민간단체(Non-Profit Organization)

한국에서는 2000년에 발효된 「비영리민간단체지원법」에 의하여 비영리민간단체를 규정하고 있는데, 이 법에 따른 비영리민간단체의 내용은 다음과 같다(정민섭, 2016).

(1) 사업의 직접 수혜자가 불특정 다수여야 한다.
(2) 구성원 상호 간에 이익분배를 하지 않는다.
(3) 사실상 특정 정당 또는 선출직 후보를 지지하거나 지원하는 것을 목적으로 하거나, 특정 종교의 교리전파를 주된 목적으로 설립되거나 운영되지 않는다.
(4) 공익추구 활동에 1년 이상 참여하면서, 회원이 적어도 상시 100인 이상.
(5) 법인이 아닌 단체일 경우 대표자 또는 관리인이 있어야 할 것을 규정하고 있다. 이 법이 정한 지원을 받고자 하면 관련 정부 부처나 지방정부에 등록되어 있어야 한다.

2. 비영리기관의 특수한 고려사항

비영리기관은 사회적 문제 해결과 지원을 위해 중요한 역할을 수행하고 있다. 이를 위해서는 조직의 거버넌스, 법적 준수, 윤리적 운영, 그리고 사회적 영향 평가 등의 특수한 고려사항을 준수해야 한다. 이를 통해 비영리기관은 보다 효과적으로 조직의 미션과 목표를 달성하고 사회적 가치를 창출할 수 있다.

1) 거버넌스(Governance)

거버넌스(Governance)란 조직 또는 시스템 내에서 의사결정을 내리고 행동을 조정하는 과정 및 체계를 가리키며, 이 용어는 주로 기업, 정부, 비영리기관 등 다양한 조직이나 시스템에서 사용되며, 행정에서는 '협치'라는 단어를 사용하기도 한다. 거버넌스는 조직의 목표를 달성하기 위해 책임과 권한을 효율적으로 분배하고, 의사결정 과정을 투명하게 만들어야 한다. 비영리기관은 사회적 문제 해결이나 지원을 목적으로 하는 조직으로, 그 특수한 성격에 따라 비영리기관의 거버넌스는 주로 다음과 같은 요소들을 포함하여야 한다.

(1) 의사결정 구조

조직 내에서 의사결정이 내려지는 방식과 프로세스를 정의하며, 이는 의사결정을 내리는 주체, 의사결정을 지원하는 시스템 및 프로세스, 의사결정을 통해 발생하는 책임과 권한 등을 포함한다.

(2) 투명성

의사결정 과정과 결과가 외부 및 내부 이해관계자들에게 명확하게 공개되고 설명되어야 한다. 적절한 의사결정과 리더십, 그리고 재정 운용에 대한 투명성이 포함되어야 조직의 신뢰도를 높일 수 있다.

(3) 책임과 감사

거버넌스는 책임과 감사 체계를 구축하여 조직의 의사결정 과정이 적절하게 감시되고, 그 결과에 대한 책임이 명확히 지켜지도록 한다.

(4) 이해관계자 참여

거버넌스는 다양한 이해관계자들의 의견을 수렴하고 반영하여 의사결정을 내릴 수 있는 프로세스를 지원한다. 이를 통해 조직의 관련 이해관계자들의 참여와 관여를 촉진한다.

(5) 인적자원관리

한국의 비영리조직은 수적 규모가 증가하고 있음에도 불구하고 열악한 근무환경 등으로 인해 비영리 부문 고용은 전체 고용시장의 2.7%에 불과하다(박준 외, 2020; 이명신, 2019). 비영리조직 내부적으로도 젊은 세대의 낮은 유입에 대한 우려와 세대 간 차이, 정부-영리-비영리조직을 넘나드는 빈번한 이직등으로 인해 인적자원관리에 대한 어려움이 보고되고 있다(박효원 · 문은정, 2020; 정진경 외, 2021; 강철희 외, 2012). 비영리조직의 인적자원관리가 직원의 직무 만족과 전문성 향상 및 이직의도를 낮추는 데 중요한 역할을 하며, 조직적 성과와도 긍정적이고 유의미한 관계

가 있음을 제시하고 있다

2) 법적 규정 준수

비영리기관은 해당 국가의 법률과 규정을 엄격히 준수해야 한다. 이는 세무 신고, 회계 보고서 제출, 그리고 기관 운영과 관련된 기타 법적 요구사항 등을 포함한다. 이러한 준수는 기관의 합법성과 신뢰도를 유지하는 데 중요하다.

3) 윤리적 운영

비영리기관은 항상 윤리적으로 운영되어야 합니다. 이는 모든 활동과 의사결정이 공정하고 투명하며, 이해관계자들의 이익을 최우선으로 고려한다는 것을 의미합니다. 또한, 자원봉사자와 직원들의 업무 윤리 및 권리 보호도 중요합니다.

4) 사회적 영향과 결과

비영리기관은 자신의 활동이 사회에 미치는 영향과 결과를 주의 깊게 모니터링하고 평가해야 기관의 효과성을 측정하고, 미션 달성에 대한 진정한 성과를 평가할 수 있다. 또한, 이러한 결과는 후원자들과 이해관계자들에게 기관의 가치와 영향력을 보여줄 수 있다.

3. 비영리조직 혁신의 필요성

1) 비영리조직이 맞은 위기(외적 요인)

비영리조직은 사회 문제를 해결하기 위해 생겨난 집단이다. 최근에는 기관 운영 위탁계약이 만료되어 '굿바이 워크숍'을 하거나, 보조금이 삭감되었는데 후원도 예전 같지 않아 모금 컨설팅이 필요하다거나, 지난 정부 때 민관협력에 역량을 집중했는데 결과적으로 영향력이 더 실추되었다거나, 환경 변화로 사업의 혁신이 필요한데 방향성을 잡을 수가 없다는 등의 비영리조직의 이상기류가 관찰된다.

비영리조직의 위기는 우리사회만의 현상은 아니다. 미국 자선분야 전문지인 「크로니클 오브 필란트로피(The Chronicle of Philanthropy)」의 2023년 4월 6일자 기사는 현재 미국의 비영리조직이 과거에 비해 얼마나 영향력이 실추되었는지에 대한 각종 통계조사를 수집하여 제시했다. 각종 여론조사 결과 약 48%가 '비영리단체가 잘못된 방향으로 가고 있다'고 생각하고 있고, 오직 5%만이 '자신 혹은 가족이 비영리단체의 도움을 받았다'고 응답했으며, '20년 전 미국인의 85%가 기부에 참여했으나 현재 50%로 급감, 약 25%의 자선단체만이 투명하다'고 답했다는 것이다.

다양한 조사결과에서 보이는 이러한 결과는 미국의 비영리조직이 쇄신해야 할 이슈를 분명히 제시하고 있다. 하지만 미국만의 문제로 그치지 않는다는 점은 우려스럽다. 미국뿐 아니라 국내의 많은 비영리조직들이 지속가능성을 확신하기 어려운 상황으로 내몰리고 있다(이재현, 2023).

2) 비영리조직의 현황(내적 요인)

아름다운재단 기부문화연구소는 2000년부터 한국의 기부행동과 인식에 대한 기초조사인 기빙코리아를 수행해 왔다. 기빙코리아는 기부 문화에 대한 최초의 기초조사로서 모금조직과 정책입안자, 관련 연구자들에게 개인과 기업 기부자의 인식과 행동에 대한 이해를 제공하였다. 비영리조직이 지속가능한 효과적인 임팩트 창출을 위해서는 일하는 사람들의 현황, 사업수행과 의사결정의 내용 등의 파악이 꼭 선행되어야 한다는 판단하에 6년간 이어진 연구는 1차년도 비영리조직의 이사회, 2차년도 최고관리자, 3차년도 종사자에 대한 조사로 진행된다.

(1) 비영리조직 현황

국내 비영리조직은 크게 법인과 비법인으로 분류될 수 있다. 비영리 법인은 다양한 설립 근거법에 의해 설립되는데, '민법'과 '공익법인설립 및 운영에 관한 법률'에 의해 설립된 조직이다.

2020년 국세청 공시를 완료한 공익법인은 7,370개이다. 이들을 설립주체 기준으로 보면 ①개인, ②기업, ③기업+개인, ④국가, ⑤지방자치단체, ⑥기타로 분류되는데, 국가와 지방자치단체가 설립한 단체를 제외한 민간 비영리공익법인은 총 5,244개이다.

비영리민간단체 현황은 행정안전부 관할의 '비영리민간단체 공익활동 지원사업 관리정보 시스템'을 통해 확인할 수 있다. 2020년도 4사분기 기준 비영리민간단체의 수는 총 15,088개이다(이영주 · 장윤주, 2021).

(단위:개)

년/분기	합계	중앙	시도
2020/4	15,088	1,708	13,380

* 출처 : 비영리민간단체 공익활동 지원사업 관리정보시스템
* 단체 등록수 : 누적치(말소단체 제외)

(출처: 이영주 · 장윤주, 2021)

[그림 2-1] 2020년도 4/4분기 비영리민간단체 수

(2) 비영리조직 이사회 현황

비영리조직 이사들의 성별, 연령 및 직업구성은 남성, 60대, 전 · 현직 기업인이 우세하며, 이사들의 평균 재임 기간 3년, 연평균 이사회 횟수 3회이다. 이사회 논의사항 중 사업의 예산/결산이 1순위, 사업계획과 결과에 대한 논의가 2순위이다. 이사진의 강점으로는 조직이 바라는 전문 지식을 보유하고 있다가 35.1%로 우세하게 나타났다(이영주 · 장윤주, 2021).

〈표 2-1〉 비영리조직 이사회 현황

현 황	연 구 결 과		
이사들의 성별분포	남성 77%	여성 23%	
이사들의 연령분포	60대 45.9%	50대 39.3%	40대 12.7%
이사들의 직업구성	기업인 29%	교수 22%	전문직 14%
이사회 및 참석율	평균 재임기간 3년, 평균 이사회 회수 3회/년 평균 참석율 76.3%		
이사회 논의안건	연 예결산 98.1%(1위) 연 사업계획과 결과 97.8%(2위) 조직의 미션과 비전 65.8%(6위)		
이사진의 강점	단체가 원하는 전문지식 보유 35.1% 지역사회 네트워크 28.8% 현 이사진과이 관계 22.3% 자금동원능력(모금능력) 11.9%		

(출처: 이영주, 장윤주, 2021 재구성)

(3) 비영리조직 최고관리자 현황

비영리조직의 최고관리자 성별은 남성, 평균연령은 57세로 영리부분 경력자이며, 평균 근무 기간은 약 8년이다. 최고관리자 전문성은 1순위가 기획, 2순위는 재무회계이다. 최고관리자 역할수행 적극성(내부지향적 역할)은 기관전략 수립에 적극적이며 조직 관리는 어려움을 갖고 있다. 조직의 투명성(정보공개수단 수준)을 위한 최고관리자 특성으로는 공공 및 영리경력보다 비영리부문 활동 경력이 10.24%로 중요하게 나타났다(이영주 · 장윤주, 2021).

〈표 2-2〉 비영리조직 최고관리자 현황

현 황	연 구 결 과
성별분포	남성 74.5% 여성 25.5% 평균연령 57세
전문성 영역	기획 30.9% 재무회계 15.6% 홍보와 마케팅 10.5%
내부지향적 역할	기관전략수립→기관과 미션과 비전설정→예결산수립,집행 →인사관리 순
외부지향적 역할	다양한 이해관계자(기부자,수혜자) 대변→지역사회네트워크 활동→기관의 홍보 및 마케팅 활동→모금활동 순
역할수행 어려움	조직관리역량 37.1% 재정자원확보 36.7% 조직의 전략수립 35.6% 조직성과평가 33.5%
최고관리자의 경력에 따른 조직의 투명성(정보공개)	비영리경력 10.24% 영리경력 9.54% 공공경력 9.24%

(출처: 이영주 · 장윤주, 2021 재구성)

(4) 비영리조직 종사자 특성

비영리조직 종사자는 여성이 66.8%, 평균연령은 37세이고 경력직 실무자가 우세하다. 비영리조직의 77.3%가 인사 전담부서나 전담 직원이 존재하며, 인사제도와 관련 인사위원회 또는 노사협의회 등 위원회가 존재하는 비율은 45.3%에 그쳤다.

조직의 55.1%가 직무기술서가 있고, 50% 미만의 조직이 유연근무제를 시행하고 있다. 비영리조직 인적자원개발 관련 제도의 시행 현황은 조직의 76.2%가 외부 기관의 교육, 세미나, 워크샵 등을 통해 교육 프로그램을 제공하고 있으며, 교육 훈련 이수 결과를 인사평가나 부서이동 배치에 활용한다는 비율은 14% 내외이다. 비영리조직 인사평가 시행 유무에 대해서는 40.5%가 인사 평가를 실시하지 않고 있다.

비영리조직 직급에 따른 인적자원관리 만족도에서는 평균 2.99점으로 보통 이하의 만족스럽지 못한 수준이다. 비영리조직 직급에 따른 인적자원관리에 대한 문제 인식에 대해서는 종사자의 35.3%가 금전적, 비금전적 보상 시스템의 부재를 가장 높은 문제로 인식하고 있다. 비영리조직 종사자 이직 의향 유무에 대해서는 종사자의 63.3%는 기회가 된다면 다른 직장으로 이직할 의향이 있음을 밝혔으며, 그 중 공공부문으로의 이직을 원하는 사람들이 28.1%로 가장 많았다(이영주ㆍ장윤주, 2021).

〈표 2-3〉 비영리조직 종사자 특성

현 황	연 구 결 과
종사자 성별현황	남성 30.4% 여성 66.8%
종사자 연령현황	30대 39.9% 40대 26.7% 20대 23.0%
종사자 이직경험	이직경험 있음 67.9% 이직경험 없음 32.1%%
종사자 이직사유	조직의 발전 전망 및 비전 부족 19.4% 계약종료(담당 업무 및 프로젝트 등의 종료) 15.7% 개인적인 휴식 및 재충전 13.5% 임금수준의 적정성 문제 8.4%
종사자 취업동기	급여수준 39.8% 자신의 전공 및 관심사 35.2% 기관이 추구하는 가치와 사명 34% 업무내용 및 업무량 32.3%

(5) 국내 기부금 총액 현황

국내 기부금 총액은 국세청에 신고된 개인 기부금과 법인 기부금(기업 기부금)으로 확인할 수 있다. 따라서 세금 혜택을 받기 위한 신고를 하지 않은 금액은 포함되어 있지 않다. 당해년도 국세통계연보는 다다음 해 1월 초에 발행된다. 즉 2024년 1월 초에 발행된 2022년 국세통계가 가장 최신 자료이다. 2022년 기부금 총액은 15.1조 원으로, 2021년 15.6조보다 5천억 원 줄었다.

[그림 2-2]는 2020년부터 기부금 총액에 대한 국세통계 자료이다. 개인의 기부는 코로나 팬데믹(Pandemic) 시기에도 꾸준히 상승하여 2022년에는 10.7조 원으로 전년도에 비해 4천억 원 상승하였다. 반면, 기업의 기부는 4.4조 원으로 전년도 대비 9천억 원 감소하였으며, 지난 10년 중 최저치를 기록하였다. 기업 기부금 비중은

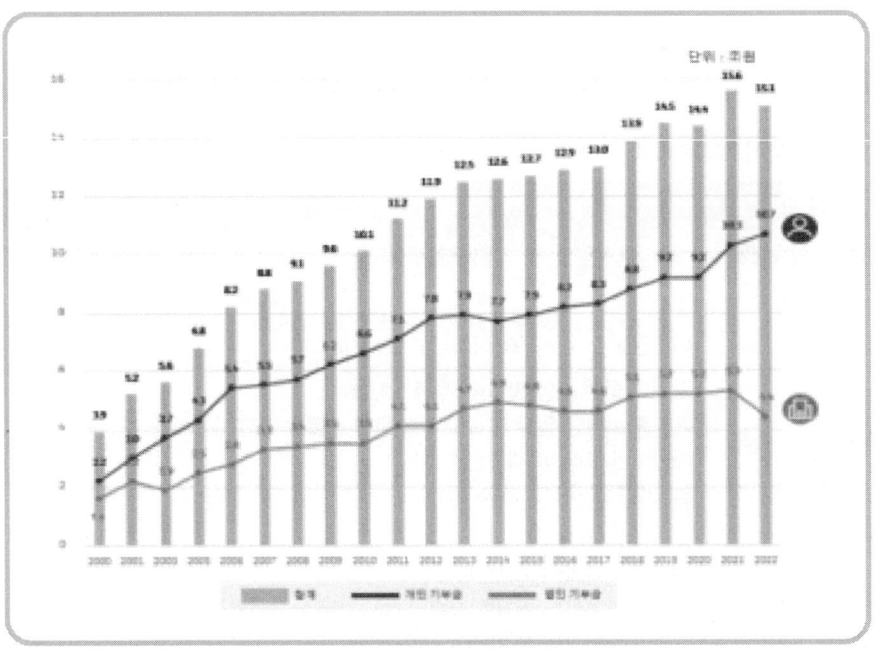

(출처: 국세청 통계포털, 2024, 아름다운재단 기부문화연구소 재구성)

[그림 2-2] 2024년 기준 국내 기부금 총액 추이

지난 20년간 평균 35%였으나, 2022년에는 29%로 6%포인트나 감소하였다.

3) 세계 기부환경 지수(GPEI, 2022년, 한국 케이스)

세계 기부환경 지수(Global Philanthropy Environment Index, GPEI)는 정부 정책, 기부문화 등 각 국의 기부환경을 지표로 측정하여 비교 분석함으로써, 기부와 관련된 인센티브 및 장애요인을 이해하고자 IUPUI(Indiana University Lilly Family School of Philanthropy) 주관으로 2014년 시작하여 2년에 한 번씩 전문가 조사를 실시하고 있다. 한국 케이스는 2018년 조사부터 포함되었고 2022년 조사에서는 전 세계 91개 국가에서 참여하였다. 기부환경조사 분야는 자선단체 운영의 편의성, 기부 관련 세제 혜택, 해외 기부 관련 규제 및 협력, 기부 관련 정치 환경, 기부 관련 경제 환경, 기부 관련 사회문화 환경 등 6개 항목이다.

2022년 기준 한국의 기부환경지수 결과는 [그림 2-3]과 같고 글로벌 평균치를 웃도는 전반적으로 중/상위 그룹에 속해 있다. 항목별로는 운영 관련 환경은 중/하위 그룹, 세제관련 환경은 중/상위 그룹, 해외 기부 관련 환경은 상위 그룹, 정치 환경은 중위 그룹, 경제 환경은 중/하위 그룹, 사회/문화 환경은 중위 그룹이다.

Year	Ease of Operating a PO	Tax Incentives	Cross-Border Philanthropic Flows	Political Environment	Economic Environment	Socio-Cultural Environment	Overall Score
2022 GPEI	4.47	4.10	4.25	3.85	3.00	4.00	3.94
2018 GPEI	4.67	4.40	4.20	4.10	N.A.	4.50	4.37

Source: Indiana University Lilly Family School of Philanthropy, 2022 *Global Philanthropy Environment Index*

(출처: 아름다운재단 기부문화연구소, 2022)

[그림 2-3] 22년 세계 기부환경 지수(한국 케이스)

한국에서 기부문화에 대한 서구적 인식이 증가했다. 기빙코리아에 따르면, 2021년 기부참여율은 21.6%, 평균기부금액은 58만 8천원으로, 다른 선진국에 비해서는 지속적으로 낮았다. 또한 지난 5년 동안, 한국에서 기부 총액의 증가율은 약간 감소했다. 최근의 회계 부정과 PO와 관련된 재정 스캔들은 한국의 나눔문화 성장을 약화시켰다(아름다운재단, 2022년).

4) 혁신의 시작

역설적이지만'비영리 없는 영리는 지옥이다.'라는 말이 있다. 그만큼 비영리조직은 사회를 건강하게 만드는 중요한 역할을 하고 있고 또 해야 한다. 비영리조직은 잘못된 것을 바로잡고, 진실을 알리고, 약자를 보호하며, 다양성의 가치를 존중하며, 상처를 치유하고, 사회 구성원 모두가 함께 성장할 수 있는 사회적 토대를 공고히 함으로써 사회의 건강성과 지속가능성을 높이는 중요한 역할을 하며, 사회의 변화와 혁신을 만들어내야 하는 미션을 가지고 있다. 하지만'좋은 일'하는 비영리조직의 실제 모습은 어떨까? 사회의 변화와 혁신을 만들어 가고 있는 비영리조직은 혁신적일까? 라는 질문에 비영리조직의 대답이 필요한 것이다.

혁신(革新)은 말 그대로 가죽(革)을 벗겨 새것(新)으로 만드는 것이니 아주 힘든 일이다. 혁신에는 명확한 이유가 있어야 한다. 혁신의 지점들을 잘 발견하고 정의해야 한다. 혁신에 실패하면 상처만 남게 되기 때문이다. 비영리조직의 특성을 고려하여 혁신을 위한 시작점을 찾으면 다음과 같이 요약할 수 있다(방대욱, 2015).

(1) 첫 번째 시작점은 비영리조직의 미션

비영리조직의 존재 이유를 점검하는 것이다. 비영리조직의 존재 이유는 바로 사명(mission)이기 때문이다. 왜 우리는 이 일을 하고 있는지, 또한 사명이 현재 하고 있는 사업과 일에 잘 반영되어 실현되고 있는지, 조직 구성원 모두에게 전달되어 실행되어지고 있는지 살펴보아야 한다. 사명을 달성하기 위해 혁신이 필요하다면 반드시 혁신해야 하기 때문이다.

(2) 두 번째 시작점은 비영리조직의 이사회

비영리조직의 거버넌스에 대한 의사 결정권자로서 비영리 영역과 현장의 가치를 수호하고 비영리조직의 방향을 잡아가는 중요한 역할을 하기 때문에 제 역할을 하는지 우선적으로 살펴봐야 한다. 경험과 직관의 세계가 많은 힘을 발휘하고 있는 비영리조직에서 이사회가 혁신의 대상이며 출발점일 수 있기 때문이다.

(3) 세 번째 시작점은 함께 일하는 비영리조직 인적자원

일반적으로 조직은 2명 이상의 사람이 공동의 목표를 위해 협력체계를 구성하여, 개인으로 일할 때보다 큰 힘을 낼 수 있는 형태를 갖추었을 때를 말합니다. 사람이 없으면 조직은 성립될 수 없다. 엄정한 기준을 세우고 함께 일할 수 있는, 비영리조직의 존재 이유에 동의하는 사람들이 구성원이 되어 있는지 살펴보아야 한다.

4. 비영리기관에서 혁신을 추진할 때 고려사항

1) 비영리조직의 건전성을 입증하기 위한 새로운 평가기준 마련

비영리조직의 투명성과 책무성을 향상 시켜 신뢰도를 향상시키고자 제3자가 비영리조직을 평가할 때 사용하기 위한 '비영리조직 조직건전성 제3자 평가기준'을 2022년 공청회를 통해 마련하고, 2023년 사단법인 한국비영리조직평가원(KINE)을 발족하여 비영리조직을 대상으로 조직 건전성 평가를 시행하고 있다.

조직 건전성 평가는 기본평가와 심화평가로 각각 거버넌스(경영과 관리), 조직의 목적과 사업, 재정과 회계 및 모금, 정보 공개와 외부소통의 4개의 영역별로, 총 30개의 기본지표로 구성되어 있다. 기본평가의 기본지표 질문은 다시 85개의 필수 세부지표와 12개의 권장 세부지표로 나누어져 있다. 우리나라 법령에서 요구하고 있는 것을 반영한 결과이다. 조직 건전성 평가에 따라 효능, 효과를 살펴보면 다음과 같다(한국비영리조직평가원, 2024).

(1) 평가를 받는 비영리조직 측면

규모나 활동내용에 불문하고, 기부금을 모집하는 비영리조직은 조직운영의 건전한 운영을 위해 적극적으로 노력하고 있다고 하는 것을 일반 대중으로부터 인정받을 수 있다. 제3자로부터 평가를 받음으로써 자가평가로 개선된 조직운영과 제3자의 객관적 지표를 비교하여 추가 개선을 위해 노력할 수 있다. 평가결과를 조직 내부에 공유하고 환원함으로써, 조직기반 강화와 경영개선을 촉진할 수 있다. 평가결과를 공개함으로써 조직이 적절한 조직을 운영하고 있거나 개선에 의욕적인 조직임을 일반 대중에게 입증할 수 있다.

(2) 후원자(일반 개인기부자, 기업후원자, 정부, 후원재단 등) 측면

비영리조직의 건전성 평가결과를 인터넷에서 누구나 확인할 수 있기 때문에 신뢰할 수 있는 비영리조직을 찾을 수 있는 방법이 된다. 또는 후원하고자 하는 비영리조직의 조직 신뢰성을 확인할 수 있다. 후원하는 조직의 조직 운영 상황에 대한 제3자 평가 정보에 따라 그 조직의 조직 관리에 대한 정보를 파악할 수 있다.

2) 비영리조직 지속가능성과 혁신을 위한 고려사항

(1) 비영리조직의 지속가능성

2020년 4월 영국 정부는 코로나 사태에 자국의 자선단체(Charities)를 지원하기 위해 7억5000만 파운드(약 1조1000억 원)의 지원금을 긴급 편성했다. 7억5000만 파운드의 절반은 정부 부처를 통해 자선단체로 직접 전달되는 보조금의 성격이며, 나머지 절반은 지역사회의 취약계층을 지원하는 소규모 단체들을 위한 보조금이었다. 당시 이를 주도했던 리시수낙 재무부장관은'전국 17만개의 자선단체를 지원하는 데에 있어 충분한 액수가 아니'라며 여타의 모금행사에도 적극 참여 한 바 있다. 그는 또한 정부 입장문을 통해 '자선단체들은 코로나19에 맞서 싸우는데 중차대한(crucial) 역할을 하고 있다'고 말했다. 브렉시트로 경제상황이 어려웠을 영국에서 단행했던 정부 차원의 의사결정을 내린 것이다.

정상호(2022년)는 비영리조직(NPO)의 규모와 재정, 기능을 중심으로 한 한국·중국·일본의 시민사회 비교 연구에서'20여년 동안 시민사회의 성격은 물론이고 국가-시장-시민사회의 관계 또한 역동적으로 변화하였다. 헌법이 명시한 바람직한 공동체의 지향이 민주공화국(대한민국 헌법 제1조)이든 인민민주주의 독재의 사회주의 국가(중화인민공화국 헌법 제1조)이든, 아니면 국가와 국민 통합의 상징 천황제(일본국 헌법 제1조) 국가이든 그것이 성공하기 위한 필요조건 중 하나는 자율과 신뢰를 담보한 시민사회의 존재라는 사실'을 확인하였다.

비영리조직은 스스로의 생명력 연장이 아닌, 오로지 공익을 향한 사회변화가 존재 목적이자 존재 이유이기 때문에 비영리조직은 스스로 설정한 사명에 맞게 충실하게 일하는 것은 비영리조직 고유의 역할인 반면, 비영리조직의 지속가능성에 대한 책임은 정부의 역할이 크다. 비영리조직에 대한 최대, 최적의 지원자가 정부라는 사실은 변함이 없기 때문이다. 이명신(2023)의 저서「아무나 쓰고 아무도 모르는 거버넌스」에서 "지금 비영리를 둘러싸고 있는 환경이 정치·사회·경제적으로 많이 어렵지만, 그럼에도 불구하고 비영리조직이 건강하고, 지속가능하게 나아가기 위해서는 조직의 내부를 더 단단하게 만들어야 한다" 라고 강조하고 있다.

(2) 비영리조직의 혁신을 위한 고려사항

비영리단체가 건강하고 지속 가능하게 유지되기 위해 비영리단체의 상황에 맞는 거버넌스가 필요하다. 책무성의 주체인 이사회를 둘러싼 거버넌스가 바뀌면 비영리단체는 사회적 신뢰를 회복하고 지속 가능한 조직에 가까워 질 수 있다.(이명신, 2023). 비영리기관은 자금 조달, 지속가능한 운영, 정책 변화 등 다양한 측면에서 발생할 수 있는 사회적 문제에 대응하기 위한 효과적인 혁신 전략과 협력이 필요하며, 거버넌스를 포함하여 혁신을 위한 대표적인 고려사항은 다음과 같다.

가. 지속가능한 재정 모델

비영리기관은 수익을 목적으로 하지 않기 때문에 자금 조달이 항상 어려운 과제이다. 특히, 기부금의 감소나 정부 지원의 축소 등으로 인해 자금 조달의 어려움이 더욱 심각해질 수 있다(송민경, 김현지, 2019). 그래서 비영리기관들은 혁신을 추진할 때 지속가능한 재정 모델을 고려해야 한다. 이를 통해 혁신 활동이 장기적으로 유지되고 발전할 수 있다(박경미 · 정은정 · 김종엽, 2016).

나. 인적 자원 관리

비영리기관은 종종 인적자원의 부족 문제를 겪는다. 자원봉사자나 전문가들을 유지하고 유인하는 것이 어려울 수 있으며, 이로 인해 프로젝트나 프로그램의 효율성이 저하될 수 있다(장혜진 · 이원현, 2017). 한국의 비영리 기관들이 혁신을 추진할 때에는 이해관계자들의 참여와 지원이 중요한 요소로 부각되고 있다. 이들은 혁신 프로세스에 직접 참여하거나, 아이디어와 자원을 제공함으로써 기관의 혁신을 지원할 수 있다(이명규 · 최형덕, 2018). 비영리조직 운영에서 경쟁의 증가, 기부의 감소와 다양한 이해관계자로부터의 요구 증가는 계획의 수립과 관리를 위한 새로운 전략들을 정의하고, 실행해야 할 것을 요구하며, 전략적 인적자원관리는 이러한 조직 전략 중 가장 중요한 주제가 된다(정진경 · 김혜정, 2023).

다. 정부 정책 및 지원 환경

한국의 비영리기관들이 혁신을 추진할 때에는 정부의 정책 및 지원 환경을 고려해야 한다. 적절한 정책 지원을 통해 혁신을 촉진하고 지속 가능한 발전을 도모할 수 있다(김현숙 · 홍희수, 2021). 비영리기관은 정부 정책의 변화에 민감하게 반응해야 한다. 새로운 규제나 지원 정책의 도입은 기관의 운영에 영향을 미칠 수 있으며, 이에 대한 적응이 필요하다(김준우 · 김혜영, 2020).

라. 기술과 디지털 전환

한국의 NPO 분야에서는 기술과 디지털 전환을 통한 혁신이 중요한 고려사항으로 부각되고 있습니다. 디지털 플랫폼을 활용한 새로운 서비스 모델이나 기술적 혁신을 통해 효율성을 높이고 사회적 가치를 창출할 수 있다(이영옥 · 이용범 · 장준환, 2020).

현재 한국의 비영리조직은 생태계 전체의 급격한 변화와 재정적 측면의 지속가능성에 대한 고민이 구체적으로 필요한 환경에 놓여있다. 이러한 시점에서 비영리조직은 기존에 해왔던 방식보다 환경 변화에 적극적으로 대응하며 생존하기 위한 변화와 혁신을 진행해야 한다. 이명신(2023)의 저서에서 거버넌스는 조직의 최상위에서 의사결정, 리더십, 책임, 통제 및 행동을 위한 구조 및 프로세스와 관련이 있고, 조직의 목표를 설정하고 달성하는 방법, 위험을 모니터링하고 해결하는 방법, 성과를 최적화하는 방법에 영향을 미친다라고 했다.

비영리단체가 사회적 신뢰를 회복하고 지속 가능한 조직이 되기 위해서는 거버넌스가 바뀌어야 하며, 비영리조직 거버넌스의 중심은 이사회이며, 이사회가 역할과 책임을 구조화하고 개선해야 비로소 혁신을 위한 출발점이 될 수 있다.

CHAPTER 03

비영리조직의 지속가능한 혁신 전략의 핵심 요소

비영리조직의 지속가능한 혁신 전략의 핵심 요소

Chapter 03

비영리조직에 지속가능한 혁신이 중요한 이유

비영리조직은 사회적 가치 실현을 목표로 정부와 시장의 빈틈을 메우는 제3섹터로서, 급변하는 환경 속에서 지속가능한 혁신이 필수적이다. 사회 문제가 갈수록 복잡해지고 기부 문화와 후원 환경이 변화함에 따라, 기존의 운영 방식만으로는 조직의 미션을 효과적으로 달성하기 어렵게 되었다. 실제로 국내 비영리 부문은 외부 자원 환경의 변화와 내부 역량 한계로 인해 지속가능성에 대한 불확실성이 커지고 있다. 예를 들어, 최근 10년간 민간 기부 참여율과 모금액 증감 추이를 살펴보면 정체 또는 감소 경향을 보여주는데, 이는 비영리조직들이 새로운 전략적 접근을 통해 혁신과 지속가능성을 동시에 추구해야 함을 시사한다.

지속가능한 혁신이란 단발적인 아이디어 도입을 넘어, 조직이 장기적으로 환경 변화에 적응하고 성과를 내면서도 핵심 사명(mission)을 흔들림 없이 유지하는 혁신을 뜻한다. 이는 단순한 기술 도입이나 프로그램 변경뿐만 아니라 조직 전반의 거버넌스, 문화, 역량을 포괄적으로 개선하는 노력이 필요하다. 특히 한국의 비영리조직들은 투명성, 신뢰, 디지털 역량 등 여러 측면에서 개선 요구가 제기되고 있어. 지속가능한 혁신 전략의 구축이 사회변화와 조직 생존을 위한 핵심 과제가 되고 있다(노연희 · 이민영, 2022).

본 장에서는 비영리조직의 지속가능한 혁신 전략을 구성하는 네 가지 핵심 요소인 이해관계자 참여, 적응성과 회복력, 미션 정렬, 디지털 전환에 대해 상세히 논의한다. 각각의 주제별로 관련 이론과 한국 학계의 최신 연구 동향을 살펴보고, 국내 비영리조직의 실제 사례와 통계를 통해 시사점을 도출한다. 이를 통해 비영리조직이 어떻게 혁신을 도모하면서도 조직의 지속가능성을 확보하고, 궁극적으로 사회적 임팩트를 극대화할 수 있는지에 대한 전략적 방향성을 제시하고자 한다.

1. 이해관계자 참여: 신뢰 구축과 협력을 통한 혁신

지속가능한 혁신 전략의 첫 번째 핵심 요소는 이해관계자 참여이다. 비영리조직의 이해관계자에는 수혜자, 기부자, 자원봉사자, 직원, 이사회, 정부 및 기업 파트너 등이 모두 포함된다. 이들의 적극적인 참여와 협력은 혁신의 아이디어를 제공하고, 실행을 지원하며, 성과를 확산시키는 원동력이 된다. 무엇보다 이해관계자와의 소통과 신뢰 구축은 비영리조직의 지속가능성에 직결된다. 조직이 투명하게 정보를 공개하고 피드백에 반응할 때 후원자와 대중의 신뢰가 높아져 더 안정적인 자원 동원이 가능하다.

반면 이해관계자에 대한 반응성과 책임성이 부족하면 혁신에 필요한 지지도 얻기 어렵다. 최근 연구에 따르면, 한국 비영리조직들은 재무 및 사업 정보 공개 수준은 비교적 높지만 이해관계자에 대한 적극적인 소통과 대응은 미흡한 것으로 나타났다(노연희 · 이민영, 2022). 이는 많은 조직들이 아직까지 일방향적인 보고에 그치고, 이해관계자의 의견 수렴이나 참여 구조를 체계화하지 못하고 있음을 의미한다. 이러한 소통 격차를 해소하고 이해관계자를 조직 활동에 공동 창조자(co-creator)로 포함시키는 것이 향후 혁신 전략의 중요한 과제가 된다.

1) 기부자 및 후원자 참여 강화

비영리조직의 재정적 지속가능성은 개인 기부자와 후원자들의 꾸준한 지원에 달려 있다. 혁신적인 프로그램이라도 재원이 뒷받침되지 않으면 지속되기 어렵기 때문에, 기부자들의 만족도와 신뢰를 높이는 노력이 필수적이다. 한 연구에서는 사회복지 분야 비영리기관의 개인기부자 374명을 설문 조사한 결과, 기관에 대한 만족도가 높을수록 향후 기부 의도가 유의미하게 상승하며, 이 관계에서 기관에 대한 신뢰가 중요한 매개 역할을 하는 것으로 나타났다(최형임, 2021).

다시 말해, 기부자가 조직과 소통하는 과정에서 느끼는 만족감과 조직에 대한 신뢰감이 높으면 일회성 참여에 그치지 않고 정기적이고 지속적인 후원으로 이어질 가능성이 크다는 것이다. 이러한 결과는 비영리조직이 기부자 관계관리(donor relationship management)를 혁신적으로 접근해야 할 필요성을 보여준다.

예를 들어, 기부금의 사용 내역과 성과를 투명하게 공개하고, 기부자들에게 조직 미션에 동참하고 있다는 영향력(feeling of impact)을 느낄 수 있게 할 때 기부 만족도가 높아질 수 있다. 또한 정기후원자 뿐 아니라 1회성 기부자, 소액 후원자 등 다양한 스펙트럼의 후원자들과도 꾸준히 소통하며 맞춤형 참여기회를 제공하는 것이 중요하다.

국내 사례를 보면, 자원봉사 경험이 있는 시민 중 정기후원에 참여하지 않는 이유로 "조직의 회계 투명성에 대한 신뢰 문제"를 꼽은 응답자가 19.8%에 이르렀다(최종혁 · 이애련, 2020). 이는 후원자들이 투명성과 신뢰를 중시하며, 이러한 요소가 담보되지 않을 경우 장기 후원에 소극적임을 나타낸다. 따라서 비영리조직은 재무관리의 투명성 제고, 성과 측정의 엄격한 관리, 정기적인 성과 보고 등을 통해 후원자 신뢰를 확보해야 한다. 더 나아가 일부 선진 조직들은 후원자를 조직의 의사결정 자문단으로 참여시켜 프로그램 혁신에 대한 피드백을 직접 듣고 반영하기도 하는데, 이러한 적극적 참여 모델도 고려해볼 만하다.

2) 자원봉사자와 커뮤니티 참여

자원봉사자는 비영리조직의 핵심 이해관계자이자 혁신의 중요한 주체이다. 자원봉사자들은 현장에서 직접 서비스를 제공하거나 캠페인에 참여하면서 사용자 관점의 아이디어를 제공해줄 수 있고, 조직 내 인력 부족을 메워 혁신 실험을 가능케 한다. 한국 비영리조직의 경우 전국적으로 다수의 자원봉사센터와 봉사단이 활동하고 있으며, 특히 청년층의 참여가 증가하는 추세이다. 이들을 효과적으로 조직의 미션 수행과 혁신 활동에 연계하려면 동기부여와 역량개발 전략이 필요하다. 예컨대 봉사자들에게 단순 보조 업무만 부여하는 것이 아니라, 프로그램 기획 단계에서부터 참여시켜 자신의 전문성이나 창의성을 발휘할 기회를 줄 때 봉사자 만족도와 지속 참여율이 높아진다.

이는 곧 조직 혁신에도 기여하는 방향으로 이어진다. 또한 봉사자의 경험을 조직 내부에 지식자산으로 축적하여 서비스 개선에 반영하는 체계도 중요하다. 일부 연구에서는 봉사자의 조직 몰입과 지속 참여를 높이는 요인으로 피드백 제공, 교육훈련, 보상 체계 등을 들고 있는데, 이러한 인적자원관리 기법을 비영리조직 실정에 맞게 혁신적으로 도입할 필요가 있다. 나아가 지역사회 커뮤니티의 참여도 빼놓을 수 없다. 지역주민들이 조직의 프로젝트에 참여하여 의견을 내고 협력하는 커뮤니티 임팩트 모델은 문제 해결의 현지 적합성을 높이고, 지원 기반을 확대함으로써 조직의 지속가능성을 높여준다. 결국, 자원봉사자와 지역사회 구성원을 조직 혁신의 공동 주체로 인식하고 참여 플랫폼을 마련하는 것이 이해관계자 참여 전략의 핵심이라 할 수 있다.

3) 거버넌스 혁신과 협력적 파트너십

이해관계자 참여를 강화하기 위해서는 조직 거버넌스(governance) 구조 자체의 혁신이 필요하다. 전통적으로 비영리조직의 의사결정은 이사회와 상근직원 중심으로 이루어졌으나, 오늘날 지속가능한 혁신을 위해서는 보다 개방적이고 다층적인 거버넌스로 전환해야 한다는 지적이 나온다. 이사회에는 재무, 법률, 기술 등 다양한 분야의 전문가 뿐 아니라 조직의 혜택을 직접 받는 커뮤니티 대표나 주요 후원자 등 이해관계자 이사를 포함하여 의사결정의 민주성과 책임성을 높일 수 있다. 또한 조직 운영에 있어서도 협력적 거버넌스(collaborative governance)가 강조되고 있다.

이는 조직 경계를 넘어 정부, 기업, 다른 비영리단체와의 파트너십을 통해 공동의 사회 문제를 해결하는 접근법이다. 협력적 거버넌스를 실현하려면 각 이해당사자가 수평적으로 논의하고 의사결정을 공유하는 구조를 마련해야 한다. 국내에서도 공공기관과 민간 NPO, 또는 기업 CSR 부서와 NGO의 협의체 등이 등장하여 협업 사례가 늘고 있다. 이러한 다자간 협력에서 가장 중요한 것은 신뢰 형성과 명확한 역할 분담이다. 연구자들은 영리와 비영리 섹터 간에 상호 이해의 폭을 넓히고 적극적인 커뮤니케이션을 통해 신뢰를 구축함으로써 지속적인 파트너십을 유지해야 한다고 강조한다. 서로의 미션과 이해를 존중하면서 공동의 목표에 합의할 때 혁신적 해결책이 도출되고, 그 성과 역시 지속가능하게 공유될 수 있기 때문이다.

예를 들어, 환경 분야의 한 협력 프로젝트에서 기업은 기술과 자금을 제공하고, NGO는 현장 전문성과 시민 네트워크를 제공하여 시너지를 낸 사례가 있다면, 이는 이해관계자 각각이 강점을 살려 혁신을 이루는 전형적인 모델이라 할 수 있다. 이처럼 거버넌스 차원에서 개방성과 포용성을 높이고, 다양한 이해관계자의 지혜와 자원을 결집시키는 것이 지속가능한 혁신의 토대가 된다. 이해관계자 참여를 통한 혁신은 결과적으로 조직에 대한 사회적 신뢰를 제고하고, 이는 다시 더 많은 참여를 이끌어내는 선순환 구조를 만든다(최종혁 · 이애련, 2020). 이러한 선순환을 구축하는 것이 비영리조직 경영에 있어 선행돼야 할 과제라 할 수 있다.

2. 적응성과 회복력: 변화 대응과 지속성 확보

두 번째 핵심 요소는 적응성(adaptability)과 회복력(resilience)이다. 비영리조직은 외부환경 변화에 빠르게 대응하면서도 내부적으로 안정성을 유지해야 하는 이중 과제를 안고 있다. 사회적 요구, 정책 방향, 경제 상황, 재난 및 위기 등 외부 조건이 수시로 변동하는 현실에서 적응성은 조직의 생존과 혁신을 위한 필수 역량이다.

동시에 예기치 않은 충격이나 실패를 겪더라도 핵심 운영을 지속할 수 있는 회복탄력성이 있어야 지속가능한 혁신을 이어갈 수 있다.

코로나19 팬데믹은 이러한 적응성과 회복력의 중요성을 극명하게 보여준 사례였다. 대면 모금행사와 서비스 제공이 어려워지고 재원이 감소하는 위기 속에서도, 일부 비영리조직들은 신속하게 온라인 방식으로 전환하거나 새로운 협력 모델을 모색하며 민첩한 대응을 보였다. 이러한 조직은 팬데믹 이후에도 오히려 디지털 혁신이나 업무 방식 개선을 통해 한층 성장한 반면, 변화에 둔감하고 경직된 조직은 활동 위축과 성과 저하를 겪었다고 보고된다(서지원 · Jennifer Reiner · 김정욱, 2023).

1) 환경 변화에 대한 신속한 대응력

적응성을 논할 때 먼저 강조되는 것은 환경 변화에 대한 기민한 대응력(agility)이다. 최근 인천연구원의 사례 연구에 따르면, 코로나19 초기 대응에서 한국 비영리조직들 중 일부는 서비스를 빠르게 비대면화하거나 새로운 집단행동에 참여함으로써 유연한 관리와 협력을 실현해냈다(서지원 등, 2023). 예컨대, 대면으로 이루어지던 교육 프로그램을 며칠 내에 온라인 화상교육으로 전환하고, 지역 자원봉사자들과 함께 마스크 제작 및 배포와 같은 새로운 사업을 실행한 사례들이 이에 해당한다. 이러한 애자일(agile)한 대응은 조직 내부에 변화에 대한 개방적 태도와 혁신 문화가 있을 때 가능했다. 그러나 동 연구에서는 동시에 많은 비영리조직이 정부의 경직된 절차와 규제로 인해 민첩한 대응에 한계를 느꼈다고 지적한다. 즉, 공공부문의 획일적인 보고 요건이나 승인 절차 등이 위기 시 신속 대응을 저해하는 요인으로 작용했다는 것이다. 이로부터 얻을 수 있는 시사점은, 비영리조직 스스로도 내부 의사결정 절차를 단순화하고 현장 실무자들에게 위임과 자율성을 부여하는 방향으로 구조를 재편할 필요가 있다는 점이다. 평소에 분권화되고 유연한 조직일수록 예측 불가능한 상황에서 더 효과적으로 움직일 수 있기 때문이다.

연구자들은 한국의 코로나19 대응 경험을 바탕으로 비영리조직의 애자일 관리 유형을 세 가지로 제시하는데, ① 기업가적 서비스 제공과 유연한 실행, ② 절차의 간결화, ③ 집단행동으로의 구조 전환이다(서지원 등, 2023). 이러한 범주들은 모두 궁극적으로 조직의 신속 대응 능력을 높이는 전략이라 할 수 있다. 요컨대, 지속가능한 혁신을 위해서는 조직이 변화의 조짐을 빠르게 포착하고, 필요하다면 기존 계획을 과감히 수정하거나 새로운 접근을 실험할 수 있어야 한다. 이를 뒷받침하기 위해 사전에 위기대응 매뉴얼을 마련하고, 시나리오별 대응훈련을 하는 것도 한 방법이다. 또한 직원들이 실패를 두려워하지 않고 혁신 아이디어를 제안할 수 있는 안전한 조직문화를 형성하는 것이 중요하다. 이런 문화가 있을 때 실제 위기 상황에서 창의적 해법들이 쏟아져 나와 조직이 한층 탄력적으로 대응할 수 있다.

2) 사회적 기업가정신과 혁신 지향

비영리조직의 적응성과 혁신능력을 높이는 핵심 동력으로 사회적 기업가정신(social entrepreneurship)이 주목받고 있다. 사회적 기업가정신이란 사회문제 해결을 목표로 혁신과 도전정신을 발휘하는 태도나 접근을 말하는데, 이는 영리 기업뿐만 아니라 비영리조직의 리더십과 조직문화에도 적용될 수 있다. 연구에 따르면 혁신성, 진취성, 위험 감수와 같은 기업가정신 요소를 보유한 비영리 조직일수록 변화하는 환경에 유연하게 대응하고 새로운 기회를 포착하는 역량이 크다. 김민 · 남재준(2022)은 비영리 스포츠 조직 사례를 통해, 조직 리더가 혁신을 장려하고 변화를 주도하는 기업가적 리더십을 발휘할 때 지속가능성 제고에 긍정적 영향을 준다고 보고하였다. 구체적으로, 혁신성은 조직 내 새로운 프로그램이나 사업 모델을 개발하는 능력으로, 서비스 전달 방식 개선이나 수익사업 창출 등에서 나타난다. 진취성(proactiveness)은 주변 환경을 수동적으로 따르기보다는 앞서 예측하고 선제적으로 행동하는 성향을 의미하며, 불확실한 상황에서도 과감히 신규 프로젝트에 착수하는 조직들에게서 찾아볼 수 있다. 마지막으로 위험 감수(risk-taking) 성향이 높은 조직은 단기적인 실패나 손실 가능성을 감내하고서라도 장기적인 사회적 임팩트를 위해 도전적인 전략을 채택한다. 이러한 기업가정신 요소들은 상호 보완적으로 작용하여 조직이 변화에 앞장서는 혁신가로 자리매김하게 만든다. 실제 국내한 실증연구에서는, 위험을 기꺼이 감수하는 비영리조직일수록 정부 보조금 등 특정 자원에 덜 의존하고 수입원을 다변화하여 재정적 안정성이 높다는 결과도 나왔다(박지현, 2022).

이는 곧 혁신성과 지속가능성이 상충되는 것이 아니라 오히려 혁신 지향적인 조직이 재정적 · 조직적 회복력도 강하다는 점을 시사한다. 따라서 비영리 조직은 내부적으로 기업가정신 문화를 장려하기 위해 교육과 인센티브 시스템을 도입할 필요가 있다. 최근 일부 비영리단체들은 사내 사회혁신 공모전이나 신규 사업 인큐베이팅 프로그램 등을 통해 직원들이 창의적인 아이디어를 현실화하도록 지원하고 있는데, 이는 조직의 적응성을 기르는 좋은 실천이라 할 수 있다. 결론적으로, 사회적 기업가정신을 함양한 조직은 새로운 사회적 요구에 빠르게 반응하고 지속적으로 자기 혁신을 이루어 나갈 수 있으므로, 적응성과 회복력 강화를 위해 이러한 태도를 핵심역량으로 개발해야 한다.

3) 조직 학습과 회복탄력성 구축

적응과 회복을 위해서는 조직 차원의 학습(learning) 문화와 체계가 뒷받침되어야 한다. 혁신 시도가 모두 성공할 수 없으며 때로는 실패를 겪게 되는데, 중요한 것은 그 경험으로부터 무엇을 배우고 개선하는가이다. 조직학습을 통해 비영리단체는 실패의 원인을 분석하고 지식을 축적하여 다음 번 시도에서 성공 확률을 높일 수 있다. 이를 위해서는 사후 평가(after-action review)를 철저히 하고 배운 점을 공유하는 절차가 필요하다. 예를 들어, 어떤 캠페인이 기대만큼 성과를 내지 못했다면, 내부 회고를 통해 문제점을 진단하고 그 결과를 문서화하거나 전 직원 워크숍에서 논의함으로써 학습자산으로 남겨두어야 한다. 이러한 지속적 학습이 축적되면 조직은 예상치 못한 어려움에도 과거의 지혜를 적용해 빠르게 정상 궤도로 돌아오는 회복탄력성(resilience)을 가지게 된다.

회복탄력성은 물리적 자원뿐 아니라 심리적 · 문화적 요인에서도 나온다. 구성원들이 조직의 사명과 비전에 대한 확신을 공유하고 있을 때, 외부 충격으로 일시적 후퇴를 겪더라도 다시 일어나 목표를 향해 매진할 동력이 생긴다. 또한 조직 내 협력과 상호 지원의 문화가 조성되어 있으면, 위기 상황에서 부서 간 장벽을 넘어 공동 대응하고 서로를 돕는 행동이 촉진된다. 예컨대, 2020년대 초 코로나19로 급작스런 재정위기에 처한 한 복지기관에서 직원들이 자발적으로 모금 캠페인을 펼치고 경영진은 긴축과 새로운 수입원 확보에 나선 사례는, 조직내 결속력과 유연한 역할전환이 회복에 기여한 사례로 들 수 있다. 한편 회복탄력성을 높이기 위해 시스템적 대비도 필요하다. 중요한 사업에 대해 백업 자원이나 플랜 B를 마련해두고, 핵심 인력에 대한 순환훈련(cross-training)을 실시하여 어느 한 사람이나 한 가지 자원에 과도하게 의존하지 않도록 하는 것이다.

이러한 대비책은 유사시 조직 기능의 연속성을 보장해준다. 끝으로, 조직 차원에서 거시 환경의 변화 예측 및 위험 관리(risk management) 능력을 갖추는 것도 회복탄력성의 부분이다. 사회경제적 트렌드, 정책 변화, 인구구조 변화 등을 모니터링하여 전략계획에 반영하고, 잠재 리스크 시나리오별 대응전략을 사전에 수립해 두면 위기 대응 속도가 빨라지고 충격이 경감된다. 이처럼 학습을 통해 끊임없이 개선하고, 사람과 시스템 양면에서 탄력적인 기반을 구축하는 것이 지속가능한 혁신을 떠받치는 보이지 않는 힘이라 할 수 있다.

3. 미션 정렬: 사명에 부합하는 혁신의 추진

세 번째 요소는 미션 정렬(mission alignment)이다. 비영리조직의 모든 활동과 혁신은 궁극적으로 조직의 사명과 일치해야 하며, 그래야만 조직의 정체성과 정당성이 유지된다. 혁신을 추구하는 과정에서 종종 발생하는 위험 중 하나가 미션 드리프트(mission drift), 즉 조직 본연의 목적에서 벗어나는 현상이다. 예를 들어, 재정 확보를 위해 조직의 전문분야와 무관한 수익사업에 치중한다거나, 일시적 유행에 편승한 프로그램을 남발하는 경우 조직의 핵심가치가 흐려질 수 있다.

이는 단기적으로 자원을 얻는 듯해도 장기적으로는 조직에 대한 신뢰 약화와 정체성 혼란을 가져와 지속가능성을 해칠 우려가 있다. 따라서 혁신 전략을 수립할 때마다 '우리의 미션과 부합하는가'라는 질문을 끊임없이 던져보아야 한다. 미션 정렬은 혁신의 방향타 역할을 하며, 조직이 왜 존재하는지(why)에 대한 분명한 인식을 모든 구성원이 공유할 때 혁신 노력도 한계 대신 의미를 갖게 된다. 한국의 한 비영리 경영 전문가는 "비영리조직의 진정성은 사명에 집중하는 데서 나온다"고 지적한 바 있는데, 여기서 진정성이란 말 그대로 조직이 선언한 존재이유에 얼마나 충실한지를 나타낸다. 혁신이 진정성을 높이는 방향으로 작동하려면, 새로운 사업이나 프로젝트를 시작하기 전 사명 적합도를 평가하고, 추진 중에도 수시로 미션 대비 성과를 점검하는 시스템이 중요하다.

1) 전략적 계획 수립과 사명 중심 평가

미션 정렬을 보장하려면 전략적 기획 과정부터 사명을 중심에 두고 의사결정을 해야 한다. 많은 비영리조직이 3~5년 중장기 전략계획을 수립하는데, 이 때 조직의 비전과 미션에 직접 기여하는 목표와 전략을 설정하는 것이 기본 전제이다. 각 전략과 프로그램이 미션에 어떻게 연결되는지를 논리모델이나 이론적 프레임워크로 그려봄으로써, 불필요하거나 부적절한 활동을 걸러낼 수 있다. 예컨대, 아동복지단체라면 아동의 삶의 질 향상이라는 미션 하에 교육, 보건, 옹호 등의 핵심 분야를 정하고 그 범위 안에서 혁신 아이디어를 탐색해야 할 것이다. 전략 수립시 SWOT 분석 등을 통해 조직의 강점과 약점을 파악하되, 기회로 보이는 모든 것을 다 좇기보다 미션과 합치되는 기회에 집중하는 선택과 집중이 필요하다. 또한 성과관리 체계에서도 미션 정렬 원칙이 적용되어야 한다. 프로젝트별 KPI를 설정할 때 단순 산출(output)이 아니라 얼마나 미션 관련 성과(outcome)를 달성했는지에 초점을 맞추는 것이다.

이를 위해 논의되고 있는 개념 중 하나가 사회적 가치 지표 등을 개발하여 조직 미션 달성도를 측정하는 것이다. 국내에서도 공공부문을 중심으로 SROI(Social Return on Investment)나 사회성과평가가 도입되고 있는데, 비영리조직도 자체적인 미션 성과평가틀을 구축할 수 있다. 예를 들어, 환경단체라면 탄소배출 감축량이나 생태계 보전 정도를, 인권단체라면 법·제도 개선 건수나 수혜자 삶의 변화 등을 성과지표로 삼아, 혁신 사업들이 실제 미션에 기여한 정도를 측정하는 식이다. 이런 측정과 평가를 정기적으로 실시하면 조직 활동이 미션으로부터 벗어나지 않도록 지속적으로 궤도를 교정할 수 있다. 요컨대 계획 → 실행 → 평가의 전 단계에 걸쳐 미션 중심의 사고를 심화시키는 것이 정렬을 유지하는 비결이다.

2) 미션과 혁신의 균형: 사례와 교훈

미션 정렬과 혁신 간 균형을 잡는 일은 때때로 도전적일 수 있다. 한편으로는 사회문제가 빠르게 변하고 후원자들의 기대도 높아져서 새로운 접근법을 도입해야 하고, 다른 한편으로는 조직의 정체성과 기존 사업의 연속성을 지켜야 하는 딜레마에 직면하기 때문이다. 이와 관련해 국내외 사례를 통해 얻을 수 있는 교훈이 있다. 예를 들어, 국제구호를 주로 해오던 한 NGO가 국내 사회적기업 육성 사업에 손을 뻗었다가 미션 드리프트 논란을 겪은 일이 있었다.

이 사례에서 조직은 새로운 수익과 브랜드 이미지를 얻었지만, 전통적 후원자들은 "본연의 구호활동에 소홀해진 것 아니냐"는 우려를 표했다. 결국 해당 NGO는 사회적기업 사업을 관련성이 높은 현장 생계지원 프로그램으로 재정립하여 다시 미션과 연결하는 방향으로 선회하였다. 이 사례는 혁신적 사업 확장이 항상 긍정적인 것은 아니며, 핵심 미션과의 연결고리를 분명히 설명하고 설득하는 작업이 수반되지 않으면 내외부의 지지를 잃을 수 있음을 보여준다. 반대로 성공적으로 미션과 혁신을 접목한 사례도 있다. 한 전통있는 장학재단은 단순히 장학생을 선발·지원하는 데서 더 나아가 교육 접근성 기술 플랫폼을 개발하는 혁신을 추구하였다. 언

뜻 보면 IT 개발은 미션과 거리가 있어 보였지만, 해당 재단은 "더 많은 청소년에게 교육 기회를 제공한다"는 미션 달성을 위한 수단으로 이 플랫폼을 위치지었고, 그 결과 추가 재원을 유치하고 장학금 수혜 범위를 크게 넓힐 수 있었다.

핵심은 이처럼 미션을 재해석하여 혁신의 동인으로 삼는 것이다. 조직 미션의 궁극적 가치와 목표를 현대적 환경에 맞게 재정의하고, 그에 부합하는 새로운 접근을 찾아내면 혁신과 미션의 균형을 잡을 수 있다. 이 과정에서 조직의 역사와 전통도 중요 자산이 된다. 조직이 설립 이후 걸어온 발자취와 성취를 되돌아보면서, 무엇이 조직을 조직답게 만들었는지를 구성원들이 인식하고 있다면, 새로운 사업을 도입할 때도 그 정신적 유산(legacy)을 계승 · 발전시키는 방향으로 설계할 가능성이 높다. 결국, 미션 정렬은 혁신의 나침반 역할을 하여 조직이 방향성을 잃지 않고도 변화할 수 있게 해준다. 혁신의 홍수 속에서 "우리의 존재 이유는 무엇인가"를 지속적으로 자문하고 답을 찾는 노력이야말로 지속가능한 혁신의 심장이라 할 수 있다.

3) 이해관계자와 미션의 재확인

미션 정렬을 유지하기 위해서는 조직 내부뿐 아니라 외부 이해관계자들과의 소통 속에서 미션을 재확인하는 일도 중요하다. 많은 비영리조직이 정관이나 표어 형태로 미션을 명문화하고 있으나, 시간이 지나면서 일종의 상징에 그치고 실제 사업과 유리되는 경우가 있다. 이를 방지하려면 정기적으로 이해관계자들에게 우리 조직의 미션이 무엇이라고 생각하는지 묻고, 그 기대에 부합하고 있는지 평가받아보는 것이 도움이 된다. 예컨대, 연례 후원자 간담회나 공개 포럼에서 "우리의 미션이 여전히 유효한가? 우리가 그 미션을 잘 따라가고 있는가?"를 토론 주제로 삼아 다양한 의견을 수렴할 수 있다. 수혜자나 협력단체의 견해를 듣는 것도 유용하다.

때로는 외부에서 보는 시각이 내부 인식과 차이가 있어서 미션 수행방식에 대해 새로운 통찰을 주기도 한다. 이러한 과정을 통해 미션에 대한 공동의 이해를 새롭게 다질 수 있으며, 조직이 추진하는 혁신이 미션과 어떻게 연결되는지도 더욱 명확히 전달할 수 있다. 이사회 차원의 리더십도 관건이다. 이사회는 미션 수호자(guardian)의 역할을 해야 하는데, 주요 혁신사업 안건을 심의할 때 항상 미션 적합성을 검증하고 필요하면 수정을 요구해야 한다. 한국의 일부 재단법인 이사회 운영지침에서도 '설립 목적에 부합하는 사업 여부'를 의사결정 기준으로 명시하고 있다. 이러한 거버넌스 장치를 제대로 활용하면 미션에서 일탈된 방향으로 조직이 나아가는 것을 예방할 수 있다. 끝으로, 브랜딩과 커뮤니케이션 전략에서도 미션 정렬을 강조해야 한다.

조직의 브랜드 아이덴티티와 모든 대외 커뮤니케이션 메시지에 일관되게 미션을 반영함으로써, 대중과 이해관계자들이 조직을 인식할 때 자연스럽게 그 미션을 떠올리도록 하는 것이다. 이는 조직 내부에도 긍정적 영향을 미쳐, 직원과 봉사자들이 일상의 업무 속에서도 자신이 수행하는 일이 큰 미션 퍼즐의 어느 부분에 해당하는지 인식하게 된다. 그렇게 미션에 대한 자부심과 이해가 높을수록 조직 구성원들이 혁신의 방향을 잡는 감각도 정교해질 것이다. 결국 이해관계자들과 함께 호흡하며 미션을 끊임없이 상기하고 재확인하는 조직이, 가장 의미있고 지속가능한 방식으로 혁신을 추구할 수 있다.

4. 디지털 전환: 기술 혁신과 조직 역량 강화

마지막 핵심 요소는 디지털 전환(digital transformation)이다. 4차 산업혁명 시대를 맞아 정보기술의 발전은 비영리 부문의 환경을 크게 바꾸어 놓았다. 온라인 모금, 소셜 미디어 캠페인, 데이터 기반 평가, 원격 협업 등이 일상이 되었으며, 코로나19 팬데믹을 거치며 이러한 디지털화 추세는 가속화되었다(). 디지털 전환은 비영리조직의 혁신을 촉진하는 한편 지속가능성의 새로운 조건이 되고 있다. 즉, 기술을 효과적으로 활용하는 조직은 더 많은 대중에게 다가가고 자원을 확보할 수 있지만, 그렇지 못한 조직은 갈수록 뒤처지는 격차(digital divide)가 발생하고 있다.

특히 대규모 기관들은 전문 IT 인력과 예산을 투입해 첨단 모금 솔루션이나 데이터분석을 도입하는 반면, 중소 규모 비영리단체들은 인력과 자원 부족으로 따라가기 힘들어 모금 및 참여의 양극화가 심화되는 양상이다(노연희, 2022). 이는 디지털 역량의 확보 여부가 조직의 지속가능한 성장에 결정적 변수로 부상했음을 의미한다. 따라서 비영리조직은 조직 구조와 문화를 디지털 친화적으로 바꾸고, 적절한 기술을 도입하여 업무 효율성과 임팩트 확산을 꾀해야 한다.

1) 모금과 참여의 디지털 혁신

디지털 전환의 가장 직접적인 효과 분야는 모금(fundraising)과 시민 참여 영역이다. 인터넷과 모바일 기술의 발달로 전통적인 오프라인 모금에서 벗어나 온라인 플랫폼, SNS, 크라우드펀딩 등을 통한 모금이 폭발적으로 증가했다. 예를 들어, 국내에서는 카카오 같이가치와 같은 온라인 기부 플랫폼이 활성화되어 수많은 소액 후원자들을 연결하고 있다. 연구에 따르면 2000년대 이후 디지털 기술 발전에 힘입어 기부·모금 활동의 디지털화가 지속적으로 이루어져 왔으며, 코로나19 이후 더욱 속도가 빨라졌다고 한다.

이러한 변화 속에서 특히 MZ세대(밀레니얼·Z세대)의 참여 방식이 눈에 띄게 달라지고 있다. 디지털 네이티브인 이들은 온라인 공간에서 자연스럽게 기부와 사회참여를 실천하는데, 예를 들어 SNS 캠페인에 댓글로 동참하거나, 온라인 쇼핑 적립 포인트를 기부하는 등 일상 생활과 연계된 작고 빈번한 기부를 하는 경향이 있다.

이러한 새로운 패턴은 전통적인 직접 송금이나 현장 모금함 중심의 방식과는 다르며, 비영리조직이 이들을 끌어들이기 위해서는 디지털 마케팅 전략과 콘텐츠 제작 역량이 요구된다. 많은 조직들이 이미 페이스북, 인스타그램, 유튜브 등을 활용하여 스토리텔링형 모금 캠페인을 펼치고 있고, 일부는 챗봇이나 AI를 이용한 기부자 응대 서비스도 도입하고 있다. 예컨대, 사랑의열매 나눔문화연구소의 보고서에 따르면 개인 기부행동이 디지털 소통의 일반화로 인해 매우 다양한 방식으로 변화되고 있으며, 그에 대응한 새로운 전략 모색이 필요함을 지적하고 있다(박미희 외, 2022).

이와 함께 데이터 기반 모금도 대두되고 있다. 기부자 데이터베이스를 분석하여 잠재 고액후원자를 찾아내고, 맞춤형 제안을 하거나, 기존 후원자의 이탈을 예측해 예방 조치를 취하는 등 데이터 사이언스가 접목된 사례가 증가하는 추세다. 이러한 접근은 자원의 효율적 투입과 모금 성공률 제고로 이어져 조직의 재정 지속가능성을 높여준다. 다만, 디지털 모금 환경의 확장은 투명성과 신뢰에 관한 새로운 도전을 수반한다. 온라인에서의 잘못된 정보나 피로감 등이 기부 문화를 저해하지 않도록, 비영리조직들은 정확하고 투명한 정보 공개, 그리고 기부자 개인정보 보호에 만전을 기해야 한다.

또한 기술에 익숙하지 않은 기부자 계층을 포용하기 위한 옴니채널(omni-channel) 전략 - 온라인과 오프라인을 결합한 모금 방안 - 도 고려해야 할 것이다. 종합하면, 모금과 참여 측면에서의 디지털 혁신은 선택이 아니라 필수이며, 이를 통해 비영리 조직은 더 광범위한 지지 기반을 구축하고 재정 구조를 강화할 수 있다.

2) 운영 효율화와 서비스 향상

디지털 전환은 내부 운영과 사업 수행 방식의 혁신을 통해 조직의 효율성과 서비스 품질을 높이는 데에도 크게 기여한다. 우선 내부적으로는 업무 프로세스에 클라우드, 협업툴, ERP(전사적 자원관리) 시스템 등을 도입함으로써 업무 효율화를 달성할 수 있다. 예를 들어 예전에는 서면 결재나 대면 회의에 의존하던 것들을 전자결재, 온라인 회의, 프로젝트 관리 소프트웨어 등으로 대체하면 시간과 비용을 절약할 수 있다.

특히 전국 혹은 국제적으로 흩어져 활동하는 조직의 경우 디지털 협업 인프라가 갖춰지면 의사소통이 원활해지고 대응 속도가 빨라진다. 또한 행정 업무에 드는 노력이 절감되면 직원들은 보다 가치 높은 대민 서비스와 혁신 과제에 시간을 투여할 수 있게 된다. 실제로 2020년대 들어 국내 여러 공익단체들이 정부와 민간 지원을 받아 IT 인프라를 구축하고 문서관리나 회계시스템을 전산화한 바 있는데, 그 결과 재무투명성이 높아지고 업무오류가 감소하는 등 긍정적 효과가 보고되었다. 인공지능(AI) 기술도 비영리 분야에서 활용이 늘고 있다.

예를 들어, 복지 상담 채팅봇은 수혜자들의 문의에 24시간 대응하여 서비스 접근성을 향상시키고, AI 데이터 분석은 사업 대상 지역의 수요를 예측하거나 최적 배분을 지원하여 의사결정의 과학화를 돕는다. 더 나아가 블록체인 기술을 통한 기부금 추적 시스템, VR/AR을 활용한 모금 체험 이벤트 등 첨단 기술의 접목 사례도 등장하고 있다. 이처럼 기술 활용을 통해 더 적은 자원으로 더 큰 성과를 내는 운영 모델을 구축하는 것이 지속가능성에 기여한다.

한편, 조직이 제공하는 서비스의 접근성과 품질 개선 측면에서도 디지털 전환은 필수적이다. 교육, 의료, 상담, 문화 등 다양한 분야의 비영리 서비스들이 온라인 플랫폼으로 제공될 수 있으며, 이를 통해 지리적 한계를 뛰어넘어 더 많은 사람들에게 혜택을 전달할 수 있다. 예를 들어, 장애인 대상 직업훈련을 온라인으로 전환하여 원거리에 있는 참여자들도 교육을 받게 하거나, 도서산간 지역 아동들에게 화상 멘토링을 연결해주는 식이다. 팬데믹 기간에 많은 대면 서비스들이 원격으로 전환되면서 이러한 디지털 포용의 가능성이 실증되었다.

다만, 여전히 정보취약 계층에 대한 접근성 문제를 함께 고려해야 하며, 오프라인 대면 접촉이 주는 장점과 온라인의 편리함을 조화시키는 하이브리드 서비스 모델을 개발하는 것이 이상적이다. 요약하면, 디지털 전환은 내부 운영 체질을 개선하고 대외 서비스 역량을 강화함으로써 비영리조직의 효율성과 효과성을 동시 제고하는 수단이다. 이를 뒷받침하기 위해서는 조직 구성원들의 디지털 역량 강화 교육, 전문 인력 채용 또는 외부 전문가와의 파트너십 등이 함께 이루어져야 한다.

3) 디지털 격차 해소와 전략적 활용

디지털 전환을 추진함에 있어 유의할 점은 조직 간, 그리고 조직 내 디지털 격차를 인식하고 해소하려는 노력이다. 앞서 언급했듯이, 대형 조직과 소형 조직 사이 기술 활용 수준의 차이가 존재한다. 재정 여력이 있는 곳은 최신 CRM 시스템을 도입하고 데이터 분석가를 채용하지만, 작은 단체들은 기본적인 홈페이지 관리에도 어려움을 겪곤 한다. 이런 격차를 줄이지 않으면 비영리 섹터 전체의 발전이 이루어지기 어렵다.

이를 위해 정부 및 지원기관 차원에서 중소 비영리단체 대상 IT 인프라 구축 지원사업, 디지털 역량 강화 교육 프로그램 등을 제공하는 것이 필요하다. 실제 아름다운재단 등에서 소규모 NPO들을 대상으로 클라우드 시스템 도입, 장비 지원, 전문 컨설팅을 제공한 사례는 업계의 공동 성장을 도모한 노력으로 평가된다.

한편 조직 내부에서도 세대 간 또는 직군 간 디지털 역량 차이가 있을 수 있다. MZ세대 직원들은 새로운 기술 습득에 능하지만 고연령 직원들은 변화에 어려움을 느낄 수 있으므로, 내부 교육과 멘토-멘티 제도 등을 통해 모든 직원이 기본적인 디지털 도구를 활용하도록 이끌어야 한다. 그리고 무엇보다 중요한 것은 전략적 활용이다. 단순히 기술 트렌드에 뒤처지지 않기 위해 도입하는 것이 아니라, 그것이 조직 미션과 전략 달성에 어떻게 기여할 것인지 명확한 계획하에서 활용해야 효과가 극대화된다.

예를 들어, 데이터 활용을 결정했다면 먼저 어떤 전략적 의사결정에 어떤 데이터를 활용할지, 필요한 데이터는 어떻게 수집하고 분석할지 체계가 있어야 한다. 또 SNS를 활용한다면 우리 목표청중이 주로 활동하는 채널이 어디이며, 콘텐츠는 어떻게 미션 메시지를 담아낼지 등을 고민해야 한다. 디지털 전략이 조직의 전체 전략과 정합성을 가질 때, 기술은 혁신과 지속가능성의 강력한 도구로 기능할 것이다. 마지막으로, 디지털 전환 과정에서 윤리적 이슈와 사이버 보안에도 유의해야 한다. 개인정보 보호, 온라인상 학대나 혐오 대응, 디지털 콘텐츠의 윤리성 확보 등은 비영리 부문이 기술 활용 시에도 사회적 책무를 다해야 하는 부분이다. 사이버 공격으로부터 후원자 데이터나 조직 내부 문서를 지키는 보안 투자는 이제 선택이 아닌 필수다. 이러한 면들을 종합적으로 관리하면서, 기술을 포용적이고 책임감 있게 활용할 때 비로소 디지털 전환은 지속가능한 혁신 전략의 든든한 축이 될 것이다.

지속가능한 혁신을 위한 종합적 접근

비영리조직의 지속가능한 혁신 전략은 위에서 논의한 이해관계자 참여, 적응성과 회복력, 미션 정렬, 디지털 전환의 네 가지 요소가 유기적으로 결합될 때 비로소 성공을 거둘 수 있다. 이해관계자들의 폭넓은 참여와 지지는 혁신의 기반을 다져주며, 조직의 적응력과 회복탄력성은 변화 속에서도 혁신을 지속시킬 수 있는 내구성을 부여한다. 또한 모든 혁신 노력이 조직의 사명과 궤를 같이할 때 정체성을 지키면서 성장할 수 있고, 현대적 기술의 전략적 활용은 혁신의 범위와 효율을 극대화해준다.

한국의 비영리조직들은 지난 수십 년간 양적 성장과 함께 다양한 혁신을 시도해왔으며, 이제는 그 지속가능성(sustainability)에 대한 고민이 어느 때보다 커지고 있다(비영리단체의 지속가능성, 좋은 거버넌스에 대한 고민에서 시작된다). 재원 조달의 어려움, 사회적 신뢰의 위기, 세대교체 등 복합적 도전에 직면한 지금, 혁신은 더 이상 선택이 아닌 생존 필수조건이다. 다만 그 혁신이 단발적인 변화로 끝나지 않고 조직의 체질을 강화하는 방향으로 이뤄져야 지속 가능한 효과를 낼 수 있다.

학계의 최근 연구들과 실무 현장의 경험이 공통으로 지향하는 바는, 지속가능한 혁신은 홀로 이루어지지 않는다는 점이다. 조직 내부의 리더십, 구성원, 외부 이해관계자, 그리고 제도적 지원이 함께 맞물려 돌아갈 때 비로소 가능하다. 이를 위해 리더십은 비전을 제시하고 생태계를 조성해야 하며, 구성원들은 학습하고 협력해야 하고, 이해관계자들은 신뢰를 갖고 동참해야 한다. 정부와 지원기관도 법적 · 재정적 인센티브와 인프라를 마련해주는 역할을 해야 한다. 이러한 거버넌스적 접근하에 네 가지 핵심 요소를 전략적으로 추구할 때, 비로소 비영리조직은 지속적인 사회혁신의 플랫폼으로 거듭날 수 있을 것이다.

향후 연구 및 실천 과제로는 첫째, 한국 비영리조직의 혁신 성숙도와 지속가능성

지표를 개발하여 과학적으로 진단 · 평가하는 일이 제언된다. 둘째, 오늘 논의된 요소들 간의 인과관계나 상호작용에 대한 심층 연구를 통해 어떤 순서와 방식으로 혁신을 도입하는 것이 효과적인지에 대한 로드맵 제시가 필요하다. 셋째, 기후위기, 경제 양극화 등 거대한 시대 흐름 속에서 비영리 섹터가 담당해야 할 역할을 재정립하고, 이에 부응하는 혁신 과제들을 발굴하는 미래지향적 담론도 이어져야 할 것이다. 비영리조직의 지속가능한 혁신은 곧 지속가능한 사회 변화의 출발점이라는 인식 아래, 실천가와 연구자, 정책입안자가 함께 노력해야 할 때이다.

CHAPTER

04

비영리조직의 프로젝트 수행 전략과 도구 소개

Chapter 04

비영리조직의 프로젝트 수행 전략과 도구 소개

비영리조직의 효과적인 프로젝트 수행을 위해서는 명확한 전략적 기획과 관리 도구가 필요하다. 최근 한국 학계에서도 비영리 분야의 프로젝트 관리 방법론에 대한 연구와 적용 사례가 활발히 논의되고 있다. 본 장에서는 주요 프로젝트 수행 방법론들의 개념과 특징을 살펴보고, 국제개발 NGO, 지역사회 복지기관, 사회적기업 등 조직 유형별 적용 사례, 실천적 강점과 한계, 그리고 이에 대한 비판적 논의를 종합적으로 검토한다. 특히 2022년 이후 국내 학계에 발표된 최신 연구를 중심으로, 전통적인 기획 도구부터 민첩한 관리기법, 성과 측정 방법까지 다양한 접근법을 다룬다. 이를 통해 비영리조직이 프로젝트 기획에서 실행, 평가에 이르는 전 주기에 걸쳐 활용할 수 있는 전략과 도구들을 폭넓게 이해할 수 있을 것이다.

1. 논리적 프레임워크 접근법 (Logical Framework Approach, LFA)

논리적 프레임워크 접근법(LFA)은 프로젝트의 목표-산출-활동-투입 간 인과관계를 체계적으로 정의하는 전통적인 기획 도구이다. 1960년대 후반 미국 국제개발청(USAID)에서 개발되어 전세계 개발 협력 프로젝트에 가장 널리 사용된 성과분석 모형이며, 흔히 논리모형(logic model)이라고도 불린다(한국소비자원, 2023). LFA에서는 프로젝트의 목표를 설정하고, 목표 달성을 위한 가정과 외부 조건까지 명시한 프로젝트 설계 매트릭스(PDM)를 작성한다. 이를 통해 복잡한 프로젝트를 한 눈에 파악할 수 있으며, 계획 단계에서부터 명확한 성과지표와 검증수단을 정의함으로써 모니터링과 평가(M&E)의 기준을 제공한다.

국내 비영리 부문에서도 LFA는 주로 국제개발 NGO를 중심으로 도입되어 왔다. 예를 들어 KOICA 지원을 받는 국제개발 NGO들은 사업 제안서에 논리적 프레임워크 표를 포함하여 목표-성과-지표 체계를 명시하도록 요구되어 왔다. 이는 개발협력 사업의 체계성과 투명성을 높이기 위함이며, 실제로 여러 해외 원조기관에서 LFA를 표준 도구로 채택하고 있다. 한편 지역사회 복지기관에서는 전통적으로 LFA 사용 빈도가 높지 않았으나, 일부 공모사업이나 복지프로그램 기획에서 논리모형 개념이 활용되기도 한다. 사회적 기업의 경우 엄밀한 프로젝트 계획보다는 비즈니스 모델 수립에 초점을 두지만, 사회성과 목표를 명확히 하기 위해 논리모형을 참고할 수 있다.

LFA의 실천적 강점은 체계적인 기획과 관리가 가능하다는 점이다. 목표, 성과, 활동 간 인과관계의 논리를 분명히 하여 조직 내 공통된 이해를 이끌어내고, 성과

지표를 사전에 정의함으로써 프로젝트 진행 중 성과 측정과 피드백이 용이하다. 특히 국제개발 분야에서는 다양한 이해관계자들(현지 정부, 후원기관 등)과의 커뮤니케이션 도구로서 유용하며, 복잡한 프로그램도 한 장의 표(matrix)로 정리되어 관리의 편의성을 높여준다.

LFA에 대한 학계의 비판적 논의도 존재한다. 무엇보다 계획 단계에서 설정된 가설에 따라 사업을 상향식(top-down)으로 고정시키는 경향이 있어, 사업 수행 중 나타나는 현실 변화에 대응하는 유연성이 떨어질 수 있다는 지적이다. 또한 사회문제의 복합성으로 인해 목표 달성까지의 인과경로가 단순 직선적이지 않을 수 있는데, LFA는 이러한 비선형적 변화를 포착하기 어렵다는 한계가 있다. 실제 현장에서 LFA를 활용하는 사업 담당자들 사이에서도 "틀에 맞춘 작성은 비교적 수월하나, 정작 실행 단계에서는 예기치 않은 변수로 계획대로 진행되지 않는 경우가 많다"는 목소리가 있다. 그럼에도 불구하고 최근까지도 LFA는 개발협력 사업을 포함한 비영리 프로젝트 기획의 기본 도구로 자리잡고 있으며, 논리모델의 개념은 성과관리 담론에서 지속적으로 강조되고 있다(조영복 · 류정란, 2014).

2. 프로젝트 사이클 관리 (Project Cycle Management, PCM)

프로젝트 사이클 관리(PCM)는 사업의 전 과정을 단계별로 관리하는 총체적 접근법으로, 기획-타당성조사-실행-모니터링-평가의 순환 주기(cycle)를 체계화한 것이다. PCM은 특히 국제기구와 원조기관에서 개발되어, 논리적 프레임워크 접근법(LFA)과 결합하여 사용된다. 즉, PCM 각 단계에서 LFA를 도구로 활용하여 일관성 있는 사업 관리를 도모한다. 예를 들어 유럽연합(EU)은 1990년대부터 모든 개발협력 사업에 PCM을 적용하여, 계획 단계에서는 LFA 기반의 설계, 실행 단계에서는 모니터링, 종료 시에는 평가 및 환류(feedback)를 거치도록 표준화하였다.

국내에서는 KOICA를 비롯한 공여기관과 일부 대형 NGO들이 PCM을 도입했다. PCM은 단순히 기획에 그치지 않고 전 단계에 걸친 관리체계를 뜻하기 때문에, 프로젝트 관리 전문성을 높이는데 유용하다. 예를 들어 국제개발 NGO인 A단체가 아프리카 지역 식수 위생 사업을 수행한다고 할 때, PCM 틀에서는 먼저 사전조사와 문제분석을 통해 논리모델을 작성하고(기획), 현지 주민과 이해관계자의 참여 속에 사업을 실행하며(실행), 중간중간 LFA의 지표에 따라 성과 모니터링을 수행한다. 사업 완료 후에는 독립 평가를 통해 목표 달성 여부와 영향을 검증하고(평가), 그 결과를 다음 사업의 설계에 반영함으로써 학습과 개선의 사이클을 완성한다.

실천적 강점: PCM의 장점은 프로젝트 수명 주기 전체에 걸쳐 일관된 관리가 가능하다는 점이다. 각 단계별로 요구되는 절차와 산출물이 명확하여, 대규모 복합 프로젝트도 구조화된 방식으로 진행할 수 있다. 특히 PCM은 단계 간 피드백 루프를 통해, 평가 결과를 새로운 기획에 반영하도록 함으로써 지속적인 사업 개선과 학습이 이루어지도록 돕는다. 또한 PCM은 사업 단계별로 책임과 역할을 구분함으로써 조직 내 협업체계를 명확히 하고, 리스크 관리에도 유용하다.

한계 및 비판: PCM에 대해서는 과도한 관료화에 대한 비판이 있다. 정해진 사업 주기와 문서 양식에 맞추다 보면 현장의 창의적 대응력이 떨어지고, 예상치 못한 기회나 변화를 포착하여 사업을 수정하기보다는 계획된 절차에 따라 움직이느라 민첩성이 낮아질 수 있다는 지적이다. 또한 모든 사업이 초기 기획대로 진행되는 것은 아닌데도 PCM은 계획 대비 실적을 평가하는 구조여서 성과를 숫자로 환원하

는 경향을 낳을 수 있다. 이를 보완하기 위해 최근에는 PCM에 성과중심 관리(RBM)를 접목하거나, 민관협력형 PCM 등 유연성을 보강하려는 노력이 논의되고 있다. 학계에서도 "프로젝트 사이클 관리가 성과 책임성을 높였지만 동시에 학습과 혁신을 저해할 소지가 있다"는 비판적 분석이 제기되고 있다.

3. 애자일 방법론과 스크럼 (Agile Methodology & Scrum)

전통적인 계획 중심의 접근과 달리 애자일(Agile) 방법론은 변화에 유연하게 대응하며 점진적(iterative)으로 프로젝트를 수행하는 기법이다. 원래 소프트웨어 개발 분야에서 시작되었지만, 비영리조직에서도 복잡하고 유동적인 환경에 대응하기 위해 애자일 방식이 주목받고 있다. 애자일(Agile)의 개념적 정의는 "비영리조직이나 공공기관이 사회문제에 긴급히 대응하는 민첩성"으로 설명된다. 즉 계획을 세밀히 수립하여 따르기보다는, 작은 단위의 목표를 설정하고 주기적으로 결과를 점검하여 빠르게 방향을 조정하는 방식이다.

국내 학계의 최근 연구에서는 코로나19 팬데믹 상황에서의 비영리조직 사례들을 통해 애자일 접근의 유용성이 조명되었다. 서지원 등(2023)은 한국의 비영리 조직들이 팬데믹 초기에 서비스 제공 방식을 신속히 전환하고 집단행동에 유연하게 참여한 여러 사례를 분석하였다(서지원 외, 2023). 예를 들어 대면으로 이루어지던 상담 서비스를 온라인으로 전환하거나, 지역 자원봉사 네트워크를 즉각 조직하여 취약계층을 지원한 NGO들의 경험이 이에 해당한다. 이 연구는 비영리조직의 민첩한 대응을 가로막는 요인으로 정부 절차의 경직성을 지적하면서, 한국의 코로나19 초기 대응 사례를 통해 세 가지 형태의 애자일 실천을 제안했다. 그 세 가지는 ① 기업가적 서비스 제공과 유연한 실행, ② 절차의 간소화, ③ 집단행동 구조의 적응으로, 위기 상황에서 비영리 부문이 보여준 창의적 대응을 범주화한 것이다.

스크럼(Scrum)은 애자일 철학을 구현하는 대표적인 방법론으로, 작은 팀이 짧은 주기의 스프린트(sprint) 단위로 계획-개발-검토를 반복하는 프레임워크이다. 비영리조직에서도 내부 프로젝트 관리에 스크럼을 도입하는 사례가 있다. 예컨대 국제구호단체의 본부 팀이 새로운 모금 캠페인을 준비하면서, 2주 단위로 목표를 설정하고 매일 짧은 점검회의(데일리 스크럼)를 통해 진행 상황을 공유한 경우이다. 이를 통해 부서 간 협업과 의사소통이 활발해지고, 초기 계획에 없던 아이디어도 유연하게 반영할 수 있었다고 보고된다. 지역사회 복지기관의 작은 프로그램 팀에서도 스크럼 보드를 활용해 업무를 시각화하고 우선순위를 조정함으로써 업무 효율과 팀원 만족도를 높인 사례가 있다.

실천적 강점: 애자일/스크럼의 가장 큰 장점은 변화 대응력이다. 요구나 환경이 변동될 때 계획을 고수하기보다 즉각적인 피드백과 협업을 통해 문제 해결 방식을 조정할 수 있다. 이러한 민첩성 덕분에 COVID-19와 같은 위기 상황에서도 일부 비영리조직은 빠르게 서비스를 재편할 수 있었다(서지원 외, 2023).

또한 애자일 방법론은 이해관계자 중심으로 생각하도록 유도한다. 전통적 방법에서는 계획 수립자 시각이 강조되지만, 애자일에서는 수혜자나 참여자의 피드백을 자주 수렴하므로 사용자 중심의 서비스 개선에 유리하다. 팀 차원에서는 권한 위임과 자기조직화(self-organization)를 강조하여 구성원의 참여와 몰입을 높인다.

한계 및 비판: 반면 애자일 접근을 비영리에 적용할 때 몇 가지 유의점이 있다. 첫째, 조직문화의 준비도이다. 수평적이고 실험을 장려하는 문화가 갖춰지지 않은

조직에서 애자일을 도입하면 혼란이 초래될 수 있다. 둘째, 애자일은 명확한 최종 목표보다는 과정에서의 적응을 중시하기 때문에, 전통적 후원자나 정부가 요구하는 명확한 성과계획과 상충될 수 있다.

실제로 서지원 등(2023)은 비영리조직의 애자일 실행이 정부의 경직된 회계 · 평가 절차와 충돌하여 한계에 부딪힌 사례를 지적하고 있다. 끝으로, 장기적 전략 부재에 대한 우려가 있다. 작은 단위로 일하다 보면 큰 그림에서의 우선순위나 지속가능성이 간과될 위험이 있기 때문에, 애자일을 도입하더라도 조직의 미션과 장기 전략과의 정합성을 수시로 점검해야 한다.

4. 변화이론(Theory of Change, ToC)

변화이론(Theory of Change)은 사회개입이 어떻게 원하는 변화를 만들어내는지를 나타내는 인과경로 모형을 개발하는 접근법이다. 프로그램 활동이 중간산출과 성과를 거쳐 궁극적 영향에 이르는 과정을 가설적 스토리라인으로 표현하며, 각 단계마다 필요한 가정(assumptions)을 명시한다. 요약하면 "우리의 활동이 어떤 경로를 거쳐 목표한 변화를 일으킬 것인가?"에 대한 서사를 만드는 작업이다. 변화이론은 1990년대 후반 미국의 평가 분야에서 등장하여, 현재는 국제기구, 재단 등에서 전략기획과 평가 도구로 널리 사용되고 있다.

우리나라 비영리 부문에서는 비교적 최근에 소개되었지만 관심이 높아지고 있다. 예컨대 일부 국제개발 NGO는 사업 기획 시 변화이론 워크숍을 통해 목표 달성

경로도(pathway)를 그려보고, 이를 사업설계와 성과측정에 반영하고 있다. 지역사회 복지 분야에서도 커뮤니티 케어 프로젝트 등을 설계할 때 주민, 실무자와 함께 변화이론을 수립하여 프로그램 논리를 명확히 하는 시도가 보고되고 있다. 변화이론은 역량 강화형 프로젝트나 옹호(advocacy)사업처럼 장기적이고 복잡한 변화를 추구하는 경우에 특히 유용하다. 예를 들어 한 사회적기업이 청년 실업 문제를 해결하기 위한 변화이론을 그린다면, '직업훈련 제공' → '청년의 취업역량 향상' → '지속가능한 일자리 획득' → '삶의 질 향상'이라는 경로를 설정하고, 각 화살표 사이에 어떤 조건이 성립해야 하는지 가정과 외부요인을 적시하게 된다.

실천적 강점: 변화이론의 강점은 참여자들이 프로그램의 작동 메커니즘을 깊이 이해하도록 돕는다는 것이다. 논리적 프레임워크가 비교적 표 형식의 개괄이라면, 변화이론은 스토리 형태로 변화 과정을 묘사하기 때문에 이해당사자들이 직관적으로 받아들이기 쉽다. 또한 성과를 단기 · 중기 · 장기로 구분하여 단계별로 정의하게 되므로, 성과관리의 체계를 잡는 데도 유용하다. 학계에서도 변화이론을 활용한 평가 연구들이 늘고 있는데, 이는 단순 산출의 달성 여부를 넘어서 변화를 일으킨 경로와 이유를 분석하는 데 도움이 되기 때문이다. 변화이론을 수립하는 과정 자체가 프로그램 이해관계자의 참여와 합의를 이끌어내는 효과도 있다.

한계 및 비판: 그러나 변화이론이 만능은 아니라는 비판적 견해도 존재한다. 첫째, 입증의 어려움이다. 변화이론은 가설의 체계일 뿐 그것이 옳은지는 별도의 실증이 필요하다. 잘못된 가정에 기반한 변화이론은 오히려 프로그램을 오도할 수 있다. 둘째, 너무 복잡하거나 이상적인 변화지도가 그려질 위험이다. 참여자들이 열망을 모두 담다 보면 현실적으로 관리하기 어려운 방대한 이론이 만들어져 실행에 활용되지 못하는 사례가 있다.

마지막으로, 일부는 변화이론이 기존 논리모델과 큰 차이가 없다고 지적한다. 즉 표현 방식만 다를 뿐 결국 인과관계를 도식화하는 것은 같으며, 과학적 근거보다는 이해관계자의 인지적 합의에 치중한다는 것이다. 이에 대해 찬성 측은 변화이론이 기존 모델보다 맥락과 프로세스를 중시한다는 점에서 유의미하다고 반박한다. 최근 국내에서도 변화이론을 활용한 성과평가 연구들이 축적되고 있어(예: 복지 분야 프로그램의 성과 사슬 분석 등), 그 효과성과 한계에 대한 경험적 증거가 쌓일 것으로 기대된다.

5. 사회적 투자수익률 (Social Return on Investment, SROI)

사회적 투자수익률(SROI)은 투입 대비 창출된 사회적 가치의 비율을 금전적 가치로 산출하는 성과측정 기법이다. 쉽게 말해 "1원의 투자로 얼마만큼의 사회적 가치가 발생했는가?"를 계산하는 것으로, 영리부문의 ROI(투자수익률)를 사회성과 측정에 적용한 것이다. 예를 들어 SROI 값이 1:3이라면, 1,000원을 투자하여 3,000원의 사회적 가치가 창출되었다는 의미로 해석된다. SROI는 2000년대 초반 영국의 新경제재단(Nef)이 체계를 정립한 이후 국제적으로 표준화되었으며 현재 사회적기업과 비영리조직의 성과평가 도구로 관심이 크게 증가하고 있다(조영복 외 1명, 2014).

국내에서는 2010년대 초 사회적기업 분야를 중심으로 SROI 사례연구들이 도입되었고, 2020년대에 들어 공공정책, 복지서비스 평가에도 활용 범위가 넓어지고 있다. 최근 이진 등(2023)은 전주시의 여성안심 사회주택 공급사업에 SROI 분석을 적용하여, 해당 사업의 사회적 가치를 최초로 정량평가하는 연구를 수행했다. 이 사회주택 사례 '청춘 101'의 SROI 값을 산출한 결과, 사업 시행 초기 2년간은 1 미만이었으나 5년 후부터 투입 대비 성과비율(SROI)이 1을 초과하는 것으로 나타났다. 이는 사회주택 사업이 단기적으로는 비용 대비 성과가 바로 크지 않지만, 일정 시간이 경과하면 축적된 사회적 효과로 인해 투입 이상의 사회적 가치가 창출됨을 보여준다. 이 연구는 SROI 기법으로 사회주택의 가치를 정량화한 첫 사례로서, 향후 지자체와 사회적경제 주체들이 근거 기반의 의사결정을 하는 데 기여할 것이라는 평가를 받았다.

국제개발 NGO에서도 SROI를 시도한 사례가 있다. 예컨대 월드비전은 일부 지역개발사업에 대해 SROI 개념을 적용한 내부 평가를 실시하여, 지역 식수위생사업의 사회적 가치를 화폐 단위로 환산한 바 있다. 또한 지역 복지기관이 노인 돌봄 프로그램의 가치를 SROI로 평가한 시범 연구도 보고되었다. 이러한 사례들은 SROI가 프로그램 옹호와 자원확보에 유용한 정보를 제공할 수 있음을 시사한다. 수혜자 삶의 질 향상이나 지역사회 비용 절감 등 사회적 가치를 금액으로 표현하면 외부 이해관계자에게 설득력이 높아지기 때문이다.

SROI의 가장 큰 강점은 복잡한 사회적 가치를 단일 지표로 요약해준다는 점이다. 재무적 성과와 달리 사회적 성과는 측정이 어려운데, SROI는 그것을 화폐 가치로 환산하여 조직 내부는 물론 투자자, 후원자에게 직관적으로 성과를 제시할 수 있으며 SROI 분석 과정에서 이해관계자 참여가 강조된다.

가치 항목을 도출하고 지표를 설정할 때 지역사회, 사업 참여자들의 의견을 반영함으로써 평가의 포용성과 신뢰성을 높인다. SROI는 결과뿐 아니라 과정상의 데이터 수집과 분석의 투명성을 요구하기 때문에 조직의 데이터 관리 역량을 향상시키는 부수 효과도 있다. 실제로 국내 한 사회적기업은 SROI 도입 이후 사회성과 지표 관리를 위한 전담 인력을 두고 데이터를 체계적으로 축적하기 시작했다.

그러나 학계에서는 SROI에 대해서도 여러 한계를 지적한다.

첫째, 가정의 주관성이다. SROI는 다양한 사회적 결과를 금전적 가치로 바꾸기 위해 여러 가정과 추정치를 사용하는데, 그 과정에서 자의적 판단이 개입할 소지가 있다. 예를 들어 자원봉사 서비스의 가치를 최저임금으로 볼 것인가 시장 임금으로 볼 것인가에 따라 결과값이 크게 달라진다.

둘째, 비교의 어려움이다. SROI 값이 2인 사업 A와 3인 사업 B가 있을 때 B가 더 효율적이라고 단순 비교하기 어렵다. 사회적 가치의 내용이 다르고, 투자 대비 효과도 맥락에 따라 달라지기 때문이다.

셋째, 성과의 장기적 지속성을 담아내기 제한적이다. SROI는 특정 기간의 비용 대비 효과를 산출하지만, 그 이후의 장기적 영향이나 간접효과까지 반영하지는 못한다. 이런 이유로 SROI 수치만으로 사회적 가치의 전체상을 평가하는 데 한계가 있다는 지적이 있으며, 보완책으로 질적 평가와 병행하거나 다른 지표와 조합하는 혼합평가가 권장된다.

예를들어 최근 연구들은 SROI와 균형성과표(BSC)를 함께 활용하거나, SROI 분석 후 민감도 분석을 통해 가정 변화에 따른 값을 점검하는 등의 기법을 제안한다. 궁극적으로 SROI는 의사결정에 참고할 지표일 뿐 그 자체가 사회적 가치의 완전한 표현은 아니라는 인식이 필요하다(조영복, 2012).

6. 디자인 씽킹(Design Thinking)

디자인 씽킹(Design Thinking)은 디자이너의 사고방식을 적용하여 사용자 중심으로 창의적인 문제 해결과 아이디어 발상을 하는 접근법이다. 복잡한 사회문제를 해결하기 위해 이해관계자의 공감(요구 파악) → 문제 정의 → 아이디어 도출 → 시제품 테스트 → 개선의 단계를 거치는 프로세스로 널리 알려져 있다. 비영리조직에서는 2010년대 후반부터 디자인 씽킹이 사회혁신 방법론의 하나로 주목받았다. 소셜벤처나 재단법인 주최 워크숍 등을 통해 디자인 씽킹을 활용해본 경험도 증가하고 있으며, 일부 대학의 사회혁신 교육과정에서도 이를 가르치고 있다.

구체적인 적용 사례로, 국제구호 NGO 한비야단(가칭)이 지역사회 보건 문제 해결을 위해 디자인 씽킹을 시도한 경우를 들 수 있다. 이 단체는 현지 주민들과 보건 인력이 한자리에 모여 공감지도(empathy map)를 그리고, 건강센터 이용 저해요인을 함께 정의하였다. 그 후 브레인스토밍을 통해 창의적인 솔루션(예: 이동식 클리닉 디자인 등)을 도출하고, 간이로 구현해보는 프로토타입 실험을 거쳐 최종 사업계획에 반영하였다.

이 과정에서 평소 사업에 소외되기 쉬운 여성, 노약자들의 의견이 아이디어에 담기게 되어 포용적 설계가 가능했다는 평가를 받았다. 국내에서도 지역 복지관들이 이용자 경험 개선을 위해 디자인 씽킹 워크숍을 진행하거나, 재단법인에서 후원단체 실무자들을 대상으로 디자인 씽킹 교육을 제공하여 프로그램 기획 역량을 강화한 사례들이 있다.

디자인 씽킹의 강점은 무엇보다 수혜자(사용자) 중심이라는 점이다. 전통적인 기획이 공급자 논리로 이루어지는 반면, 디자인 씽킹은 처음부터 대상자의 경험과 욕구를 깊이 공감하고 출발하기 때문에 문제 정의의 정확성을 높인다. 또한 창의성과 협업을 장려하는 분위기 속에서 혁신적인 아이디어를 끌어낼 수 있어, 해결책의 질적 수준을 높이는 효과가 있다. 시제품을 빠르게 만들어 테스트해보는 프로토타이핑 단계는 실패를 두려워하는 비영리조직 문화에 새로운 학습 기회를 제공하며, 실험을 통해 얻은 피드백으로 솔루션을 개선함으로써 완성도를 높일 수 있다. 결과적으로 디자인 씽킹은 복잡한 문제에 대한 혁신적 접근을 가능하게 하고, 참여자들에게 문제해결에 대한 주인의식을 부여하는 장점이 있다.

최근에는 디자인 씽킹에 대한 비판적 시각도 나타나고 있다. Fayard와 Fathallah (2024)는 디자인 씽킹이 "가장 어려운 사회문제를 해결하겠다는 약속을 지키지 못했다"고 지적하면서, 현장에 실질적 기여를 하기 위해 보다 비판적으로 디자인 사고를 적용할 필요가 있다고 주장한다.

몇 가지 한계를 살펴보면, 첫째 피상적 참여의 문제이다. 디자인 씽킹이 표방하는 참여가 때로는 일회성 워크숍 수준에 그쳐 문제의 근본 원인보다는 당장 눈에 보이는 아이디어에 치중하게 된다는 지적이 있다. 이 경우 "사람들과 함께 만든 해결책에 그칠 뿐, 사람들을 위한 근본 해결책은 되지 못한다"는 평가도 있다.

둘째, 성과 측정의 모호성이다. 디자인 씽킹 과정은 정량적 평가보다는 질적 통찰에 의존하기 때문에, 외부에 결과를 설명하고 설득하는 데 한계가 있을 수 있다. 조직 입장에서도 투입 대비 산출을 계산하기 어려워 효율성 논쟁에 직면할 수 있다.

셋째, 전문화된 지원의 필요성이다. 디자인 씽킹을 촉진할 퍼실리테이터나 도구 활용 능력이 부족하면 참가자들이 혼란을 느끼거나 겉치레식 결과물만 나올 위험이 있다. 이러한 이유로 일부 학자는 디자인 씽킹이 과대평가되었다는 비판(hype)

에 동의하며, 보다 구조적 변화나 정책 개입이 필요한 문제에까지 디자인 씽킹으로 접근하는 데 한계를 느낀다고 말한다. 반면 옹호 측은 디자인 씽킹이 기존 관료적 사고방식을 흔들어 인간 중심 혁신을 촉진한 공로를 무시해서는 안 되며, 다만 사회섹터에 적용할 때는 지역사회 구성원의 심도 있는 참여와 사후 지속관리 방안을 함께 고려해야 성과를 낼 수 있다고 제언한다(스텐퍼드 소셜 이노베이션 리뷰 한국어판, 2024)

7. 성과중심 관리(Results-Based Management, RBM)

성과중심 관리(RBM)는 말 그대로 성과 결과(results)에 초점을 맞춰 모든 관리 과정을 설계하는 접근이다. 1950년대 Drucker의 목표관리(MBO) 개념에서 출발하여, 1960~70년대에 논리적 프레임워크 접근법(LFA)의 발명과 함께 개발협력 분야에 도입되었다. 1990년대에 들어 유엔(UN) 등 국제기구들이 RBM을 전면 도입하면서 국제개발 사업 전반에 퍼졌고, 이후 정부 및 공공부문까지 성과관리 패러다임의 전환을 불러왔다. RBM은 투입이나 활동 같은 산출물보다 최종 성과(결과)를 기준으로 기획 · 집행 · 평가를 진행한다는 점에서 기존 관리와 차별화된다.

RBM의 핵심은 결과체인(result chain) 사고이다. 예컨대 어떤 NGO 교육사업에서, 기존 방식이라면 "교사 연수를 몇 회 실시했다"에 주목했다면, RBM에서는 "그 연수로 교사의 교수역량이 향상되었는지, 학생 성취에 변화가 생겼는지" 등 궁극적 변화에 주목한다. 따라서 RBM 체계에서는 목표를 단기 결과, 중기 결과, 장기 결과로 계층화하고, 각 결과에 대한 성과지표를 명확히 설정한다. 그리고 관리 프로세스를 이러한 성과지표의 달성 여부를 추적·관리하는 방향으로 운영한다.

한국국제협력단(KOICA)도 2010년대 후반부터 RBM 개념을 도입하여 사업관리 방식 전환을 모색하였으며, 여러 공여기관의 RBM 경험을 분석한 연구가 보고되었다. 그 분석에 따르면 RBM 도입에는 조직 문화의 변화, 인력 역량 강화, 데이터 시스템 구축 등 장기간의 투자가 필요하며, 단순한 절차 변경以上의 패러다임 전환임이 확인된다(강경재, 2012).

RBM은 명확한 성과 지향으로 인해 책무성과 효과성 제고에 기여한다. 성과 중심으로 자원을 배분하고 관리하므로, 조직은 무엇을 달성하기 위해 무엇을 해야 하는지 분명히 인식하게 된다. 이는 전략적 사고와 연결되어 조직 전체가 미션 달성을 향해 정렬(alignment)되는 효과를 낳는다. 또한 성과 측정 결과를 근거로 의사결정을 개선하기 때문에 자원의 낭비를 줄이고 학습하는 조직 문화를 촉진한다. RBM을 도입한 기관들은 대체로 성과평가 체계의 정교화와 투명성 향상을 경험하고 있으며, 국제협력 분야에서는 공여국 국민에 대한 설득력 있는 보고를 가능케 해 원조 사업의 지속성을 높였다는 긍정적 보고가 있다.

그러나 RBM도 도입과 실행 부분에서 다음과 같은 한계와 비판이 있었다.

첫째, 조직적 저항이다. 성과중심으로 문화를 바꾸려면 조직 구성원의 사고방식 변화와 역량 개발이 필수적인데, 많은 기관들이 초기에는 행정적 부담 증가로 인식하여 반발하거나 형식적으로만 따르는 경우가 있다.

둘째, 기술적 어려움이다. 측정 가능한 좋은 성과지표를 개발하고, 자료를 수집·분석하는 데이터 역량이 부족하면 RBM은 구호에 그칠 수 있다. 셋째, 단기성과 치중에 대한 우려다. 결과를 중시하다 보니 당장 측정될 수 있는 단기성과에 집중하고, 장기적으로 중요한 목표나 정량화 어렵지만 가치있는 성과(예: 역량강화, 주민의식 변화 등)는 소홀해질 위험이 있다. 실제로 일부 정부기관의 경우 RBM 도입 후 숫자로 보여줄 수 있는 성과에만 치중하게 되었다는 반성이 있다. 이 때문에 학계에서는 RBM을 맹목적으로 추구하기보다 혼합적 접근이 필요하다는 조언이 나온다. 즉 정량성과와 함께 질적 성찰, 참여자 평가를 병행하고, 장기 성과를 위한 단기 행동의 균형을 잡는 노력이 중요하다는 것이다. 요컨대 RBM은 비영리조직의 성과관리 수준을 한층 성숙시키는 도구이지만, 도입에는 조직 문화적 · 기술적 준비와 성찰적 적용 태도가 요구된다(Alexis Savkín, 2024).

8. 참여형 모니터링과 평가(Participatory M&E)

참여형 모니터링 및 평가(Participatory M&E)는 사업의 이해관계자, 특히 수혜자와 현장 실행가의 적극적 참여를 통해 모니터링과 평가를 수행하는 접근법이다. 전통적인 평가가 외부 전문가 중심의 객관성을 중시했다면, 참여형 평가는 현장의 목소리와 관점을 반영하여 평가의 실효성과 수용성을 높이고자 한다. 이는 1990년대 개발계획 분야에서 등장한 참여개발 철학과 맥을 같이하며, 주민참여형 평가 또는 협력적 평가(collaborative evaluation)라고도 불린다.

한국에서는 주민참여 예산, 주민자치 평가 등의 흐름 속에서 참여형 평가 개념이 도입되었다. 특히 농촌 마을만들기 사업이나 도시재생 사업 등에서 주민들이 평가

과정에 참여하여 성과를 함께 점검하는 사례가 보고된다. 예컨대 농촌지역 A마을의 커뮤니티센터 조성사업에서는 마을 주민들이 평가지표 개발에 직접 참여하고, 사업 완료 후 주민 워크숍을 열어 성과와 한계를 스스로 평가하였다. 이때 외부 평가자는 촉진자 역할을 맡아 주민들이 중요하다고 생각하는 변화(예: 공동체 의식 향상, 시설 이용 만족도 등)를 지표화하고, 그에 따라 사업 성과를 합의 평가하도록 도왔다. 그 결과 주민들은 평가과정에서 사업에 대한 이해와 책임감이 높아졌고, 추후 운영 개선에 스스로 아이디어를 내는 등 주인의식을 보였다 한다. 국제개발 NGO에서도 참여형 평가를 적용하는데, 현지 주민과 협력기관 직원들이 중간평가팀에 포함되어 평가 워크숍, 포커스 그룹토론(FGD) 등을 함께 수행하는 방식이다. 이를 통해 외부 평가에서 놓치기 쉬운 현지 맥락적 성찰과 문화적 적합성을 확보할 수 있었다고 보고된다.

실천적 강점: 참여형 M&E의 장점은 평가를 학습과 성장의 과정으로 전환한다는 것이다. 평가 대상자였던 사업 참여자들이 평가자 역할을 겸함으로써, 스스로 성과를 성찰하고 향후 개선방안을 도출하게 된다.

이는 능력배양(effectiveness & empowerment) 차원에서 긍정적인데, 평가 참여를 통해 지역주민이나 실무자들이 문제 해결 역량을 기르게 된다. 또한 다각도의 참여로 인해 평가결과의 신뢰성과 활용도가 높아진다. 이해관계자들이 결과에 동의하고 공감하기 때문에, 평가 권고사항이 실제 다음 행동으로 이어질 가능성이 커진다. 사회복지 분야 연구에서도 참여형 평가가 프로그램 만족도와 효과성을 동시에 높였다는 보고가 있으며, "평가의 민주화"라는 평가도 받고 있다.

한계 및 비판: 그러나 참여형 평가에는 객관성의 확보라는 도전이 따른다. 이해관계자가 자기 사업을 평가할 때 생길 수 있는 편향(bias)을 어떻게 조정할 것인가가 문제이다. 또한 일반 주민이나 사업참여자가 평가기법에 익숙하지 않을 경우 평가의 전문성이 떨어질 우려도 있다. 이는 외부 전문가의 지속적인 촉진과 역량강화

지원으로 보완할 수 있으나, 결국 시간과 비용이 더 소요된다. 때문에 현실적으로는 혼합형 평가를 많이 채택한다. 핵심 지표나 방법론 설계는 전문가가 맡되, 데이터 수집이나 결과 해석 단계에 참여를 유도하는 방식이다.

또 하나의 한계는 규모의 문제이다. 소규모 지역사업에서는 주민참여 평가가 효과적이지만, 국가 단위의 대규모 사업에서는 모든 수혜자가 참여하기 어렵다. 이 경우 표본 참여나 대의적 참여로 접근하게 되는데, 진정한 참여라고 보기 어렵다는 비판이 있다. 그럼에도 불구하고 참여형 M&E는 평가에 인간적 얼굴을 부여하고, 사업 대상 공동체의 역량을 강화한다는 점에서 그 가치가 인정된다.

최근 한국사회에서도 주민참여 사업평가에 대한 정책 관심이 높아져(예: 주민자치회 활동 평가에 주민 평가단 참여 등), 참여형 평가의 활용이 더욱 확대될 것으로 전망된다.

9. 혼합 임팩트 모델(Hybrid Impact Models)

혼합 임팩트 모델은 사회적 임팩트를 측정하고 관리함에 있어 다양한 지표와 방법을 통합하는 접근을 말한다. 특히 사회적기업과 같이 경제적 성과와 사회적 성과를 동시에 추구하는 조직에서는 복합적인 성과관리 모델이 필요하다. 혼합 임팩트 모델의 한 예로 혼합가치(blended value) 프레임워크를 들 수 있는데, 이는 재무적 가치와 사회적 가치를 통합하여 조직의 총체적 가치를 평가하는 개념이다. 즉 사회성과도 재무지표처럼 관리하되, 두 종류의 성과를 분리하지 않고 함께 고려하자는 것이다.

국내 학술 논의에서도 혼합가치 측정의 필요성이 꾸준히 제기되어 왔다. 조영복(2012)은 사회적기업의 가치를 경제적 가치 + 사회적 가치의 혼합가치로 측정해야 한다고 주장하며, 사회적 가치 측정을 위한 국가적 인프라와 지표 DB의 개발을 강조했다(조영복, 2012). 이러한 맥락에서 혼합 임팩트 모델은 한 가지 도구에 의존하기보다, 다차원적 성과지표 체계를 구축하는 방향으로 발전하고 있다.

예를 들어 한국사회적기업진흥원은 사회적 기업의 사회성과를 평가하기 위해 사회적 가치 지표(SVI)를 개발하여 고용, 사회서비스, 환경 등 여러 영역의 성과를 종합적으로 측정한다. 개별 조직에서는 SROI와 BSC(균형성과표)를 함께 활용하거나, 사회성과인센티브처럼 정부의 재무적 보상과 연계된 사회성과 측정체계를 도입하는 등 혼합 모델을 적용하고 있다.

실천적 강점: 혼합 임팩트 접근의 가장 큰 장점은 조직 목적의 균형 유지이다. 사회적 목적과 경제적 지속가능성을 동시에 추구해야 하는 조직에게 단일 지표만 보면 왜곡이 생길 수 있는데, 혼합 모델은 다양한 성과를 함께 살피므로 전략적 균형감을 제공한다. 또한 투자자나 이해관계자에게 조직의 다면적 가치를 전달하기 유용하다.

예컨대 사회적기업 보고서에 재무제표와 함께 사회적 성과지표들이 포함되어 있다면, 기업의 성과를 전체적으로 이해시키는 데 효과적이다. 더 나아가 혼합 모델은 혁신과 협업을 촉진한다. 서로 다른 지표들을 종합하는 과정에서 부서 간 소통이 늘어나고, 새로운 데이터 분석 기법이나 관리 도구를 도입하게 되어 조직 역량이 강화된다.

한계 및 비판: 혼합 임팩트 모델 구축에는 상당한 자원 투입과 전문성이 필요하다. 여러 지표를 관리하려면 데이터 수집 · 분석의 부담이 커지고, 우선순위를 정하지 않으면 비효율이 생길 수 있다. 또한 일부에서는 "모든 것을 다 측정하려는 것은

결국 아무 것도 명확히 측정하지 못하는 함정에 빠질 수 있다"고 경고한다. 너무 많은 지표는 관리자와 직원들에게 혼선을 주고, 핵심에 집중하기 어렵게 만든다는 것이다. 따라서 혼합 모델을 적용할 때도 각 조직의 미션에 비추어 핵심 성과지표(KPI)를 선별하고, 그 외 지표들은 참고용으로 두는 식의 전략이 필요하다.

아울러 각 지표 간에 Trade-off 관계(예: 단기 수익 vs 장기 사회성과)를 면밀히 분석하여 목표치를 설정하지 않으면, 자칫 양쪽 성과가 모두 부진해질 위험도 있다. 결국 혼합 임팩트 모델의 성패는 얼마나 적절한 지표들을 선택하고, 조직 내에서 소통하며 활용하는가에 달려 있다. 이 부분에 대해 학계의 사례연구와 실증분석이 최근 늘고 있으며, 향후 모범적인 모델이 제시된다면 표준화된 프레임워크로 발전할 가능성도 있다.

10. 지역사회 기반 프로젝트 기획 (Community-Based Project Planning)

지역사회 기반 프로젝트 기획은 프로젝트의 기획과 실행에 지역사회 구성원들을 주체적으로 참여시키고, 지역의 자원과 역량을 활용하는 접근이다. 이는 "우리 지역의 문제를 우리 손으로 해결한다"는 Bottom-up 철학을 반영한 것으로, 개발도상국의 지역사회 개발(CDD: Community-Driven Development)부터 국내 도시재생의 주민참여 계획까지 폭넓게 적용된다. 핵심은 외부 전문가나 기관이 아니라 지역 주민들이 의사결정 과정에 중심적으로 관여하는 프로젝트 설계라는 점이다.

국제개발 NGO의 사례로, 월드비전은 일부 지역개발사업에서 PRA(Participatory Rural Appraisal) 기법을 사용하여 마을 주민들과 함께 마을지도를 그리고, 문제 우선순위를 주민들이 결정하도록 한 바 있다. 그 결과 식수 개선사업의 내용과 방식이 주민들의 실제 니즈에 부합하도록 설계되었고, 주민 주도의 운영위원회가 구성되어 사업 종료 후에도 지속적으로 시설을 관리하게 되었다.

지역사회 기반 기획은 국내에서도 찾아볼 수 있다. 예를 들어 농촌 마을만들기 사업에서 주민 워크숍을 통한 마을계획 수립이 일반화되었고, 도시지역에서도 마을계획단, 주민자치회 등이 중심이 되어 지역 현안을 발굴하고 소규모 사업을 기획 · 실행하는 사례가 늘고 있다. 사회복지관들도 마을복지계획 수립 시 지역주민, 이용자와 함께 프로그램을 설계하여 주민의견을 반영하려는 노력을 기울이고 있다.

실천적 강점: 지역사회 기반 기획의 가장 큰 장점은 현지 수용성과 지속가능성이다. 프로젝트 설계부터 주민이 참여하면 결과물에 대한 주민들의 애착과 만족이 높아지고, 사업이 현장에 안착할 가능성이 커진다. 주민 스스로 우선순위를 정하기 때문에 실제로 시급하고 중요한 문제를 다룰 수 있고, 외부자가 간과하기 쉬운 지역의 강점과 기회 요인을 최대한 활용할 수 있다. 또한 이 과정에서 지역 주민들의 역량 강화 효과가 발생한다. 계획 수립과정은 일종의 학습의 장이 되어, 주민들은 문제 해결 능력과 집단 협업 경험을 쌓는다. 이는 해당 사업을 넘어서 지역공동체 활성화와 사회적 자본 형성으로 이어지는 긍정적 파급효과를 낳는다.

한계 및 비판: 그러나 지역사회 기반 접근에도 도전은 있다. 첫째, 의사결정의 지연이다. 주민 다수가 참여하다 보면 의견 수렴과 합의 형성에 시간이 오래 걸리고, 때로는 내부 갈등이 표출되어 조율해야 하는 어려움이 생긴다. 둘째, 전문성 부족이다. 복잡한 기술적 문제가 얽힌 프로젝트나 대규모 예산이 투입되는 사업의 경우 주민 주도의 계획이 현실적 한계를 가질 수 있다. 이 때문에 전문가의 적절한 개입과 지원이 함께 필요하다. 셋째, 대표성의 문제이다. 참여한 주민들이 과연 지역사

회의 전체를 대변하는가에 대한 의문이 있을 수 있다. 목소리 큰 일부만 참여하거나, 사회적 약자는 배제되는 결과가 되면 진정한 의미의 지역 기반이라 보기 어렵다. 따라서 참여자 구성에 신중을 기하고, 포괄적인 참여 구조를 만드는 노력이 요구된다. 이러한 한계에도 불구하고, 지역사회 기반 기획은 "사람 중심, 현장 중심" 개발 철학의 실천으로서 높이 평가된다. 특히 지속가능발전목표(SDGs) 달성을 위한 지역 수준 거버넌스의 중요성이 강조되면서, 앞으로 비영리 프로젝트에서도 지역사회 주도형 모델이 더욱 확산될 것으로 예상된다.

비영리조직의 프로젝트 수행에는 다양한 접근 전략과 도구들이 활용될 수 있으며 각각 장단점이 존재한다. 중요한 것은 조직의 미션과 사업 성격에 맞는 방법론을 선택하고, 필요에 따라 복합적으로 활용하는 지혜이다. 예를 들어 규모가 큰 국제개발 사업의 경우 LFA/PCM으로 거시적 틀을 잡으면서도 현장에서는 애자일하게 대응하고, 성과측정에는 SROI 등 계량기법과 참여형 평가를 병행하는 식의 통합적 접근이 가능하다.

최근 연구들이 시사하듯이, 환경 변화에 대응하는 민첩성과 명확한 성과관리가 모두 요구되는 시대이다. 궁극적으로 사람과 사회의 긍정적 변화를 목표로 하는 비영리조직이라면, 도구 자체에 매몰되기보다 그것을 활용하여 목적을 달성하는 데 초점을 맞춰야 할 것이다. 다양한 전략과 도구들에 대한 이해와 비판적 성찰을 바탕으로, 한국 비영리 부문에서 효과적인 프로젝트 수행 역량이 더욱 발전하길 기대한다.

CHAPTER

05

성공사례 분석

성공사례 분석

Chapter 05

1. NPO 서비스 기관의 이해

1) NPO 서비스 기관의 역할

(1) 서비스 제공기관

서비스 제공을 통해 사회적 불평등 해소하고자 하는 역할을 한다. 이는 교육, 보건, 환경보호, 식량 보존, 주거 지원 등 다양한 분야에서 이루어질 수 있다.

비영리조직(NPO)이란 자체의 관리 절차를 가지고 공공 목적에 봉사하는 단체를 뜻한다. 일반적 복지 증진을 목적으로 하지 않는다는 점에서 정부와 대비되며, 영리를 추구하지 않는다는 점에서 기업과 다르다. 비영리조직은 흔히 NGO(non government organization)로도 불린다. NGO는 정부 이외의 기구를 뜻하는 단어로, 국가 주권의 범위를 벗어나 사회적 연대와 공공 목적을 실현하기 위한 자발적 공식

조직을 의미한다. 그러나 NGO에는 NPO의 큰 부분을 차지하고 있는 비영리병원과 교육기관, 종교 단체가 포함되지 않는다. 따라서 NGO는 NPO보다 좁은 개념이다(이주영, 2020; 박상필, 2001).

(2) 자원 모으기 및 기금 조달

자원 모금 및 기금 조달을 통해 기관의 프로그램 등 다양한 사업의 운영을 위해 필요한 자금을 조달한다. 자금은 개인, 기업, 재단, 정부 등의 다양한 자원 출처를 통해 이루어진다.

도서 「Nonprofit Fundraising 101」을 참고해 보면 성공적인 모금은 잘 계획된 전략과 성실한 실천, 시간 및 자원의 투자에서 비롯된다고 한다. 또한 자원개발 담당자의 채용과 훈련에 시간과 자원을 투자해야 한다고 한다. 자금 조달 방법으로 기존의 기부자를 연구하고 그 지식과 정보에 대한 데이터를 구축하고 새로운 잠재 기부자를 확인하고 우선순위를 정하는 방법도 중요하고 한다. 기부자에게 영감을 주어 더 많은 기부금을 내도록 유도하도록 단체에 지원한 자금의 투자 가치에 대해 알리도록 하는 것이다. 또한 기부자 피라미드 기반을 구축하여 지지 기반을 탄탄히 하고 기부자에게 계속적인 감사 표현과 지속적 관리를 통해 성과에 대한 소통을 지속하도록 한다는 등의 내용을 담고 있다.

(3) 정책 제안 및 변화 촉진

NPO 기관은 사회에서 다양한 문제들에 대해 민감성을 가지고 그 문제에 대해 정책을 제안할 필요가 있다. 사회적 약자와 사회에서 소외된 사람들 그리고 다양하게 발생하는 환경 문제 등에 정책 제안을 통해 더 모두가 좀 더 나은 사회에서 지낼 수 있도록 해야 한다. 다양한 사회현상과 문제들에 대한 변화를 위해 의견을 받아들여 제안서를 작성하여 관공서에 정책을 제안하고 정책의 시행에 따른 변화에 앞장서야 한다. 이러한 역할은 법률의 제적, 정책 제안과 변화, 인권 보호와 같은 여러 영역에서 포괄적으로 이루어질 수 있다.

(4) 사회적 관심 환기와 교육

NPO 기관은 사업을 홀로 진행할 수 없다. 내가 겪고 있지 않지만 어디서든 일어날 수 있고 어딘가에서는 일어나고 있는 사회적 상황에 대해 인식시키고 지속적 관심을 가지고 더 많은 연대와 강화를 통해 정책 제안 후 일어나는 변화를 긍정적으로 받아들일 수 있도록 해야 한다. 또한 변화가 일회성이 아닌 지속적인 동력을 가지고 활발하게 움직일 수 있도록 지원해야 하는 역할도 가지고 있다. 시민교육이나 캠페인, 시민운동, 공청회 등과 같은 활동이 더 많은 사람과 더 많은 집단을 계속 움직이게 할 것이며 변화를 위한 활동이 되고 있다. 이런 변화에 대한 사회적 관심과 유지 시키기 위한 교육 등의 다양한 활동이 구성들이 사회에 갖는 책임감을 높일 수 있는 역할을 한다.

(5) 지역의 발전

지역 발전에서 외생적인 것은 내부적 자극이나 잠재력보다는 국가와 같은 외부세력에 의한 자극과 외부의 자원에 의존하는 것으로 발전의 동력을 지역 외부에서 끌어오거나 외부의 자원에 의존하기 때문에 '외생적'이라는 수식어가 붙은 지역 발전 패러다임이다. 내생적 지역 발전은 국가를 비롯한 지역 외부 세력이 주도하는 하향식 지역 발전 방식에서 탈피하여 지역 주민 스스로의 주도 하에 지역이 가지고 있는 자원을 활용하여 지역에서 필요로 하는 발전의 목표를 달성하는 방식이다. 국가 등 외부의 지원이나 투입에 의존하기보다는 지역의 통제하에 있는 자원이나 그

동안 발견하지 못했던 숨겨진 자산을 개발하는 것을 핵심 내용으로 한다. 또한 지역의 경제성장이라는 피상적인 양적 목표보다는 주민의 소득증대, 교육, 보건, 사회복지 서비스의 증진과 같은 실질적 주민의 복리(well-being)의 증진을 목표로 한다(박인권, 2012).

(6) 지속가능성

지속가능성 개념은 최근에는 경제성장(효율성)과 환경보전이라는 두 가치와 더불어 사회적 정의(social justice)도 함께 아우르는 종합적 개념으로 사용되고 있다(Campbell, 1996). 환경가치가 세대 간 형평성(inter-generation equity)을 강조한 가치라면, 사회적 정의는 현세대 내의 형평성을 강조한 가치로써, 지속가능한 개념은 이 둘을 모두 포함한 가치인 것이다. Campbell의 삼각형 모형(triangular model)은 이 세 가지 가치를 꼭짓점으로 하는 삼각형의 중심에 지속가능한 발전이 있음을 보여준다(박인권, 2012).

사회적 기업의 지속가능성(sustainability)이란, 사회적기업이 기업으로서, 운영을 시작한 이후, 사회적 가치와 기업적 가치 실현이라는 당초의 목적을 안정적으로 유지시켜 나가는 능력을 의미한다고 할 수 있다. 이러한 사회적기업의 지속가능성 문제는 국내외를 막론하고, 사회적기업이 제도적으로 처음 도입되었을 당시에는 크게 논의되지 못하였다. 최근에는 국내뿐만 아니고 OECD에서도 여러 가지 보고서 형태를 통해서 사회적기업의 지속가능성 문제를 제기하고 있고 이를 강화시키기 위한 요인들을 중요한 이슈로 채택하여 다양한 권고 조치를 제안하고 있다(최영출, 2015).

(7) 네트워킹과 협력

OECD에서는 사회적 기업에 대한 지원구조로서 네트워크의 중요성을 강조하는 추세이다. 기본적으로 여러 주체들이 관여하는 거버넌스 구조(multi-stakeholder governance)가 중요하며, 이러한 거버넌스 구조 아래서 다양한 지원기관 간의 네트워크가 중요함을 지적한다. 이와 관련하여, 영국의 경우 정부 기관으로서 Office of the Third Sector(OTS)는 사회적기업을 육성시키기 위한 전략을 수립한 바 있는데, 이러한 전략 중에는 사회적기업을 운영하는 경영자들에게 적절한 네트워크를 통한 필요한 정보와 자문이 대단히 중요하다고 강조하고 있다(Noya, 2009).

NPO는 다양한 기관과 단체, 기억, 정부 등과의 네트워킹과 협력을 통해 사회적 문제를 해결하고 지역이 발전하는 데 중요한 역할을 한다.

2) NPO 서비스 기관소개 및 기관별 사업 안내

(1) 서비스 제공기관

가. 대표 기관

의료구호와 단체, 병원이나 약국, 사회복지와 관련해 Habitat for Humanity 단체의 활동 내용의 주거 지원 및 식량 지원 단체, 상담센터 등이 서비스 제공기관의 대표 기관이다.

나. 사업

의료팀 파견을 통한 구호 활동으로 전염병 예방, 응급상황 대응, 보건 지원 등의 활동과 식료품과 식사를 필요로 하는 대상에 식사 지원이나 주거 주거 빈곤층을 위한 주택 건설 프로젝트를 진행하여 주택 수리와 보수, 주거 환경 개선을 위한 교육 및 자원 지원 등의 활동을 한다.

(2) 자원 모으기 및 기금 조달

가. 대표 기관

United Way[1], GoFundMe[2]와 같은 기금 모금과 조달 단체, Bill & Melinda Gates Foundation[3]와 같은 재단 및 재정 지원 등과 자선 기관, 창작자들이 자금을 모금할 수 있는 Kickstarter와 같은 크라우드펀딩 플랫폼 등이 이에 포함된다.

나. 사업

지역사회의 문제 해결을 위해 펀딩 캠페인을 하여 그 기금으로 지역사회 내 다양한 프로그램과 서비스를 제공한다. 모인 기금으로 교육, 보건, 주거, 식량 보안 등을 지원한다. 또한 프로젝트 펀딩 플랫폼으로 창의적인 프로젝트를 지속적으로 개발하고 프로젝트가 성공할 수 있도록 지원한다. 또한 전략적 투자 및 파트너십을 구축하여 문제 해결을 위한 접근 방법을 다양하게 모색한다.

(3) 정책 제안 및 변화 촉진

가. 대표 기관

정책연구기관, 대학 연구소, 정책 연구 센터, 시민단체, 인권 단체, 국가 기구 및 기타 기구(유엔 UN[4], 세계은행, IMF), 등이 대표적인 대표 기관이다.

---

1) https://www.unitedway.org

2) https://www.gofundme.com

3) https://www.gatesfoundation.org

4) UN: 국제 협력을 증진하고세계평화를 유지하기 위한 목적으로 설립된국제기구로,인류역사상 가장 큰 규모의

나. 사업

정책 제안 및 논의와 권고안 제시, 사회적 문제에 대한 조사 연구를 통한 자료수집과 분석, 정책에 대한 자문과 협력, 사회적 문제에 대한 인식을 높이기 위한 정책 변화를 촉진하며 그 내용을 홍보하고 교육하는 활동, 변화를 위한 로비 활동 등이 이에 포함된다.

(4) 사회적 관심 환기와 교육

가. 대표 기관

UNICEF[5], [6]UNESCO, Teach For All[7]과 같은 국제 연합교육 및 문화 기구와 그린피스, 환경운동연합FoE[8], 국제기후행동연맹350.org, 세계자연기금WWF, 세계자연보전연맹TNC과 같은 환경 단체 등이 대표 기관이다.

나. 사업

교육을 위한 지속 가능한 발전을 실현하기 위한 프로그램 진행이나 교육에 대한 평등한 기회 제공과 질 향상 촉진과 문화유산 보존과 창조를 지원, 교육 리더 양성과 교육 기회의 확대 등의 활동과 환경파괴 감시와 대응을 통한 환경 보호와 지고 생태계 보호 활동, 지구 온난화와 환경오염 및 자원 고갈 등의 문제에 대한 대응과 해결책 모색, 기후 변화에 대응을 위해 화석 연료 사용을 줄이고 대기 중 이산화탄소 농도를 적정 기준 이하로 유지 하기 위한 활동, 생태계 보호 및 지속 가능한 자원관리와 같은 활동 등이 이에 포함된다.

국가 간 연합체이자 가장 많은 국가가 모이는 다자 회의 기구(https://www.un.org)

5) UNICEF: 유엔아동권리협약에 유일하게 명시된 아동권리 증진기구(https://www.unicef.or.kr)

6) UNESCO: 교육 재건과 세계 평화를 위한 국제기구(https://www.unesco.or.kr)

7) Teach For All: 모든 어린이가 자신의 잠재력을 발휘할 수 있도록 활동(https://teachforall.org)

8) FoE: 국제적인 환경 보호 단체인 지구의 벗(Friends of the Earth) 한국 지부(https://kfem.or.kr)

(5) 지역의 발전과 지속 가능성 증진

가. 대표 기관

지속가능 발전 목표(Sustainable Development Goals, SDGs) 관련 기관, 지역개발 기관, 지역적인 비영리 단체와 사회적 기업과 같은 지역사회 기반 조직, 지역적인 연구 및 교육기관 등이 대표 기관이다.

나. 사업

국가별로 지속가능 발전 목표를 달성하기 위한 계획을 수립하고 이행하는 활동과 지역개발을 위한 기업지원이나 지역사회 인프라 개선, 교육 및 문화 활동 프로그램 운영이나 지원, 환경 보호 및 재생에 관련된 프로젝트, 기술혁신 및 지식공유 등이 포함되며 지역사회에서 필요한 것을 맞추기 위해 다양한 사업을 계획하고 운영한다.

(6) 네트워킹과 협력

가. 대표 기관

국제노동기구 ILO와 같은 협력 단체, 다양한 비영리 단체와 사회적 기업 간의 네트워크 활동을 위한 협의회, 비즈니스 네트워킹 단체 등이 대표 기관이다.

나. 사업

근로자의 권리와 노동 관련 문제에 대한 국제적 협력 촉진과 관련된 활동이나 파트너쉽 협력 프로그램이나 프로젝트, 지역사회의 네트워크 구축과 구축된 네트워킹을 촉진하여 사회문제 해결과 지역 발전을 위한 사업인 지식공유나 자원 공유, 교육 및 기술 지원, 공유 사무실, 단체 간의 비즈니스 컨퍼런스나 워크숍 등의 활동을 한다.

2. 성공사례 소개

1) 지역사회 복지관 사례

(1) 사업명: '알콩달콩 사람살이 자치활동'

방화11단지 영구임대아파트 어르신들의 사회관계망을 살리는 주민자치모임 풀꽃향기 나눔 캠페인

(2) 사업 배경 및 목표

방화11단지 영구임대아파트 어르신이 풀꽃향기 자치활동 참여로 이웃 어르신과 사회관계망을 형성하여 인정이 있는 마을문화를 만들어가는 것을 배경으로 풀꽃향기 주민 모임 활동으로 마을일꾼 발굴과 성장을 돕고, 회원들의 주민 자치력을 강화하며 회원들이 이웃 어르신과 긍정적 사회관계망을 형성한다.

(3) 사업내용

풀꽃향기 정기모임(월례회, 임원진 간담회, 번개모임, 정기총회), 역량 강화 활동(워크숍, 마을일꾼 의식화 교육), 자치활동 나눔 캠페인(희망의 가래떡 썰기, 방화11 뜨락제, 김장 나눔 행사), 텃밭 가꾸기 활동(착한 텃밭 나눔 활동), 기타 자치활동 등을 한다.

가. 주민 자치 모임 풀꽃향기에 의한 주도적 진행으로 마을일꾼 참여 회원들이 자치활동 전반을 기획 및 준비, 진행과 평가하고 풀꽃향기 당사자 회원에 의

한 주체적인 자치활동, 이웃 어르신과 사회관계망을 형성하는 마을 활동 전개한다.

나. 외부 전문인력 활용으로 마을일꾼 의식화 교육 워크숍 특강 및 슈퍼비전을 하고 원예치료 프로그램, 마을일꾼 역량 강화 워크숍 특강 등을 진행하였다.

다. 활동가 및 자원봉사자 활용을 통해 텃밭 가꾸기 활동 영농자문을 받고 우리동네 마을 이야기 & 마을일꾼 역량 강화를 위한 교육을 하였으며 워크숍 특강 등을 진행하였다.

라. 지역기관 협력 수행과 관련하여 풀꽃향기 텃밭 관리 운영지원(영농자재 및 예산, 도시농업공동체 등록), 마을주민 소통의 공간 '마을 평상'을 설치하였으며 텃밭 원예 활동, 풀꽃향기 홍보 및 영농자재 물품 지원을 하였다.

(4) 자원 활용(공식, 비공식, 관계기관 연계)

가. 공식 자원

가) 공간: 복지관 별관 옥상 싱싱 텃밭, 나눔터 텃밭, 복지관 프로그램실, 풀꽃향기 회원 가정

나) 예산: 비지정 후원금 및 결연후원금, 공간개방사업 보조금

다) 홍보: 희망의 가래떡 썰기 행사, 방화11 뜨락제 행사 등 자치활동, 텃밭활동 관련

라) 전문인력: 다양한 교수 및 강사와 지역 활동가, 복지사 등

마) 자원봉사자: 마을주민 봉사자 다수, 대학생 봉사자들

바) 사업 홍보: 서울 도시농업 포털(도시농업 백서), 방화11, 12단지 관리사무소(게시판), 서울YMCA(청년지)

사) 김장 나눔 대상 추천: 방화2동주민센터, 공항동주민센터

아) 슈퍼비전을 위한 복지관 관장, 부장과 내부 강사 활동가와 자문가

자) 도시농업 원예전문가 파견 및 자문을 위한 강서구청(도시 영농팀), 서울시농업기술센터

나. 비공식 자원

가) 풀꽃향기 회원 회비 및 찬조금, 자치활동 지역 자원개발(연 500만 원 이상), 산돌교회 후원금, 개인 결연후원자

〈표 5-1〉 풀꽃 향기 사업 3년의 변화

2018년	2019년	2020년
– 풀꽃향기 마을일꾼 성장 교육 – 사랑의 김장나눔행사 (300포기) – 희망의 가래떡썰기 및 떡국 나눔행사 – 정기모임 자치활동 (월례회,임원진 간담회, 총회) – 텃밭가꾸기활동 진행 – 번개모임/ 기타 자치활동	– 마을일꾼 발굴 및 조직운영 안정화 도모 – 방화11 뜨락제 진행 – 부엌칼 빛나리 신규 진행 (이웃나눔 실천도모) – 마을일꾼 역량강화 워크숍 – 텃밭가꾸기활동 강화 – 착한텃밭 음식나눔활동 추진	– 강서구청 도시농업공동체 등록 – 도시농업공동체 활동 공적 인정(서울특별시장 및 강서구청장 표창) – 강서구청 마을평상 지원사업 선정 – 착한텃밭 나눔활동 지속 전개 – 풀꽃향기 판매장터 운영 – 코로나 상황 속 실천(비대면, 소규모 나눔활동 지속)
• 풀꽃향기 1박2일 영흥도 워크숍 • 주민자치모임 정체성 강화 노력(신규 회원 등 변동) • 회원간의 관계망 형성 • 서울YMCA(법인) 풀꽃향기 모범클럽 표창	• 풀꽃향기 회원 당사자 주체적 운영 • 지역자원 개발을 통한 자생력 강화(복지관 의존성 최소화/독립성 강화) • 회원 결속력과 사기진작 도모 • 회원간의 관계망 형성 확장 • 알콩달콩사람살이 실천이야기 발간(풀꽃향기 자치활동 진행 및 평가)	• 강서구청 영농자재 및 예산 지원 • 강서구청 마을공동체지원팀 (마을평상 지원사업 선정 및 설치) • 이웃 어르신과의 관계망 형성 • 자치활동 운영비 마련 판매장터 운영(전통된장담기, 유기농채소 쑥개떡 등) • 소규모 비대면 활동 강화 (착한텃밭 채소꾸러미 나눔활동 등)

(출처: 방화11종합사회복지관, 2023)

2) 지역 사회혁신 촉진을 위한 참여적 지역 거버넌스의 역할 사례

(1) 사업명: 마음이 모여 마을이 되는 마을 민주주의 동행 성북

(2) 사업의 배경 및 목적과 목표

지역사회 내 주요 주체들이 적극적으로 참여하고 협력함으로써 공동으로 문제를 해결하고자 하는 참여적 · 협력적 정책(사업)추진 전략을 모색하기 위함이다.

마을시민이 자신의 삶의 문제를 해결하기 위해 참여를 넘어 자치를 목표로 지방정치에서 관객이 아닌 주인공이 되는 정치구조가 되도록 하는 것을 목적으로 한다. 사업의 목표로는 마을 민주주의, 동행경제공동체, 아동친화도시, 생명존중 복지건강도시, 창조문화역사도시, 안정한 환경도시를 이루는 것이다.

(3) 사업내용

공식적 민간 집담회와 분야별 협치성북 설명회, 협치성북 추진 민관 대표 간담회, 협치성북 추진 민관 TFT를 운영하며 협치성북 실행분과 회의를 진행하고 협치성북 공론회를 가진다. 본 사업은 '협치' 자체를 핵심 의제로 설정하여 거버넌스를 활용하는 것뿐만 아니라 거버넌스 자체를 주요 내용으로 설정하였다.

(4) 진행 방법

세부 정책추진 과정에 위원회 형식을 거버넌스 구조를 마련하여 지역주민이 참여할 수 있는 기회를 확대한다.

(출처: 성북의회(2022) 조직도 재인용 후 수정)

[그림 5-1] 성북회의 조직도

(5) 자원 활용

마을 공동체-사회적 경제-도시 재생 간 경계를 허물고 공동으로 협력 사업을 추진하려는 시도가 이루어졌으며 마을 공동체와 사회적 경제를 통합한 통합형 중간 지원조직과 마을 사회적 경제 센터가 만들어지면서 민간 단위에서의 마을 공동체 및 사회적 경제 연계 활동이 모색되었다.

3) 일본 고향 납세제 사례

지방자치단체에서 인구감소와 열악한 지방재정 극복의 대응 방안으로 오래전부터 고향사랑기부제를 건의하였다. 고향사랑기부제는 인구가 감소하는 등 침체한 지역에 기부를 통해 지방재정과 지역 강제 활성화를 돕고 국가균형발전에 이바지하기 위해 도입된 제도이다(국승용 · 김창호, 2020). 2023년도 시행되고 있는 제도로서 우리보다 먼저 인구 고령화를 겪어 내며 2008년부터 고향 납세제를 도입하여 시행하고 있다.

(1) 사업명: 일본 고향 납세제

(2) 사업의 필요성 및 배경

수도권 인구집중 및 지역 격차 완화와 지역 활성화를 위해 도입된 제도이다. 20-5년부터 시작된 저출산 · 고령화는 지방소멸 위기를 가족화했으며 노령인구가 많은 농어촌 지역은 조기에 고령화 사회로 진입하였고, 지방 중소도시까지 과소지역(급격한 인구감소로 공동체 기반이 무너진 지역)에 진입할 위기에 높였었다.

(3) 사업 목적

인구감소로 인해 다양한 위기 상황을 타개하고 지방세로 전환된 소득세의 지역 간 균형을 이루어 지역 발전을 강화하기 위함이다.

(4) 사업내용

가. 고향 납세 금액의 변화 즉, 고향에 기부하는 기부금에 대한 공제 금액을 늘리고 세제 혜택의 금액을 늘렸으며 고향 납세의 기부 가능 최저액을 5,000엔에서 2.000엔까지 낮추었다.

나. 고향 납세제의 절차 간소화를 위해 원스톱 특례제도를 도입하여 세금을 공제

받는 것의 번거로움을 개선하였다.

다. 고향 납세제와 크라우드펀딩을 융합하였다. 지방자단체는 기부금을 많이 받기 위해 지역 특산물 등으로 답례품을 하였으나 지자체마다 상황이 달라 새로운 방안으로 창의적 사업계획 세워 기부자가 참여하고 협력할 수 있다.

(5) 활용 현황

가. 기부자들의 선택권을 충분히 보장하여 구체적 사업에서 활용할 수 있도록 허용하였다. 활용할 수 있는 분야로는 마을만들기 · 시민 활동, 스포츠 · 문화진흥, 건강 · 의료 · 복지, 환경 · 위생, 교육 · 사람 만들기, 아이 · 육아, 지역 · 산업진흥, 관광 · 교육 · 정주 촉진, 안심 · 안전 · 방재, 재해지원 · 부흥 등이 있다.

나. 마을만들기 · 시민 활동 분야는 지역공동체 형성을 지원하는 사업으로 마을위원회 운영과 NPO · 기업 · 지역 학생이 함께 기금 용도를 결정하며 지역 축제 활성화 등이 있다.

다. 스포츠 · 문화진흥 분야에서는 스포츠와 관련된 사업이나 역사와 문화제에 관심 높은 기부자들을 지역과 연결한다. 지역야구팀, 소프트볼팀을 지원하고 전국 핸드볼 대회를 개최하는 비용을 모금하며 지역 문화재 보수, 문화재 후계자 육성, 전통 축제 활성화, 공예품 기능인 육성 등을 한다.

라. 건강 · 의료 · 복지 분야는 취약계층 집밥 제공, 보호시설 종료 청소년 지원, 대중교통 부족한 지역에 통원용 자동차 구매, 성장기 아동의 대여용 의수 구비 등이 있다.

마. 환경 · 위생 분야는 주로 지역의 자연환경을 보존하는 사업으로 습지 생태계 보전, 수목 자원 보존, 산호초 보존 등이 있다.

바. 교육 · 사람 만들기 분야는 지역의 교육 환경 개선 등에 대한 지원으로 지역

특성화고(농업) 지원, 도서 지역 학교의 IT 기기 지원을 통한 다른 지역 및 해외 학교와 공동 수업 등이 있다.

사. 아이 · 육아 분야는 지역에서 안심하고 아이를 키울 수 있도록 일시 보육, 체험 사업 등으로 무료 보육, 공공보육시설 확충 등이 대표적이다.

아. 지역 · 산업진흥 분야는 지역에 어울리는 산업에 집중하여 투자해 지역 산업 경쟁력을 키우거나 필요 인프라 확충 등의 사업을 위해 재원을 투입한다. 예를 들어 지역의 관광지 보수, 지진 피해 철도 복구, 양식어업 지원, 지역 스타트업 지원 등이 있다.

자. 관광 · 교류 · 정주 촉진 분야는 인구감소로 사용하지 않게 된 건물이나 지역을 다양한 시설을 관광자원으로 사용하여 관계 인구 증가를 도모하는 사업으로 폐교를 관광거점으로 운영하거나 폐철도 역사를 복원하거나 빈집을 활용한 셰어하우스 조성, 세계 문화유산 복원 등이 있다.

차. 안심 · 안정 · 방재, 재해지원 · 부흥 분야는 대부분 실재 재해에 대한 지원과 재해 대비 사업으로 재해 구조견 육성, 소방 구급 기금운용, 지진 피해 복원 등이 있다.

4) Kiva.org[9] 사례

Kiva는 전 세계 17억 명 이상의 사람들이 은행 서비스를 이용할 수 없어 필요한 금융 서비스에 접근할 수 없어 2005년 샌프란시스코에서 설립된 국제 비영리 단체로 소외된 지역사회의 번영을 돕기 위해 재정적 접근성을 확대한다는 사명이 있다. 이 프로젝트는 혁신적인 모델로 공공적으로 전 세계에 수백만 달러의 자금을 지원

9) https://www.kiva.org 마이크로파이낸싱 플랫폼으로 금융서비스(대출)을 지원하는 사업이다.

하고 있다.

(1) 사업내용

크라우드펀딩으로 소외계층을 위한 자본을 활용하여 학생들의 수업료를 내기도 하고 여성은 사업을 시작하기도 하며 농부는 장비에 투자하거나 가족의 응급 치료비를 감당하기도 한다.

Kiva는 재정적 형평성이 가장 필요하다고 생각하는 4가지 핵심 영향 영역과 Kiva가 가장 큰 이익을 얻을 수 있는 영역에 중점을 둔다.

* KIRAN은 kiva 대출을 통해 경영 학위를 취득하고 자신의 레스토랑을 열 수 있었다.

(출처: 대출을 받고, 인생을 바꾸세요 | 키바(kiva.org))

[사진 2-2] 대출로 수업료 지원 받은 사례

첫 번째. 여성을 위한 보다 평등한 미래를 창출한다.

Kiva에서는 여성뿐만 아니라 성전환자, 논 바이너리, 젠더퀴어, 성비순응자, 질문자, 전환기 등 모든 성 정체성과 표현을 가진 사람들의 성평등이 모든 사람을 포함한다고 믿는다. 자원에 대한 접근성을 동등하게 확대하는 것만으로는 역사적, 사회적으로 성별에 따라 기회에 대한 접근이 거부된 사람들이 직면한 불평등을 해결하는데 충분하지 않다는 것을 인식하여 Kiva는 전 세계적으로 더 큰 성평등을 달성하기 위한 수단으로 성평등을 옹호하며, 대출금의 80% 이상이 여성에게 전달된다.

* 유페 미아는 아이티의 난민으로 대출금을 이용해 편의점 사업에 도움이 되었다.

(출처: 대출을 받고, 인생을 바꾸세요 | 키바(kiva.org))

[사진 2-3] 대출로 사업 지원사례

두 번째. 이재민의 재건을 돕는다.

난민과 실향민, 강제 이주 위험에 처한 사람들에게 자본에 대한 공정한 접근을 제공하여 자신과 가족을 위한 경제적 기회와 재정적 안정을 창출하여 삶의 재건하도록 돕는다. 이들에게 필요한 것은 식량과 안전한 쉼터, 의료 서비스 등이 있다. kiva는 경제적 자립의 회복과 안정적 생활을 할 수 있도록 지원한다.

세 번째. 체계적으로 소외된 미국 사업가를 지원한다.

억압 시스템(인종, 성별, 성적 취향, 다양한 사회경제적 요인에 따른 재정적 차별을 받는 사람)으로 인해 차별과 배제를 경험하는 공동체가 성장하는데 필요한 금융자원에 공정하고 공평하게 접근할 수 있도록 지원한다.

네 번째. 기후 변화로 인해 영향을 받는 사람들을 위한 회복력을 구축한다.

기후 변화를 늦추 수 있도록 온실가스 배출을 줄이고, 기후 변화의 영향을 견디며 살아가는 방법을 알아내고 변화하는 삶 속에서 적응할 수 있도록 하는 것이다. 회복력은 가뭄이나 허리케인과 같은 심각한 기후 사건에 성공적으로 대처할 수 있는 능력을 갖추고 있는 것으로 기후 변화에 따른 문제를 예측하고 대응하며 회복할 수 있는 능력을 말한다. 이를 위해 소액 대출 및 기타 금융 서비스를 통해 가뭄에 강한 옥수수를 재배할 기회를 얻을 수 있도록 자금을 마련하고 작물 보험을 통해 농작물이 망할 경우 보상을 받을 수 있도록 하며 기후 위험 분석을 통해 작물 생산을 위한 계획을 세우는 데 도움을 준다.

5) Teach For All 사례[10)]

교육이 부족한 지역에서 교사의 질을 향상 시키기 위한 글로벌 네트워크로 지역 교육 혁신을 촉진하고 교사의 리더십을 증진시킨다. 각 지역의 교육 현안을 진단하고 그에 맞는 솔루션을 개발하는 데 성공하였다.

Teach For All의 비전은 모든 어린이가 자신과 모두를 위해 더 나은 미래 만들어 갈 수 있는 교육, 지원, 기회를 누리는 세상을 꿈꾼다. 비곤, 기아, 차별, 트라우마,

10) https://teachforall.org

필요한 교육을 제공받지 못하는 어린이들에게 지원한다. 모든 어린이가 자기 잠재력을 발휘할 수 있도록 집단적 리더십을 개발하는 목적이 있다.

(1) 사업내용

가. 네트워크 파트너는 어린이를 위한 발전을 위해 노력하는 지역사회와 깊은 관계를 구축한다. 국가의 다양하고 유망한 지도자들을 영입하여 소외된 지역사회에서 최소 2년 동안 가르치고 학생의 성공을 위한 비전을 향해 가족과 지역사회 구성원이 함께 일할 수 있도록 지원한다.

나. 동문에서 자란 지도자들은 다른 교육자, 협력자, 지역사회와 계속 협력하여 학생들을 위해 교육의 질을 향상 시키고 모든 어린이가 성장할 수 있도록 하는데 필요한 체계적 변화를 가져온다.

다. 글로벌 네트워크를 통해 전 세계의 교직원, 교사, 졸업생과 협력국은 서로의 발전을 가속화하고 집단적 영향력을 높이기 위한 솔루션을 공유한다.

라. 집단적이고 지속적인 노력은 모든 자녀에게 잠재력을 발휘할 수 있는 교육, 지원 및 기회를 제공하기 위해 노력하는 전 세계 지역사회의 발전에 이바지한다.

마. Community Impact Lab은 네트워크 파트너가 집단적 리더십을 키우는 방법으로 지역에 대한 깊은 이해와 파트너십에 뿌리를 둔 선택을 성장시키는 방법에 대해 배우고, 집단적 리더십이 지역사회와 국가 시스템 수준에서 성장하는 방법을 탐구하여 궁극적으로 더 빠르고 지속할 수 있도록 발전시키기 위한 것이다.

(출처: 대출을 받고, 인생을 바꾸세요 | 키바(kiva.org))

[사진 2-4] 다양한 대출 지원사례

3. 사례별 사업의 효과성

1) 지역사회복지관 프로그램

사업을 주민이 주체성을 가지고 진행하여 3년 이상의 연속적 사업으로 진행되었으며 대부분의 자치활동 운영예산 또한 스스로 마련하여 독립적 자생성을 확보하며 기관과의 종속적 관계가 아닌 협력적, 보완적 연결 관계로 운영되었다. 그리고 사업이 진행되며 수확한 작물을 이웃과 나누며 지역사회 구성원 간 관계 형성으로 소통하는 사업이 되었다.

2) 일본 고향 납세제

고향 납세제를 통해 세금을 낸 후 돌아오는 세제 혜택은 지역 경제의 활성화에 이바지하였다. 또한 지역주민에게 지역사회의 발전에 직접적으로 이바지할 기회를 제공하여 지역사회 구성원의 결속력이 높아지고 구성원 간 상호지원과 협력이 촉진될 수 있었다. 관광산업을 육성과 지방자치단체의 활성화로 지역의 재정 건전성을 높이고 지역 발전에 필요한 자금을 조달하는데 경제적 자립성을 강화하였다.

3) Kiva.org

단순히 기부, 원조, 도움을 준다는 개념에서 벗어나 일종의 비즈니스 관계로 어려운 이들을 도와주는 사회적기업들이 있다. 하지만 키바는 어려운 형편에서 비즈니스를 하려는 이들에게 펀딩(개인 대출의 개념)을 해주는 사업으로 대출금 상환율이 96% 이상으로 높다. 단순한 기부보다 사업 동반자로서의 긍정적인 감정을 크게 가질 수 있다. 고기를 잡아 주는 것이 아니라 고기를 잡는 법을 알려주고 하고자 하는 것을 지원해주며 성과의 씨앗을 심는 마음으로 함께 참여하며 협력적 관계가 있다는 것이 이 사업의 장점이다.

4) Teach For All

교육의 공평성과 질적 향상을 위해 명확한 비전을 갖고 있으며 이를 이루기 위해 참여를 유도한다. 또한 지속 가능한 운영을 위해 구성원들에 대한 교육에 최선을 다한다. 특히나 효과적인 리더십과 관리에 초점을 두고 있다. 다양한 이해관계자들과 협력하며 지역사회의 교육 문제를 해결하고자 노력하며 활용하고 있는 프로그램에 대해 평가하여 지속 가능하고자 노력한다. 교육의 내용에 있어서 획일화된 것이 아닌 각 지역에 적절한 교육 내용을 개발하고 제공하여 실제적이고 실효성을 가진 것이 성공 요인이다.

4. 사회적 영향과 지속 가능성

사회는 경쟁이 늘어났고, 고객들이 더 다양해졌고, 일반대중들과 후원자들이 더 많은 것을 기대하고, 비용이 증가하나 후원은 준다. 또한 기술이 급속하게 변하고, 비즈니스를 하는 방식이 상당히 변했다는 사실에 대해 비영리 단체들의 적극적인 대처가 필요하다. 이러한 환경에서 살아남는 것(지속 가능성)은 변화에 적응하는 능력에 달려있다(토마스 울프, 2020).

비영리 단체들은 사회의 문제를 해결하려고 조직되었지만, 사회의 문제들이 오히려 더 심각해지는 것 같았고 사람들도 자신감의 위기를 겪으며 더 많은 비영리 단체를 설립하고 정부가 후원금을 더 많이 보조하는 것이 해답이 아니라고 생각했다. 이를 통해 후원을 더 늘리고자 하였으나 점점 후원금이 잘 들었다. 이에 기관은 후원자들의 요구에 반응하고, 건전한 재정과 원활하고 책임감 있는 운영을 해야만 지속 가능할 수 있다.

5. NPO의 성공을 위한 전략

비영리단체는 사업에 조달된 자금의 투명하고 효율적인 운용이 필요하다. 그것을 위해 적절한 관리체계를 마련하고 후원자들에게 다양한 혜택을 제공하여 참여를 유도해야 한다. 참여 유도를 위해 전략을 수립하고 홍보활동에도 노력을 기울여야 한다. 이를 위해 단체는 그 자리에 머무르지 않고 지속적인 평가활동을 통해 개선점을 도출하여 프로그램과 정책을 개선하며 향후 사업을 지속할 수 있어야 하겠다.

사회적 조직은 민간 기업이나 공공기관과 달리 중간 지원조직과 다른 사회적 조직과의 연계가 뚜렷이 나타난다. 또한 조직 및 재정의 규모가 크지 않은 사회적 조직은 경영 노하우가 축적된 기업과의 협업 또는 정부 기관의 행정적, 경제적 지원이 향후 사회적 조직의 사회혁신 프로젝트 성장 및 규모화에 도움이 될 것이다. 사회혁신 관련 활동을 성장시켜 규모화하고 비슷한 다른 대상에 적용하며 그 영역을 넓혀가는 것이 필요하다(이보람 외, 2021).

Marry et al.(2010)은 캐나다 비영리조직에 대한 정부 지원 감축이 이루어지면 기관의 자금 조달체계에 문제가 발생할 가능성이 크다고 보았고 이것이 비영리 부분의 한계라고 보았다. 또한 유럽연합 집행위원회(2017)는 과거의 사회혁신은 정부-민간-사회적기업 중심으로 이루어졌으나 최근에는 영리와 비영리 스타트업까지 사회혁신의 주체로 등장하고 있고, 이들의 역할이 커지고 있다고 하였다. Yun et al.(2017)은 주체 간 상호연계성을 분석하면서 사회혁신 발전의 4가지 중요 요소인 사회적 가치, 혁신 활동, 경제적 가치, 정부의 대응 및 투자를 들고 이 요소들은 상호 영향을 주고받고 있으므로 NPO의 지속 가능성에 대해 반영하도록 해야 한다(이보람 · 서경희 · 김경민, 2021).

CHAPTER

06

지속가능성과 커뮤니티 참여

지속가능성과 커뮤니티 참여

Chapter 06

1. 지속가능성의 개념과 NPO의 사회적 책임

지속가능성의 정의와 역사적 흐름을 살펴볼 때 지속가능성은 오늘날의 사회, 경제, 환경적 필요를 충족시키는 동시에, 미래 세대가 그들의 필요를 충족시킬 수 있는 능력을 해치지 않는 발전의 방향을 의미한다. 이 개념은 1987년 세계환경개발위원회(WCED)가 발간한 보고서 『우리 공동의 미래(Our Common Future)』에서 처음 공식화되었으며, 이후 전 세계적으로 중요한 사회적 원칙으로 확산되었다(World Commission on Environment and Development, 1987).

초기에는 환경 보호 차원에서 논의되었지만, 시간이 흐르면서 지속가능성은 경제적 형평성, 사회적 정의, 문화적 다양성, 정치적 투명성을 아우르는 총체적 가치체계로 발전하였다(강현수, 2018). 특히 공동체 기반 개발이나 사회적 경제와 같은 영역에서는 지속가능성을 단지 '존속의 조건'이 아니라, 공공성과 미래지향성의 실현방식으로 해석한다.

그리고 지속가능한 발전(SDGs)과 NPO의 역할을 볼 때 2015년, 유엔은 지속가능한 발전목표(Sustainable Development Goals, SDGs)로 불리는 17개 글로벌 목표를 채택하면서, 지속가능성의 실천을 위한 국제 기준을 제시하였다. 이 목표들은 빈곤 퇴치, 양질의 교육, 성평등, 기후변화 대응 등 인류 보편의 과제를 포괄하며, 국가와 기업, 시민사회 모두의 참여를 요청하고 있다(UN, 2015).

NPO는 이 SDGs의 이행 주체로서 핵심적 역할을 수행할 수 있다. 특히 교육, 보건, 복지, 환경, 인권, 개발 협력 등 SDGs와 직결된 영역에서 활동하는 NPO는 현장의 실천을 통해 글로벌 아젠다를 지역사회에 정착시키는 가교 역할을 하고 있다(김영호, 2020). 실제로 많은 국내외 비영리단체들은 SDGs 항목을 사업기획과 평가의 기준으로 삼고 있으며, 이에 따라 조직 전략을 조정하고 있다.

또한, SDGs는 NPO에게 새로운 연대와 협력의 기회를 제공한다. 공공기관, 기업, 국제기구 등 다양한 이해관계자들과의 파트너십은 비영리조직의 지속가능성과 사회적 임팩트를 동시에 확대할 수 있는 기반이 된다(김성철, 2024).

ESG와 NPO의 사회적 책임 연계를 살펴보면 최근에는 ESG(Environment, Social, Governance)라는 개념이 기업 경영의 핵심 지표로 부상하면서, 비영리조직에게도 새로운 평가 기준이 적용되고 있다. ESG는 원래 기업의 지속가능성을 측정하기 위한 지표였으나, 공공성과 사회적 책임을 기반으로 하는 NPO에도 이 기준이 점차 적용되고 있다(박혜정, 2022).

NPO는 환경적 지속가능성, 사회적 포용성, 조직의 투명성과 책무성 측면에서 ESG 기준을 실천할 수 있는 조직이며, 특히 사회(S)의 영역에서는 기업보다 더 풍부한 실천성과를 보여주고 있다. 예를 들어, 사회적 약자 보호, 커뮤니티 복원력 강화, 사회적 신뢰 자본의 형성 등은 NPO 고유의 전문영역이다.

또한, ESG는 NPO가 재정 후원자나 정책 파트너에게 조직의 책무성과 전략성을 설명할 수 있는 중요한 수단으로도 기능한다. 최근에는 일부 기업이 ESG 전략의 일환으로 NPO와 협력하는 형태가 증가하고 있으며, 이러한 협업은 민관 파트너십을 통해 사회적 가치를 확대하는 사례로 평가받는다(김정우, 2021).

NPO 지속가능성 확보의 과제와 전망을 볼 때 NPO가 지속가능성을 확보하기 위해서는 재정 안정성, 인적 역량, 조직 구조의 투명성, 미션 중심 경영 등의 요소를 균형 있게 관리해야 한다. 특히 외부 자원에 대한 의존도가 높은 조직일수록, 자원 조달의 다변화와 자생력 강화 전략이 필요하다.

또한, NPO는 지속가능성을 위협하는 외부 환경 변화—정책 변화, 인구감소, 기부 위축, 기술 혁신 등에 적응하는 능력(Adaptive Capacity)을 갖춰야 한다. 이를 위해 전략적 계획 수립, 지역사회와의 신뢰 형성, 중장기 파트너십 구축이 필수적이다(Light, 2004).

앞으로의 NPO는 단순히 '지속 가능해야 한다'는 명제가 아니라, 어떻게 지속가능성을 통해 사명을 더욱 강하게 실현할 것인가라는 전략적 질문에 답해야 한다. 지속가능성은 목적이 아니라, 조직의 사명을 지역사회 속에서 장기적으로 구현하기 위한 수단이 되어야 한다.

2. 커뮤니티 참여의 개념과 이론적 기초

커뮤니티는 전통적으로 '지리적으로 가까운 사람들이 모여 사는 곳'이라는 개념으로 이해되어 왔으나, 현대사회에서는 이보다 훨씬 더 복합적인 의미를 지닌다.

커뮤니티는 단순한 물리적 공간을 넘어, 공동의 정체성과 목표, 가치관, 사회적 유대감을 공유하는 관계망으로 구성된다. 즉, 오늘날의 커뮤니티는 오프라인 지역사회뿐만 아니라, 온라인 네트워크, 직능 공동체, 이해관계자 기반 네트워크 등 다양한 형태로 존재한다. 특히 비영리조직(NPO)은 이러한 커뮤니티를 통해 공공성을 실현하고, 사회문제를 해결하며, 지속가능한 사회적 임팩트를 창출하는 데 필수적인 기능을 수행한다.

NPO가 커뮤니티 참여를 강조해야 하는 이유는 명확하다. 커뮤니티 구성원들의 실질적인 참여는 조직의 정당성을 강화할 뿐 아니라, 문제 해결의 실효성을 높이는 데 중요한 역할을 한다. 단순히 외부 전문가나 기관 주도의 해결책이 아닌, 당사자인 지역주민과 이해관계자가 문제 인식 단계부터 적극적으로 참여할 때, 보다 현실적이고 지속가능한 대안이 도출될 수 있다.

시민참여에 관한 이론적 기반은 미국의 도시계획가 셰리 아른스타인(Sherry Arnstein)이 1969년에 발표한 '시민참여의 사다리(Ladder of Citizen Participation)'에서 잘 설명되고 있다. 그는 참여 수준을 8단계로 구분하여, '조작(Manipulation)'과 '치료(Therapy)'와 같은 비참여적 수준부터, '정보제공', '협의', '동의' 등의 형식적 참여, 그리고 '권한 이양(Delegated Power)'과 '시민 통제(Citizen Control)'에 이르는 실질적 참여까지 참여의 깊이에 따라 구분하였다. 아른스타인의 관점은 단순히 주민에게 정보를 제공하거나 의견을 청취하는 것을 넘어서, 실질적인 결정권과 실행력을 부여하는 참여가 이상적인 방향임을 강조한다.

커뮤니티의 역량을 분석하는 데 있어 또 하나의 핵심 이론은 사회자본(Social Capital) 개념이다. 하버드대학교의 정치학자 로버트 퍼트남(Robert Putnam)은 사회자본을 "시민 간의 협력을 가능하게 하는 신뢰, 규범, 네트워크의 총체"라고 정의하였다. 사회자본은 협동의 촉진자이며, 커뮤니티 내 집단 간 협력과 연대를 가능하게 만드는 토대가 된다. 특히 NPO가 사회자본을 활성화할 수 있을 때, 공동체는 자생적인 회복력과 문제 해결 능력을 갖추게 된다.

이와 더불어 커뮤니티 개발 이론에서는 주민의 욕구(needs)에만 초점을 맞추기보다는, 지역의 강점과 자산을 중심으로 접근하는 자산기반 지역사회 개발(Asset-Based Community Development, ABCD) 모델이 주목받고 있다. 이 모델은 미국 노스웨스턴대학교의 존 맥나이트(John McKnight)와 존 크레츠만(John Kretzmann)에 의해 정립되었으며, 지역 내 숨겨진 자원, 기술, 공동체 유산 등을 주민 스스로 발굴하고 이를 공동체 발전의 원동력으로 전환하는 데 중점을 둔다. ABCD 접근은 주민의 주체성을 존중하며, 외부 전문가 주도의 문제 해결에서 벗어나 커뮤니티 내부의 잠재력을 이끌어내는 구조로 평가받는다.

이러한 이론들을 종합하면, NPO는 지역사회와의 관계를 단순한 서비스 제공자-수혜자 관계로 이해하기보다는, 공동의 목적을 향해 협력하는 파트너십의 관계로 재정립해야 한다. 실질적 참여는 바로 이 관계 전환의 핵심이며, 조직이 커뮤니티에 단단히 뿌리내릴 수 있도록 하는 기반이 된다. 또한 NPO는 커뮤니티 구성원들을 참여의 대상으로만 보는 것이 아니라, 정책 기획자, 실행자, 평가자로서 동등한 위치에 놓이도록 돕는 '촉진자'로서의 역할을 수행해야 한다.

결국, 커뮤니티 참여는 비영리조직이 단순한 프로그램 운영의 차원을 넘어, 공공영역의 파트너로서 지속 가능한 사회변화에 기여하기 위한 본질적인 전략이라 할 수 있다. 따라서 NPO는 참여의 수준을 높이고, 이를 제도화하며, 주민 스스로가 지역의 미래를 만들어가는 구조를 제시하는 데 주력해야 한다. 이는 민주적 거버넌스와 지역사회 회복력, 그리고 조직의 지속 가능성을 동시에 확보하는 통합적 방향으로 이어질 것이다.

3. 지속가능한 NPO 운영을 위한 전략

비영리조직이 지속가능성을 확보하기 위해서는 단순히 생존을 위한 운영 방식에서 벗어나, 장기적인 사회적 임팩트를 중심으로 한 전략적 경영이 필요하다. 오늘날의 NPO는 점점 복잡해지는 사회 문제와 불확실한 재정환경 속에서, 지속가능성과 관련된 전략을 구조적으로 내재화해야 한다.

NPO의 지속가능성은 보통 재정적 안정성, 프로그램의 연속성, 조직 역량, 외부와의 신뢰 관계 등 여러 요소로 구성된다. 이 가운데 핵심은 조직의 사명(Mission)과 전략의 정렬을 유지하는 것이다. 사명 중심 운영이란, 단기적인 성과와 외부 자극에 휘둘리지 않고, 조직이 존재하는 이유와 사회적 가치를 중심으로 의사결정을 내리는 방식이다. 이는 일관된 정체성을 유지하며, 후원자나 이해관계자와의 신뢰를 지속시키는 데 큰 역할을 한다.

재정 확보 전략도 매우 중요한 축이다. NPO는 안정적인 운영을 위해 정부보조금, 민간기부, 기업협력, 자체 수익사업 등 다양한 경로를 통한 다원적 자원조달 포트폴리오를 구성해야 한다. 특히 최근에는 후원 의존형 모델을 넘어서 사회적 기업 형태의 사업 확장, 공공재 위탁운영, 지역 기반 협동모델 등을 통해 재정 다변화를 추구하는 NPO가 증가하고 있다. 이러한 구조는 경제적 충격이나 제도 변화에 대한 회복력을 높이며, 조직의 전략적 자율성을 확보하는 데도 효과적이다.

이와 함께 정책 연계와 공공 협력 전략도 지속가능성을 위한 중요한 조건이다. 예를 들어, 지역사회보장협의체, 지방정부의 복지플랫폼, 커뮤니티케어 정책 등과 연계하여 공동사업을 추진하면 조직의 정책 영향력을 넓힐 수 있다. 단순한 수혜기관이 아닌, 지역문제 해결의 주체로 인정받기 위해서는 기획단계부터 공공과 협력 구조를 만드는 것이 필요하다. 특히 최근에는 민관협치 모델을 통한 공동예산 편성, 의제 공유 워크숍, 커뮤니티 기반 연구 등이 활성화되면서 NPO가 참여할 수 있는 구조가 다양해지고 있다.

조직 내부 역량 강화도 지속가능성을 위한 전략에서 빠질 수 없다. 여기에는 리더십 개발, 팀워크 증진, 재무 및 회계 투명성, 성과관리 시스템의 구축 등이 포함된다. 특히 내부 직원의 역량은 단기 사업성과뿐 아니라 조직의 혁신과 문화 형성에 직접적인 영향을 미친다. 따라서 교육훈련, 멘토링 시스템, 정기적 평가 피드백 등은 체계적으로 운영되어야 한다.

이러한 조직 내부와 외부 전략을 통합적으로 관리하기 위해 최근에는 지속가능성 진단도구나 지표 시스템을 활용하는 사례도 많아지고 있다. 대표적으로 'Sustainability Assessment Tool', 'Balanced Scorecard', 'NPO 성과카드' 등은 조직의 현재 위치와 개선 방향을 객관적으로 점검할 수 있는 도구다. 이들 도구는 단순한 재정상태 평가를 넘어, 파트너십, 이해관계자 신뢰도, 프로그램 지속성, 커뮤니케이션 전략 등 비정량적 요소까지 포함해 NPO의 지속가능성을 다차원적으로 진단한다.

이러한 전략은 결국 미션과 가치 중심의 경영이 지속가능성의 핵심이라는 점을 시사한다. 비영리조직은 사업의 성과보다 더 근본적으로, 사회적 가치 실현과 공동체의 변화에 중심을 두고 운영되어야 한다. 그러한 방향성 속에서 자원, 조직, 네트워크, 제도와의 관계를 전략적으로 조정해 나갈 때, 외부 환경의 변화에도 흔들리지 않는 지속가능한 NPO 운영이 가능해질 것이다.

4. 커뮤니티 참여 방식과 실행 전략

지속가능한 NPO 운영은 단순히 프로그램의 성과나 재정의 안정성만으로 결정되지 않는다. 조직이 지역사회와 얼마나 긴밀하게 연결되어 있으며, 주민들의 참여를 어떻게 이끌어내고 지속시켜 나가는지가 결정적인 요소가 된다. 따라서 커뮤니티 참여 방식은 NPO 경영 전략의 중심에 있어야 하며, 주민을 수혜자의 위치에만 머물게 하는 것이 아니라, 의사결정과 실행, 평가의 주체로 전환시키는 구조가 필요하다.

커뮤니티 참여의 방식은 단선적인 정보 전달에서부터 공동계획, 공동집행, 주민주도까지 다양한 수준으로 나뉜다. 이에 따라 NPO는 조직의 목적과 지역의 상황에 맞추어 적절한 참여 전략을 설계해야 한다. 참여 방식의 첫걸음은 '정보 공유'이며, 이는 단순한 공지나 설명회를 넘어서, 주민들이 사업의 내용과 목적을 정확히 이해할 수 있도록 하는 쌍방향 구조여야 한다. 이후 '의견 수렴' 단계에서는 지역주민의 필요, 아이디어, 불만을 경청하고 이를 정리하여 사업계획에 반영한다.

보다 발전된 참여 방식은 주민들이 직접 사업을 공동 기획하고, 운영과 평가에도 참여하는 '참여형 설계(Participatory Design)'이다. 이러한 방식은 특히 사회복지, 교육, 마을재생, 지역문화 분야에서 효과적으로 적용되고 있다. 예를 들어 마을공동체 사업에서는 주민이 직접 의제를 설정하고, 그에 맞는 사업 모델을 구상하며, 결과에 대한 책임까지 공유하는 구조를 통해 자율성과 소속감을 동시에 확보하게 된다.

커뮤니티 참여를 효과적으로 이끌어내기 위해서는 리더십 개발이 필수적이다. 지역 내에서 신뢰받는 리더를 발굴하고, 그들이 공동체의 변화 과정을 이끌 수 있도록 역량을 키우는 것이 중요하다. 이러한 리더십은 공식적인 직함을 가진 사람에 한정되지 않고, 지역 내 영향력을 가진 생활권 리더, 자원봉사자, 소모임 운영자 등 다양한 층에서 나올 수 있다. NPO는 이들의 활동을 지지하고, 네트워크를 형성할 수 있도록 조직적으로 지원해야 한다. 예컨대 '커뮤니티 리더십 스쿨', '주민 리더 워크숍', '리더 간 교차 멘토링' 등이 효과적인 전략으로 활용될 수 있다.

또한 다양한 참여 주체 간 협력체계를 설계하는 것도 중요하다. 주민뿐 아니라 지자체, 지역학교, 종교기관, 소상공인, 사회적기업 등과의 네트워크를 통해 공동의 문제 해결 구조를 만드는 것이다. 이를 통해 NPO는 공동체 내 매개조직으로서의 위치를 확보하며, 각 주체 간 자원을 연계하고 갈등을 조정하며 사업의 지속가능성을 높일 수 있다.

구체적인 실행 도구로는 주민회의, 마을총회, 참여형 워크숍, 퍼실리테이션 기법, 액션리서치, 커뮤니티 맵핑등이 있다. 이 중 커뮤니티 맵핑은 지역 자산과 문제를 주민이 직접 시각적으로 표현하면서 공동의 문제 인식을 형성하는 데 효과적이다. 이러한 방법론은 단순히 참여를 유도하는 수단을 넘어서, 주민들이 지역의 변화를 주도하고 책임지는 구조를 만드는 데 기여한다.

마지막으로 커뮤니티 참여는 일회성 이벤트가 아니라, 지속적 관계 형성과 신뢰 구축의 과정으로 보아야 한다. 단기적 참여율만을 지표로 삼는 것이 아니라, 얼마나 많은 주민이 장기적으로 사업에 기여하며, 공동체에 소속감을 느끼고 있는지를 진단하고 관리해야 한다. 신뢰는 시간이 쌓이면서 형성되는 자산이므로, NPO는 주민과의 관계 맺기에 꾸준히 투자하고, 약속을 지키며, 성과를 공유하는 책임 있는 자세를 유지해야 한다.

결론적으로 커뮤니티 참여는 전략이자 철학이며, 지속가능한 조직 운영의 기반이 된다. NPO는 지역의 파트너로서, 주민과 함께 설계하고 실천하며 변화의 주체로 성장할 수 있는 구조를 만드는 데 집중해야 한다. 그 과정에서 얻어지는 신뢰와 연대는 단순한 성과를 넘어, 진정한 사회혁신의 자양분이 된다.

5. 지역사회 기반 지속가능 사례 분석

커뮤니티 참여를 기반으로 한 NPO의 지속가능한 발전 전략은 추상적인 개념이 아니라, 이미 국내외 다양한 사례를 통해 실질적으로 구현되고 있다. 이러한 사례들은 지역 내 다양한 이해관계자들과의 협력, 주민 주도의 의사결정 구조, 자원의 통합적 활용을 통해 커뮤니티의 문제를 해결하고 지속가능한 변화를 이끌어낸 대표적 모델이다. 본 절에서는 국내외 주요 사례를 중심으로 그 구조와 성과를 분석하고자 한다.

1) 국내 사례: 마을학교 공동체 모델

한국에서 커뮤니티 참여 기반의 대표적인 지속가능 사례는 '마을학교 공동체'이다. 이는 교육 주체로서의 학교, 돌봄과 생활의 주체로서의 주민, 그리고 이를 지원하는 NPO, 지자체가 협력하여 교육 불평등 해소와 지역공동체 회복을 목표로 실행한 모델이다. 예를 들어, 경기도 교육청이 주도한 '혁신교육지구 사업'은 학교와 지역사회의 연계를 강화하고, 다양한 지역 교육 주체가 함께 참여하는 플랫폼으로 자리 잡았다.

이 모델은 학부모와 교사, 청소년, 지역 주민 등이 함께 마을교육과정을 공동 설계하고, 지역자원을 수업과 활동에 통합함으로써 지역 중심의 교육생태계를 조성했다. 돌봄과 교육의 공공성을 강화하면서도 주민들의 자발적 참여를 끌어낸 점에서 공동체 기반의 혁신적 접근으로 평가된다. 또한 해당 사례에서는 주민자치회,

마을협의체, 지역 NPO가 운영의 중심에 서서 교육 외에도 마을 축제, 주민 워크숍, 공동체 돌봄 프로젝트 등으로 확장되어 커뮤니티 전반에 긍정적 변화를 유도하였다(경기도교육청, 2022).

이러한 방식은 NPO가 단순히 서비스 공급자에 머무르지 않고, 공공부문과 주민 사이의 협력 매개체로서 역할을 수행하며 지역사회 기반의 지속가능한 발전에 실질적인 기여를 할 수 있다는 것을 보여준다.

2) 국외 사례: Harlem Children's Zone(미국)

국외에서 가장 대표적인 커뮤니티 기반 지속가능 사례는 미국 뉴욕시 할렘 지역에서 시작된 Harlem Children's Zone(HCZ)이다. 이 프로그램은 빈곤 지역 아동을 위한 포괄적이고 장기적인 지원을 제공함으로써 지역 전체의 사회경제적 구조를 변화시키고자 하는 시도였다.

HCZ는 단순히 아동 대상 교육프로그램에 그치지 않고, 산전관리, 유아기 교육, 청소년 멘토링, 부모 교육, 건강 지원, 사회복지 서비스 등을 통합적으로 연계한 시스템을 구축하였다. 이 과정에서 NPO는 프로그램의 직접 운영자이자 지역 내 공공기관, 학교, 병원과의 협력 조정자 역할을 동시에 수행하였다. 특히 HCZ의 가장 큰 강점은 "지속적 개입(continuous intervention)"과 "지역 전체를 하나의 통합된 커뮤니티로 바라보는 시각"이었다.

이 모델은 뉴욕시 내 범죄율 감소, 대학 진학률 상승, 지역주민의 사회참여 증가 등의 가시적 성과를 낳았으며, 이후 미국 내 다른 도시와 캐나다, 영국 등지에서도 유사 모델이 확산되는 계기가 되었다. 오바마 대통령은 HCZ를 미국의 지역사회개발 전략의 모범사례로 언급하며, 연방정부 차원의 지원정책으로 확대한 바 있다

(Canada, 2010; Tough, 2008).

3) 비교와 시사점

이 두 사례는 공통적으로 다음과 같은 특징을 지닌다. 첫째, 지역의 다수 이해관계자(학교, 주민, 지자체, 민간단체)가 수평적 협력 구조를 형성하고 있다는 점이다. 둘째, 참여 주체의 의견이 단순히 수렴되는 것을 넘어 기획과 운영에 실질적으로 반영된다는 점이다. 셋째, 단기적 사업에 그치지 않고, 장기적인 지역사회 변화와 지속가능성 확보를 목표로 하고 있다는 점이다.

특히, NPO는 이들 구조에서 단순한 주체가 아니라, 중간지원조직(mediator) 혹은 통합관리자(coordinator)로 기능하면서, 공공-민간-주민 간의 다리 역할을 수행한다. 이를 통해 NPO는 단일 사업이 아닌 지역사회 생태계 전반을 변화시키는 파트너로서 자리매김하게 된다.

이러한 모델은 우리나라의 지역사회 중심 복지나 교육 사업이 단순한 위탁 운영의 틀을 넘어서, 참여 기반의 구조 설계와 실행, 평가 전 과정에서 주민의 역할을 강화하는 방향으로 전환되어야 함을 시사한다. 동시에, NPO는 이러한 변화의 설계자이자 촉진자로서의 전문성과 중장기 전략을 갖춰야 함을 보여준다.

6. 기술 기반 커뮤니티 참여와 디지털 전략

디지털 기술의 발전은 비영리조직의 커뮤니케이션 방식뿐 아니라, 커뮤니티 참여 구조 자체를 혁신적으로 변화시키고 있다. 전통적으로 커뮤니티 참여는 지역 주민들과의 대면 접촉, 마을 회의, 주민 워크숍 등의 오프라인 기반을 중심으로 이루어졌으나, 오늘날에는 정보통신기술(ICT)의 도입을 통해 비대면 · 온라인 기반의 새로운 참여 방식이 빠르게 확산되고 있다.

특히 코로나19 팬데믹을 계기로 대면 중심의 사업 운영에 제약이 발생하면서, 많은 NPO들이 줌(Zoom), 구글미트(Google Meet), 패들렛(Padlet) 등 다양한 온라인 플랫폼을 활용해 주민 간의 연결을 유지하고, 프로그램을 원활히 운영할 수 있는 대안을 마련하였다. 이 과정에서 디지털 기술은 단순한 도구를 넘어서, 커뮤니티 참여의 공간을 확장하고 시간의 제약을 줄이는 핵심 수단으로 자리잡게 되었다.

또한 디지털 커뮤니케이션은 기존에는 접근이 어려웠던 집단에게도 참여 기회를 제공한다는 점에서 참여의 평등성과 접근성 확대에 기여한다. 예를 들어, 청각장애인을 위한 실시간 자막 시스템, 고령자를 위한 음성 안내 기술, 이주민을 위한 다국어 번역 툴 등은 소외계층의 정보 접근권을 보장하는 중요한 수단이 되고 있다. 이는 NPO가 실질적인 포용성과 형평성을 실현하는 데 필수적인 전략임을 시사한다.

NPO가 디지털 기술을 활용하여 커뮤니티 참여를 촉진하기 위해서는 단순히 기술을 사용하는 것을 넘어서, 디지털 리터러시 교육과 디지털 격차 해소 전략도 함께 추진해야 한다. 특히 고령층, 저소득층, 정보소외계층을 대상으로 하는 디지털 역량 강화 교육은 이들이 자발적으로 커뮤니티 활동에 참여할 수 있는 기초를 형성한다. 실제로 많은 지역복지관, 주민자치센터, 시민단체에서는 스마트폰 사용법, 온라인 회의 참여법, 소셜미디어 활용법 등을 교육하는 프로그램을 운영 중이다.

디지털 전략은 단지 커뮤니케이션 차원에서 그치지 않는다. 데이터 기반의 커뮤니티 분석과 의사결정에도 디지털 기술이 적극 활용되고 있다. 예를 들어, 서울시의 '열린데이터광장'이나 통계청의 마이크로데이터 서비스는 지역의 인구 변화, 소득 수준, 주거 환경 등의 통계를 시각화하고, 이를 지역사회 문제 해결을 위한 기초자료로 제공한다. NPO는 이러한 공공데이터뿐 아니라, 자체적으로 실시한 설문조사, 인터뷰, 참여자 기록 등 다양한 자료를 체계화하여, 보다 정확한 지역분석과 프로그램 기획이 가능하도록 해야 한다.

또한 최근에는 임팩트 측정 및 시각화 도구를 활용하여 사업성과를 커뮤니티와 공유하고, 참여자와의 신뢰를 강화하려는 시도도 활발히 이루어지고 있다. 대표적으로는 Power BI[1)], Tableau[2)], KoBo Toolbox[3)]와 같은 시각화 툴을 활용하여 이해하기 쉬운 차트나 대시보드를 제작하고, 사업 성과를 웹페이지나 뉴스레터를 통해 투명하게 공개하는 방식이다.

디지털 기술을 통한 커뮤니티 참여는 기술 자체보다 어떻게 활용하고 조직문화로 내재화하는가가 더욱 중요하다. 기술은 언제나 도구일 뿐이며, 이를 통해 실현하고자 하는 것은 참여의 확장과 자율성의 회복이어야 한다. 특히 조직의 디지털 전략은 사명과 부합해야 하며, 기술의 편의성에만 의존하지 않고 신뢰와 인간 중심

1) Power BI는 Microsoft에서 개발한 비즈니스 인텔리전스(BI) 플랫폼으로, 데이터를 시각화하고 분석하여 의사결정에 활용할 수 있도록 도와주는 도구이다. 쉽게 말해, 복잡한 데이터를 그래프나 표 등으로 보기 좋게 만들어서, 누구나 쉽게 이해하고 활용할 수 있도록 해주는 프로그램이다.

2) Tableau는 데이터를 시각적으로 분석하고 표현하는 데 사용되는 소프트웨어 도구이다. 다양한 데이터 소스에 연결하여 데이터를 이해하기 쉬운 차트, 그래프, 대시보드 형태로 만들 수 있도록 지원한다. Tableau는 비영리단체부터 글로벌 기업까지 폭넓게 사용되고 있으며, 특히 비즈니스 인텔리전스(BI) 분야에서 널리 활용된다

3) KoBoToolbox는 인도주의적 지원, 개발, 환경 보호, 평화 구축 및 인권 분야에서 데이터를 수집, 분석 및 관리하는 데 사용되는 오픈 소스 도구 모음이다. 코보 툴박스(KoboToolbox)는 특히 열악한 환경에서 현장 데이터 수집에 중점을 두고 있으며, 설문지 설계, 오프라인 데이터 수집, 프로젝트 관리 도구 및 높은 보안 기준을 제공한다. 코보 툴박스(KoboToolbox)는 전 세계적으로 연구 및 사회적 이익을 위해 사용되며, 실무자를 위한 실무자에 의해 개발되었다

의 접근을 병행하는 균형이 필요하다.

요컨대, 디지털 전략은 NPO의 지속가능성과 커뮤니티 연결성을 동시에 강화할 수 있는 강력한 도구이다. 하지만 그 성과는 기술의 수준보다 조직의 철학, 리더십, 주민과의 관계 속에서 결정된다. 따라서 NPO는 디지털 전환을 '기술적 혁신'이 아니라, '참여와 연결을 위한 문화적 혁신'으로 받아들이고 이를 조직 내에서 실천해 나가야 한다.

7. 위기 대응과 커뮤니티 회복탄력성

비영리조직의 지속가능성을 논할 때, 외부 충격에 대한 회복력과 대응 능력은 핵심적인 요소 중 하나로 꼽힌다. 특히 기후위기, 감염병, 경제 불황, 사회 갈등과 같은 복합적 위기가 반복되는 오늘날, 지역사회 단위의 회복탄력성(resilience)[4]은 공동체의 생존과 재생산, 그리고 나아가 변화의 동력이 되기도 한다.

회복탄력성이란 외부의 위협이나 충격에 직면했을 때, 공동체가 이를 흡수하고 회복하며, 더 나아가 이전보다 더 나은 상태로 전환하는 능력을 의미한다. 이는 단순히 복구하는 것이 아니라, 위기를 통해 공동체가 성찰하고 변화의 기회를 마련할 수 있는 가능성을 포함한다. NPO는 이러한 회복탄력성의 핵심 촉진자로서 역할을 수행할 수 있다.

4) 회복탄력성을 뜻하는 영어 단어 resilience는 라틴어 'resilire'에서 유래되었으며, 이는 '다시 튀어 오르다'라는 뜻을 가지고 있다.

코로나19 팬데믹은 지역사회와 NPO가 회복탄력성을 어떻게 발휘할 수 있는지를 실질적으로 보여준 대표적 사례다. 대면 서비스의 전면 중단, 사회적 거리두기로 인한 고립, 복지 사각지대의 확대 등은 기존 공공 시스템만으로는 대응하기 어려운 수준이었다. 이 상황에서 많은 NPO들은 재빠르게 비대면 돌봄 시스템, 긴급 식사 지원, 온라인 상담, 방역 봉사단 운영 등을 통해 현장성, 유연성, 민감성을 갖춘 대응체계를 가동하였다. 이러한 경험은 NPO가 공공과 민간, 주민 간을 연결하는 사회적 회로망으로서 기능함을 입증하였다.

회복탄력성은 커뮤니티의 물리적 기반뿐 아니라, 사회적 관계망과 공동체 자원, 그리고 주민 간의 신뢰와 협력에 기반한다. 로버트 퍼트남(Robert Putnam)[5]은 사회자본(social capital)이 위기 상황에서 공동체의 회복에 결정적인 영향을 미친다고 보았으며, 공동의 규범과 신뢰, 상호 협력이 높은 커뮤니티는 보다 빠르고 효과적인 대응이 가능하다고 주장했다. 이는 재난 시 자원봉사와 기부가 집중되는 구조, 비공식 네트워크를 통한 신속한 정보 전달, 자조적 복구 활동 등에서 잘 나타난다.

해외에서도 회복탄력성을 기반으로 한 커뮤니티 중심 대응 모델이 다양하게 실천되고 있다. 예를 들어, 일본 고베시의 '지진 이후 시민조직 연합체'는 1995년 한신 대지진 이후 시민사회가 자발적으로 형성한 네트워크로, 피해 주민 지원, 임시주택 운영, 정신건강 상담 등 다양한 복구 활동을 진행하였다. 이들은 공식 행정 체계를 보완하며, 공동체 중심의 복구 과정이 갖는 사회적 의미와 효과를 보여주는 사례로 주목받았다(Yamamoto, 2019).

국내에서는 2020년 이후 코로나19 대응 과정에서 지역 복지관과 주민조직이 협력하여 긴급 복지 대응 TF, 소규모 방역 활동, 취약 계층 발굴 캠페인, 안부전화 활

5) 로버트 퍼트넘(Robert Putnam)은 사회자본(social capital) 개념을 널리 알린 학자이다. 그는 사회적 자본을 "신뢰, 규범, 네트워크 등 사회 조직의 특성으로, 개인 간의 협력을 용이하게 하여 사회적 자본에 기여한다"고 정의했다. 퍼트넘은 특히 그의 저서 "Bowling Alone"에서 미국 사회의 시민 참여 감소와 사회적 자본의 쇠퇴를 분석하여 사회적 자본의 중요성을 강조했다.

동등을 추진한 바 있으며, 이는 지역 커뮤니티 내부에서 형성된 신뢰와 협력 기반이 있기에 가능했던 대응이었다.

NPO가 회복탄력성을 높이기 위해 수행할 수 있는 전략은 다음과 같다. 첫째, 비상계획 수립 및 시나리오 기반 대응 계획을 마련하고, 위기 시 조직이 어떤 단계를 통해 대응할 것인지 사전에 훈련하고 시뮬레이션하는 것이다. 둘째, 지역 자원 네트워크를 사전에 조직하여 위기 발생 시 신속하게 동원할 수 있는 기반을 구축하는 것이다. 셋째, 주민 주도의 대응조직(예: 자조모임, 지역자율방재단 등)을 육성하여 주민이 주체적으로 대응과 회복 과정에 참여할 수 있도록 하는 전략이 필요하다.

회복탄력성은 단발적인 대응이 아니라 지속적인 공동체 강화 과정의 일부이다. 따라서 NPO는 위기 상황에서의 대응 역량뿐 아니라, 일상적인 관계 맺기, 공동체 리더 양성, 주민의 정보 접근성 확대, 자조 활동 장려 등 장기적인 구조를 설계하고 실행해야 한다.

궁극적으로 회복탄력적인 커뮤니티는 단지 위기를 견디는 공동체가 아니라, 위기를 통해 스스로를 변화시키고 미래를 재설계하는 능동적 공동체이다. 비영리조직은 이러한 공동체가 형성될 수 있도록 지원하고, 동반자로서 함께 성장하는 방향으로 전략을 수립해야 할 것이다.

8. 커뮤니티 기반 임팩트 확산 전략

비영리조직의 목표는 단지 프로그램을 실행하거나 일회성 지원을 제공하는 데 그치지 않는다. 궁극적으로는 지역사회의 구조적 변화를 이끌어내고, 공동체의 역량을 증진시켜 지속가능한 발전을 실현하는 데 있다. 이러한 변화는 '임팩트(impact)'라는 개념으로 설명되며, 특히 최근에는 커뮤니티 기반 임팩트(community-based impact)라는 용어가 각광 받고 있다. 이는 NPO의 활동이 개별 수혜자에게 미치는 효과를 넘어서, 지역사회의 자립과 회복, 시스템의 변화로까지 이어지는 구조적 성과를 의미한다.

임팩트를 체계적으로 확산시키기 위해서는 NPO가 목표 설정, 파트너십, 측정 시스템의 세 가지 요소를 전략적으로 설계해야 한다. 먼저, 임팩트 중심 조직은 추상적인 미션에 머무르지 않고, 명확한 사회적 변화를 목표로 설정한다. 예를 들어 '지역 내 청년 고용률 10% 향상', '지역아동의 중도탈락률 절반 감소'와 같은 정량 · 정성 지표를 동시에 고려한 명확한 변화의 기준이 있어야 한다.

이러한 임팩트 전략은 단일 기관의 노력만으로 달성되기 어렵기 때문에, 다양한 조직 간의 집단적 연대와 협력, 즉 집단 임팩트(Collective Impact)접근이 요구된다. 집단 임팩트란 미국의 Kania와 Kramer가 제시한 개념으로, 다기관이 공유된 아젠다를 가지고 협업하며, 공동 측정 시스템, 상호 강화적 활동, 지속적인 커뮤니케이션, 중간지원조직의 존재 등을 필수 요소로 포함한다. 이 모델은 NPO가 고립된 활동이 아니라, 지역사회의 다양한 주체들과 함께 문제를 공유하고, 공동 해결을 위한 시스템을 구축하는 데 집중할 수 있도록 돕는다.

한국에서도 이러한 집단 임팩트 접근이 점차 확산되고 있다. 대표적으로 서울시

성북구의 '마을사회적경제지원센터'는 NPO, 협동조합, 주민조직, 사회적기업 등이 참여하는 지역 네트워크를 통해 지역문제 해결 프로젝트를 실행하고 있다. 예를 들어, '청년 마을일자리 플랫폼', '돌봄 커뮤니티 구축', '소상공인과 주민의 상생 캠페인' 등은 임팩트 확산을 위한 협업 모델로 작동하며, 정량적 성과뿐 아니라 지역 주민의 소속감과 연대의식도 함께 강화되었다(노상우, 2022).

또한 커뮤니티 기반 임팩트 확산을 위해서는 성과의 공유와 피드백 구조가 필수적이다. NPO는 사업성과를 단순한 내부 보고서에 그치지 않고, 주민, 후원자, 파트너 기관과 공개적으로 공유함으로써 사회적 책임을 실현하고, 조직의 투명성을 강화해야 한다. 이를 위해 데이터 시각화 도구(Power BI, Tableau), 커뮤니티 미팅, 주민총회, 임팩트 리포트 발행 등을 활용할 수 있다.

아울러, 지역 내에서 임팩트를 지속적이고 체계적으로 확산시키기 위해서는 중간지원조직(intermediary organization)의 역할이 중요하다. 이들은 다수의 실행기관, 주민 조직, 정부기관, 후원자 간의 이해관계를 조율하고, 자원을 배분하며, 공동의 방향을 설정하는 역할을 수행한다. 중간지원조직은 단순한 전달자가 아니라, 지역의 임팩트를 설계하고 조정하는 전문기관으로 자리매김해야 한다.

임팩트 확산 전략의 핵심은 공동체가 스스로 변화의 주체가 되어가도록 촉진하는 구조를 마련하는 것이다. 임팩트는 외부의 지원에 의해 일시적으로 생기는 것이 아니라, 주민과 조직이 지속적으로 상호작용하고, 변화의 결과를 공유하며, 그 경험을 통해 다시 공동체가 성장할 수 있을 때 진정으로 확산된다.

결국 NPO의 사회적 임팩트는 독립적으로 달성되는 것이 아니라, 지역사회 전체가 변화하는 생태계를 조성하는 집단적 노력의 결과로서 나타난다. 따라서 비영리조직은 임팩트 중심 사고를 조직의 운영 전반에 내재화하고, 커뮤니티와 함께 성장해 나가는 전략적 동반자로서의 역할을 적극 수행해야 한다.

9. 로컬 혁신 생태계 구축

지속가능성과 커뮤니티 참여를 실현하기 위한 전략은 더 이상 개별 조직의 단편적인 노력으로만 가능하지 않다. 지역 단위에서 다수의 조직, 기관, 시민이 함께 협력하고 상호작용하는 로컬 혁신 생태계(local innovation ecosystem)를 구축해야만 지속적이고 구조적인 사회 변화가 가능하다. 이러한 생태계는 다양한 주체들이 협력하여 공공 문제를 해결하고, 지역의 자원을 순환시키며, 혁신을 창출할 수 있는 지역 기반의 협력 구조를 의미한다.

로컬 혁신 생태계는 단순한 네트워크를 넘어, 역할 분담과 자원 공유, 공동 비전 수립, 장기적 신뢰 구축이라는 복합적 관계를 전제로 한다. 이 생태계의 핵심은 중앙정부나 외부 기관 주도가 아닌, 지역 내부의 주체들이 스스로 변화를 주도하는 자율성과 상호의존성의 조화이다. 비영리조직은 이 과정에서 실행기관, 매개기관, 중간지원기관 등 다양한 형태로 역할을 수행할 수 있으며, 이들이 생태계의 중심축으로 기능하게 된다.

대표적인 로컬 혁신 생태계 사례로는 서울 성동구의 사회적경제지원센터가 있다. 이 센터는 지역 NPO, 사회적기업, 마을기업, 소상공인단체, 주민조직들과 협력하여, 청년 창업, 공유경제, 도시재생, 돌봄 연계 등 다양한 분야의 실험적 프로젝트를 지원하고 있다. 또한 센터는 단순한 사업지원기관이 아니라, 지역 내 네트워크를 조정하고, 파트너 간 갈등을 중재하며, 데이터를 분석하고, 전략을 수립하는 중간지원 조직의 본보기 역할을 수행하고 있다(김정우, 2020).

로컬 생태계를 성공적으로 운영하기 위해서는 세 가지 핵심 요소가 요구된다. 첫째는 공통의 목적과 비전 공유이다. 지역사회 구성원들이 다양한 이해관계를 가질 수 있지만, 궁극적으로 공유하는 사회적 가치나 지역 발전의 방향성에 대해 합의할 수 있어야 한다. 이를 위해 커뮤니티 총회, 시민협의회, 지역거버넌스 포럼 등의 구조적 장치를 마련하고 운영해야 한다.

둘째는 지속 가능한 협력 인프라의 구축이다. 이는 단순히 물리적 공간이나 재정적 지원만이 아니라, 파트너십을 유지하고 협력의 가치를 공유할 수 있는 운영 시스템을 의미한다. 예컨대 협력 조직 간의 정기적 회의체, 공동 데이터베이스, 성과 공유 플랫폼, 공동 자원조성 펀드 등이 이러한 협력 인프라에 해당된다.

셋째는 제도화된 거버넌스 체계이다. 자발적인 네트워크만으로는 안정적인 협력 구조를 유지하기 어렵기 때문에, 조례나 법제도, 협약서 등을 통해 공동사업의 구조와 역할을 명확히 하고, 책임과 권한을 분배하는 제도적 장치가 병행되어야 한다. 특히 지자체와 민간 조직이 대등한 파트너로서 협력할 수 있도록 제도적 기반을 마련하는 것이 중요하다.

NPO는 로컬 생태계 안에서 단순한 '참여자'가 아니라, 변화의조정자(coordinator), 촉진자(facilitator), 설계자(designer)로서의 역할을 적극 수행해야 한다. 이러한 역할을 위해서는 조직 내부의 전략 기획력, 커뮤니케이션 역량, 리더십의 비전, 그리고 이해관계자 관리 능력이 뒷받침되어야 한다.

결과적으로 로컬 혁신 생태계는 지역사회가 스스로 변화를 설계하고 실현하는 구조적 기반이며, NPO는 이 생태계 속에서 공공의 가치를 실현하고, 커뮤니티의 역량을 확장시키는 전략적 주체로서 자리매김해야 한다. 지역의 혁신은 더 이상 일방적 개입의 결과가 아니라, 공동체 내부의 집단적 설계와 실천의 과정임을 인식할 필요가 있다.

10. 지속가능성과 커뮤니티 참여의 통합적 방향

비영리조직이 직면한 현실은 점점 더 복잡하고 역동적이다. 재정의 불안정, 사회문제의 다양화, 행정적 규제, 기술 변화, 주민 요구의 다변화 등은 지속가능한 조직 운영과 효과적인 사회적 임팩트 창출을 동시에 추구하기 위한 복합적 전략을 요구한다. 이러한 맥락에서 지속가능성과 커뮤니티 참여는 별개의 요소가 아니라, 상호의존적이고 통합적으로 설계되어야 할 핵심 전략이다.

우선 지속가능성은 단지 생존을 위한 재정 안정이나 조직 유지에 머물러서는 안 된다. 진정한 지속가능성이란 조직의 핵심가치와 사명이 흔들림 없이 유지되며, 변화하는 외부 환경 속에서도 유연하게 대응할 수 있는 조직문화와 구조, 지역사회와의 신뢰 기반을 포함한다. 이는 조직의 내적 체계와 외적 관계가 긴밀히 연결될 때 가능해지며, 그 접점에 바로 커뮤니티 참여가 존재한다.

커뮤니티 참여는 단순한 프로그램 운영 방식의 하나가 아니라, 조직의 철학과 정체성, 그리고 전략적 접근 전반에 반영되어야 한다. 주민이 단순한 수혜자가 아닌, 기획자이자 실행자, 평가자, 그리고 공동의 변화 주체로 기능할 수 있도록 구조화하는 것이 핵심이다. 이를 위해서는 조직 내부에 참여 중심의 리더십, 개방적 의사결정 구조, 신뢰 기반의 커뮤니케이션 체계가 정착되어야 한다.

지속가능성과 커뮤니티 참여를 통합적으로 실현하기 위해서는 다음과 같은 전략이 요구된다.

첫째, 미션 중심 경영의 강화이다. 모든 사업과 의사결정이 조직의 사명과 연결되어야 하며, 그 사명은 지역사회 구성원과 함께 재정의되고, 실행되어야 한다. 즉, 미션이 외부로부터의 위탁이나 자원에 따라 흔들리지 않도록 정체성을 재확립하고,

이를 바탕으로 장기적인 전략을 수립해야 한다.

둘째, 참여형 거버넌스의 제도화이다. 조직 내부의 운영만이 아니라, 외부와의 협력 구조 역시 민주적이고 수평적인 참여 기반 위에 설계되어야 한다. 주민총회, 주민 자문단, 이해관계자 위원회, 시민평가단 등 다양한 구조를 통해 커뮤니티가 조직 운영의 실질적 파트너로 기능하도록 해야 한다.

셋째, 다부문 협력 기반 생태계 조성이다. 지속가능성과 참여는 한 조직만으로 이루어질 수 없다. 따라서 공공기관, 민간 기업, 교육기관, 시민사회단체, 주민조직 등 다양한 주체와의 협업을 기반으로 한 지역 단위의 혁신 생태계를 구축해야 하며, NPO는 그 중심에서 설계자와 조정자 역할을 수행할 수 있어야 한다.

넷째, 임팩트 중심 조직 운영 체계 정착이다. 단기 실적이 아니라 중장기적인 사회 변화에 초점을 두고, 이를 측정 · 공유 · 피드백하는 체계를 갖춰야 한다. 이를 통해 조직은 자신의 존재 이유를 명확히 하고, 다양한 이해관계자에게 정당성과 신뢰를 제공할 수 있다.

다섯째, 디지털 역량과 문화의 내재화이다. 기술은 단지 사업을 보완하는 수단이 아니라, 주민의 참여를 확대하고, 조직 운영을 투명하게 만들며, 데이터 기반의 의사결정을 가능케 하는 핵심 도구이다. 이에 따라 디지털 접근성 향상, 데이터 기반 전략 수립, 온라인 참여 플랫폼 운영 등은 모두 지속가능성과 참여의 질을 높이는 데 기여한다.

결론적으로, 지속가능성과 커뮤니티 참여는 NPO의 '양 날개'와 같다. 하나만으로는 비행이 불가능하며, 두 요소가 서로를 강화하고 균형 있게 작동할 때 비로소 조직은 변화의 중심에 설 수 있다. 이 두 가지 전략은 단기적인 기술이 아니라, NPO의 본질을 반영한 조직 철학으로 통합되어야 하며, 그 기반 위에서만 진정한 사회혁신이 가능해질 것이다.

CHAPTER 07

프로젝트 결과의 사회적 영향측정

Chapter 07

프로젝트 결과의 사회적 영향측정

프로젝트 가치평가를 신뢰성 있게 하려면 프로젝트 투자 때문에 발생하는 효과들을 정확하게 파악해야 한다. 재무적 성과지표와 비재무적 성과지표를 모두 고려하는 성과지표 중심의 프로젝트 평가방법이 보편화 되고 있으나 프로젝트의 가치평가를 계량적이고 객관적으로 측정할 평가방법을 개발하는 것은 매우 중요하다. 전통적인 프로젝트 평가에서는 고려하지 않았던 불확실성을 확률 분포로 고려하는 평가방법의 개발이 요구되고 있다. 성과지표 간의 상호관계를 고려하여 프로젝트 투자에 의한 개별 성과지표의 개선을 정량적으로 평가하는 방법론에 관한 연구도 매우 필요하다고 하겠다.

1. 프로젝트의 계획 및 수행

프로젝트의 전체 목표와 목적, 특정 작업 및 결과물을 간략하게 설명하는 공식적인 문서가 프로젝트 계획이다. 프로젝트의 목적을 설정하고 프로젝트와 관련된 자료와 결과물을 포함해야 한다. 주요 마일스톤(milestone)에 대한 타임라인 및 간트 차트(Gantt chart), 커뮤니케이션(communication)계획, WBS(작업 세분화 구조. Work Breakdown Structure) 특히 여러 팀 구성원이 서로 다른 작업 중이거나 동시에 작업을 수행하는 경우 프로젝트 플래너가 필요할 수도 있다. 프로젝트 관리 도구, 예산, 프리랜서 등과 같은 자원이 필요하다.

1) 프로젝트 개요

프로젝트 개요는 계획서의 시작 부분에 위치하나, 프로젝트 계획의 나머지 부분에서 요점을 계속해서 끌어냄으로 요약은 마지막에 작성하게 된다. 프로젝트 계획서의 시작 부분에서 프로젝트의 핵심 사항을 요약해야 한다. 프로젝트 계획의 주요 요점을 강조하며 그 목적을 명시하고, 프로젝트의 결과와 결론 및 권장 사항을 설명해야 한다.

아래와 같은 개요를 간략하게 제공할 수 있다.

(1) 프로젝트 목적과 목표

(2) 프로젝트 일정과 위험에 대한 개요

(3) 위험과 대책

(4) 마일스톤 요약

(5) 선택한 프로젝트 방법론, 구조

(6) 최종 결과물과 수락 기준 및 주요 범위

(7) 자원과 지출 추정

요약본을 사용하여 이해관계자가 프로젝트를 쉽게 이해할 수 있도록 한다. 프로젝트관리자는 주요 프로젝트 목표, 범위를 요약하고 기대치와 제한 사항을 빠르게 상기시키는 역할을 한다. 프로젝트의 목표를 달성하기 위해서 프로젝트 관리자가 정기적으로 계획을 검토하여 진행하는 것이 중요하다.

2) 프로젝트 구성

프로젝트를 안내하는 데 사용할 수 있는 몇 가지 구조가 있으며 워크플로우의 결과물이 생성 및 할당되는 방식에 영향을 미친다.

프로젝트 구조 안에 종속성이 너무 많으면 프로젝트 성공에 부정적인 영향을 미칠 수 있으므로 자율적으로 작업할 방법을 찾아야 팀이 적시에 좋은 결과물을 달성할 수 있다. 병목 현상을 방지하기 위해서는 순서를 유지하면서 필요한 결재자 수를 고려하는 것이 좋다. 팀 내 지식을 공유하는 것이 프로젝트를 보다 성공적으로 완수할 수 있는중요한 변수가 된다.

3) 프로젝트 범위

프로젝트의 범위를 정의하면 프로젝트의 날짜와 시작 및 종료 프로젝트의 결과물에 대한 기대치, 프로젝트 전체에서 요청을 승인하는 대상 항목과 승인하는 사람을 설정할 수 있다. 이러한 기대치를 충족하기 위해 잠재적 위험을 설명하고 위험을 완화하기 위한 대응책을 제공하고. 위험을 추적할 책임자를 정확히 한다.

4) 가용 자원

프로젝트에 사용할 수 있는 각종 자원을 정의한다. 자원 관리자 또는 프로젝트 관리자는 팀, 예산, 기술, 시간, 물리적 자원 등 필요한 것이 무엇인지 정확하게 정의해야 한다. 프로젝트 성공 가능성을 높이기 위해서 팀원 중에 고도로 숙련된 적합한 인력이 있으면 좋다. 프로젝트팀원의 확보도 중요하지만, 가용 인력보다 업무가 너무 많거나 적으면 효율성과 질이 저하된다. 자원을 효과적으로 할당하기 위한 현실적인 자원 제한을 가해야 기대치를 충족하기 쉽다. 직원이 부족한 경우 예산을 늘려 전문 장비를 더 많이 확보하거나 할당된 기간을 조정하여 시행할 수 있다

5) 타임라인

프로젝트 계획에 시간 프레임을 구현하면 성공할 확률이 50% 이상 더 높다.

(1) 프로젝트 계획에 프로젝트 일정 부문을 추가하는 것이 좋다.

(2) 프로젝트 일정은 선택한 구조에 따라 약간 다르게 보일 수 있다.

(3) 프로젝트 작업이 진행 중이면 팀의 수용력에 따라 달라지기도 한다.

6) 변화사항 관리

프로젝트팀이 예상치 못한 변경이 발생했을 때 변경관리 계획을 확실히 해야 혼란에 빠지지 않고 신속하게 대처할 수 있다. 변경관리의 핵심은 관련된 도구를 갖추는 것이다. 유동적인 변경관리 계획은 수행해야 할 단계와 예상하지 못한 변경사항이 발생했을 때 이것을 주도적으로 해결할 사항을 간략하게 설명한다.

2. 프로젝트의 사회적 영향

프로젝트의 사회적 영향분석은 아래와 같은 중요한 단계를 수행한다.

첫째, 주민들의 요구와 우려 사항을 파악하기 위해 주민 참여를 통해 사전 조사를 한다. 이때 인터뷰나 설문 조사 및 포커스 그룹 등을 활용한다.

둘째, 프로젝트의 사회적 영향을 측정하기 위한 지표를 개발한다. 삶의 질, 경제적 효과, 사회적 연결성, 환경적 영향 등을 포함한다.

사회적 영향분석의 결과를 해석하고 개선 방안을 도출하는 것이 중요하다. 분석 결과를 주민들과 공유하고 피드백을 받아들이는 것은 프로젝트의 투명성과 신뢰성을 높이는 데 도움이 된다. 이러한 분석 결과를 토대로 프로젝트의 사회적 영향을 정량적, 정성적으로 평가할 수 있으며, 이는 프로젝트의 성공과 지속가능성을 판단하는 데 중요한 자료가 된다.

1) 사회적 영향

사회적 영향(Social Impact)이란, 어떤 프로젝트, 정책, 활동 등이 사회에 미치는 긍정적 또는 부정적인 변화, 효과를 말한다.

이는 환경, 경제, 복지, 공동체, 문화 등 여러 측면에서 측정될 수 있다.

2) 한국 사례를 통한 사회적 영향

(1) 사회적기업 프로젝트 "우시산" 사례

울산 지역 사회적기업 '우시산'은 바다에 버려진 페플라스틱(폐그물)을 수거해 재활용 상품(가방, 열쇠고리 등)을 제작하는 프로젝트를 진행했다.

해양 쓰레기 문제 해결에 이바지하고 지역 일자리 창출(취약계층 고용)과 해양 환경보호 인식을 확산하는 효과를 보았다(한국사회적기업진흥원, 2023).

(2) 공공 프로젝트 "제로 에너지빌딩(ZEB) 확산" 사례

국토교통부와 한국에너지공단이 공동으로 추진한 건축물 에너지 절감 프로젝트로 탄소 중립 실현에 이바지하고 주거비용 절감과(냉난방비 절약) 지속가능한 도시 모델을 제시했다(국토교통부, 2022).

(3) 지역 재생 프로젝트 "성수동 수제화 거리 활성화" 사례

서울시와 주민, 기업이 협력하여 수제화 산업을 보존하고 지역경제를 살리는 프로젝트 추진하였고 지역경제 활성화와 전통 기술 보존, 청년 창업 및 일자리 창출 효과가 나타났다(서울특별시, 2021).

(4) 인천국제공항 4단계 건설사업 사회적 영향분석

인천공항 확장으로 인한 주변 지역에 미치는 사회적 영향을 분석한 결과 일자리 창출 규모 예측. 소음 피해 예상 지역 조사. 교통량 증가에 따른 혼잡도 분석, 지역경제 활성화 효과의 긍정적인 영향분석이 나타났으며 부정적인 영향분석의 대응 방안으로 방음벽을 확대 설치하고 지역 상권 지원 프로그램 운영하며 교통 인프라 확충을 제안했다(국토연구원, 2020).

3) 외국의 사례를 통한 사회적 영향

(1) 하이 라인(High Line)

뉴욕 맨해튼에 있는 하이 라인은 고가 철도를 활용하여 만들어진 공공 공원으로 사회적 영향분석을 통한 도시 재생의 성공적인 사례다. 전에는 폐쇄된 철도로 존재하던 이 공간은 사회적 문제로 인식되고 있었다. 그러나 도시 계획가와 커뮤니티 단체가 모여 사회적 영향분석하고, 이를 기반으로 하이 라인 파크를 조성하였다. 이로써 폐쇄된 공간이 공공 공원으로 변화함으로써 주변 지역의 경제적 완성 화와 주민들의 문화적 교류가 이루어지게 되었다. 도시 경관의 개선과 자연환경의 보전, 건강 증진 등 다양한 사회적 이점을 가져왔으며, 현재는 많은 사람이 찾는 관광 명소로 알려져 있다.

(2) 메데진 메트로 케이블(Medelin Metro cable)

메데진 메트로 케이블은 콜롬비아 메데진에 위치한 도시 재생 사례로, 사회적 영향 분석을 통해 도시 내 교통 문제를 해결한 사례다. 이전에는 메데진의 가파른 산지 형태로 인해 교통 체증과 이동의 어려움이 있었다. 하지만 사회적 영향분석을 통해 저소득층 주민들의 이동성과 사회적 통합을 개선하기 위해 메트로 케이블 시스템을 도입했다. 이로써 산지에 설치된 케이블카가 주민들의 이동을 원활하게 해주었고, 교통 체증 문제를 해결하였다.

도시 내 다양한 지역 간의 상호 교류와 문화적 통합이 이루어지고 저소득층 주민들의 경제적 기회가 개선되었다.

4) 사회적 영향분석이란

프로젝트나 정책이 사회에 미치는 영향을 체계적으로 예측하고 평가하는 과정을 사회적 영향 분석(SIA, Social Impact Assessment)이라 한다.

프로젝트가 경제, 사회, 문화 환경에 미치는 긍정적이고 부정적인 영향을 사전에 파악하여, 지속 가능한 방식으로 운영되도록 도와주는 절차다.

사회적 영향분석은 지역경제, 주민참여, 공동체 변화, 취약계층 등을 종합적으로 평가한다. 사회적 기업이나 기업의 사회적 책임 활동, 공공사업, 도시 재생 사업 등에서 많이 활용된다.

5) 사회적 영향분석 절차

사회적 영향분석의 방법은 국내외적으로 다음과 같은 공통 단계로 진행된다. (서울특별시 도시재생지원센터, 2023)

1단계: 사업 개요 및 범위 설정(어떤 사업인가, 영향 범위는 어디까지인가 정의)

2단계: 이해관계자 파악 및 의견 수렴(주민, 지자체, 기업 등)

3단계: 사회적 영향 예측(고용, 주거, 교통, 환경, 문화 등 분석)

4단계: 부정적 영향 최소화 및 긍정적 효과 확대 방안 설계

5단계: 사후 모니터링 계획 수립(지속적 관리 및 성과평가)

6단계: 기대효과

6) 사회적 영향분석의 중요성

(1) 갈등 예방: 주민 갈등이나 사회적 비용을 최소화하기 위해 사전분석을 한다.

(2) 지속가능성 확보: 사회적 가치를 장기적으로 극대화한다.

(3) 투명성 강화: 신뢰를 형성하기 위해 이해관계자를 참여 유도한다.

3. 프로젝트의 측정 방법

프로젝트의 성공 여부와 목표 달성에 대한 성취도를 평가하기 위해서는 프로젝트 단위의 성과 측정을 한다.

1) 프로젝트의 목표와 목표 달성 평가방법

프로젝트의 목표를 설정하고, 목표 달성을 위한 기준을 정하는 것이다. 프로젝트의 목표가 고객 만족도 향상이라면, 고객 만족도 조사를 통해 목표 달성 여부를 평가할 수 있다.

2) 프로젝트의 성과를 수치상으로 측정하는 방법

프로젝트에 대한 성과를 측정하기 위해 수치화된 자료를 수집하고 수집한 자료를 통해 성과를 측정하는 것이다. 프로젝트의 결함 발생률 감소를 수치로 측정하면 프로젝트 목표 달성을 위해 줄인 결함 발생률을 측정할 수 있다.

3) 프로젝트의 성과를 비교 분석하는 방법

기존의 상태와 프로젝트의 성과를 비교 · 분석하는 것이다. 프로젝트가 목표 달성을 위해 생산 비용을 줄인 상태라면 이전 상태와 비교하여 그 생산 비용의 감소를 분석할 수 있다.

4. 프로젝트의 평가방법

1) 프로젝트 평가와 시작의 중요성

(1) 프로젝트 평가와 시작에는 목표를 달성하기 위한 비전과 목표 전략이 있다.

가. 프로젝트가 계획한 전략이 효과가 있는지 어떻게 알 수 있을까?
나. 프로젝트의 영향과 진행 상황은 어떻게 측정할까?
다. 프로젝트의 약점과 강점은 어떻게 식별할까?
라. 프로젝트를 개선하기 위해서 정보에 입각한 결정을 내릴까?

(2) 프로젝트의 평가는 설계와 구현 그리고 그 결과에 대한 체계적이고 객관적인 평가라고 할 수 있으며 목적을 수행하는 데 큰 도움이 된다.

가. 프로젝트의 효율성, 관련성 및 지속가능성을 검증한다.
나. 프로젝트의 성공과 실패에서 배우고 그 교훈을 다음 프로젝트에 적용한다.
다. 프로젝트의 결과를 기록하고 자원이나 활동을 이해관계자에게 전달한다.

라. 프로젝트의 품질과 영향력을 향상을 위해 과제, 기회, 격차를 파악한다.

2) 프로젝트의 수행단계

프로젝트 평가는 프로젝트 수명주기에 통합되어야 하는 지속적인 프로세스다.

(1) 프로젝트 구현 중 프로젝트의 진행 상황과 성과를 지켜보고 조정한다.
(2) 프로젝트의 기준선과 예상 결과를 설정하고 시작한다
(3) 프로젝트의 결과와 영향을 측정하여 기준선 및 기대치와 비교한다.

3) 프로젝트 평가 유형과 방법

프로젝트 평가 방식은 일률적인 접근 방식이 아니라 각 프로젝트의 요구사항과 목표에 맞게 조정되어야 하고 상황에 맞게 유연하게 접근하는 방식이다.

(1) 정성적 평가

기술 데이터(data)와 내러티브(narrative) 분석을 사용하여 프로젝트 경험과 인식을 이해한다.

(2) 정량적 평가

수치 데이터와 통계 분석을 사용하여 프로젝트 결과를 측정한다.

(3) 형성평가

프로젝트의 프로세스와 품질에 초점을 맞추고 개선을 위한 피드백을 제공한다.

(4) 총괄평가

프로젝트의 결과와 영향에 초점을 맞추고 책임에 대한 증거를 제공한다.

4) 프로젝트의 평가원칙

프로젝트 평가는 수혜자, 기부자, 프로젝트팀 및 기타 관련된 이해관계자가 참여하는 협력적이고 참여적인 관행이다. 프로젝트 평가 전문가의 윤리적 원칙과 표준을 준수해야 한다.

(1) 정확성: 평가가 타당하고 신뢰할 수 있어야 한다.
(2) 타당성: 평가가 현실적이고 실용적이며 비용 효율적이어야 한다.
(3) 적절성: 평가가 정중하고 공정하며 투명해야 한다.
(4) 유용성: 평가가 의도된 사용자의 정보 요구와 관심 사항에 부합해야 한다.

프로젝트 평가는 선택이나 추가 활동 사항이 아니고 모든 프로젝트의 필수적인 부분이다. 평가는 프로젝트 목표를 달성하고, 품질을 향상하며, 프로젝트 영향력을 높이는 데 도움이 될 수 있기 때문이다. 프로젝트 평가는 프로젝트 가치를 입증하고 더 많은 자금을 유치하고 더 많은 인정을 받는 데 도움이 될 수 있다.

5) 프로젝트 평가를 계획, 수행 및 보고하는 방법

평가 프로세스는 프로젝트의 교훈, 강점과 약점, 향후 프로젝트의 모범사례를 파악하는 데 도움이 될 수 있다. 평가 과정은 평가 활동을 계획하고, 수행하고, 보고하는 지속적인 주기다

모든 프로젝트에서 가장 중요한 것은 프로젝트팀과 이해관계자가 프로젝트의 성과와 결과 및 프로젝트의 영향을 평가할 수 있는 평가 프로세스다.

(1) 평가의 목적과 범위를 정의

평가가 필요한 이유는 평가를 시작하기 전에 평가에서 답변할 질문과 프로젝트 측정에 사용할 기준을 명확하게 하는 것이 중요하다. 평가를 성공하기 위한 목적과 범위는 프로젝트의 목표, 지표 및 예상 결과와 일치해야 한다. 평가의 목적은 프로젝트의 지속가능성, 효과성, 효율성, 관련성을 결정하는 것일 수 있다. 프로젝트의 입력, 출력, 결과와 프로젝트의 상황, 가정, 위험 및 과제도 평가 범위에 포함될 수 있다.

(2) 평가방법 및 도구를 선택

평가 목적과 범위에 따라 다양한 방법과 도구를 사용하여 데이터를 수집하고 분석할 수 있다. 평가방법은 정량적, 정성적 또는 혼합적일 수 있으며 1차 또는 2차 데이터 소스가 포함될 수 있다. 평가 도구로는 설문 조사나 인터뷰, 포커스 그룹, 관찰이나 문서 검토, 사례 연구와 실험이 포함될 수 있다. 평가방법 및 도구의 선택은 데이터의 신뢰성, 타당성, 가용성 및 관련성은 물론 평가자의 자원과 시간 및 기술을 기반으로 해야 한다. 평가의 목적이 프로젝트가 수혜자에게 미치는 영향을 측

정하는 것이라면 무작위 대조 시험(RCT)이 적절한 방법이 될 수 있지만 이를 위해서는 대규모 표본 크기나 통제 그룹과 엄격한 설계 및 구현이 필요하다.

(3) 데이터 수집 및 분석을 수행

평가방법과 도구가 선택되면 데이터 수집 및 분석을 시작할 수 있다. 데이터 수집은 데이터의 품질과 완전성 및 정확성을 보장하는 명확하고 일괄된 프로토콜을 따라야 한다. 데이터 분석은 데이터를 처리, 구성 및 해석하기 위해 적절한 기술과 소프트웨어를 사용해야 하고 프로젝트의 실제 결과를 예상 결과와 비교하고 편차나 불일치에 대한 이유를 설명해야 한다. 또한, 기술 및 추론 통계를 사용하여 데이터를 요약 및 테스트하고 프로젝트 영향에 영향을 미치는 요소를 식별해야 한다. 평가에서 프로젝트 수혜자로부터 데이터를 수집하기 위해 설문 조사를 사용하는 경우 데이터 수집은 높은 응답률, 대표 표본, 타당하고 신뢰할 수 있는 설문지를 보장해야 한다.

6) 평가보고서 준비 및 배포

평가 프로세스의 마지막 단계는 평가결과와 결론 및 권장 사항을 요약한 평가보고서를 준비하고 배포하는 것이다. 평가보고서는 포괄적이면서도 명확하고 간결하며 논리적인 구조와 형식을 따라 작성한다. 핵심 메시지를 전달하기 위해 적절한 언어와 시각적 자료를 사용하고 대상 청중의 요구와 기대에 맞게 조정되어야 한다. 평가보고서는 프레젠테이션, 소식지, 웹사이트, 소셜 미디어, 워크숍 등 다양한 채널과 플랫폼을 통해 배포되어야 하고 의사 결정자와 관련 이해관계자에게도 전달되어야 한다.

평가보고서가 프로젝트 기증자를 대상으로 하는 경우 프로젝트의 성과, 과제 및 교훈을 강조하고 향후 자금 조달 및 지원에 대한 증거 기반 권장 사항을 제공해야 한다.

7) 프로젝트의 성과와 영향 및 지속가능성을 평가하는 주요 기준

평가 프로세스는 다음과 같은 질문을 목표로 해야 한다.

첫째 프로젝트가 어떤 영향을 미쳤습니까?

둘째 프로젝트가 얼마나 잘 수행되었습니까?

셋째 프로젝트는 얼마나 지속 가능합니까?

프로젝트 설계, 구현 및 결과의 다양한 측면을 고려하는 체계적이고 엄격한 접근 방식이 필요하다.

(1) 관련성

프로젝트의 목표와 활동이 대상 그룹이나 이해관계자 및 상황의 요구나 우선순위와 어느 정도 일치하는지를 평가한다. 관련 프로젝트는 실제적인 문제나 기회를 다루고, 조직의 비전이나 사명과 일치하며, 환경의 변화와 역동성에 대응하는 프로젝트다. 예를 들어, 농촌 지역 소녀들의 교육 접근성과 질을 향상하는 것을 목표로 하는 프로젝트는 지역사회와 지자체의 지원을 받고 소녀들과 그 가족의 욕구와 열망을 반영하고, 소녀들의 교육에 영향을 미치는 사회 문화적, 경제적 요인에 맞춰 조정한다.

(2) 효과성

효과적인 프로젝트는 기대되는 결과를 제공하고, 가용 자원을 효율적으로 사용하며, 대상 그룹과 이해관계자에게 긍정적인 변화를 만들어내는 프로젝트다.

프로젝트의 목표에 어떻게 이바지하는지 산출물과 결과물이 어느 정도 목표달성되었는지를 측정한다. 여성 기업가를 훈련시키고 역량 강화를 하는 프로젝트라면 여성이 운영하는 기업의 수와 질을 높이고, 배정된 시간과 예산을 현명하게 사용하며, 여성의 소득, 기술 및 자신감을 향상하는 것이 효과적이다.

(3) 효율성

효율적인 프로젝트는 재정적으로나 인적, 물적 자원의 사용을 최적화하고 위험과 비용을 최소화하며 이익과 가치를 최대화하는 프로젝트다. 프로젝트의 입력과 출력 간의 관계와 결과를 생성하기 위해 자원을 얼마나 잘 사용하는지 평가한다.

외딴 마을에 깨끗한 물과 위생 시설을 제공하는 프로젝트는 비용이나 효과적인 면에서 가장 적절한 기술을 사용하고, 낭비와 지연을 피하고, 마을 주민들의 건강과 복지를 향상하는 것이 효율적이다.

(4) 영향

영향력 있는 프로젝트는 문제나 기회의 근본 원인과 결과를 다루고, 지속적이고 중요한 변화를 만들어 관련 행위자의 정책과 관행에 영향을 미치는 프로젝트다.

프로젝트가 대상 그룹이나 이해관계자와 사회에 미치는 장기적이고 광범위한 영향을 조사한다. 재생 가능 에너지원을 장려하는 프로젝트는 에너지 안보와 독립성을 향상하고 온실가스 배출량을 줄여서 정부와 민간 부문이 더욱 지속 가능한 에너지 솔루션을 채택하도록 영향을 미치는 것이 영향력이 있다.

(5) 지속가능성

지속 가능한 프로젝트는 역량과 파트너십을 구축하여 대상 그룹과 이해관계자의 주인의식과 참여를 보장하고 재정적, 제도적 지원을 확보하는 프로젝트다.

프로젝트가 종료된 후에도 프로젝트의 출력과 결과가 계속될 가능성과 이를 유지하고 확장할 방법을 평가한다. 지역사회 기반 보건 센터를 설립하는 프로젝트는 지역 보건 인력을 교육하고 장비를 갖추며 센터 관리 및 운영에 지역사회 구성원이 참여하고, 자금 지원과 인정을 얻는다면 지속할 수 있다.

8) 프로젝트 평가를 위해 데이터를 수집하고 분석하는 다양한 방법과 도구

프로젝트의 성과와 영향 및 결과를 측정하고 강점, 약점, 기회 및 위협을 식별하는 데 데이터 수집 및 분석은 필수적이다. 프로젝트 평가에서 가장 중요한 측면 중 하나는 데이터를 수집하고 분석하기 위한 적절한 방법과 도구를 선택하고 적용하는 것이다. 프로젝트의 유형, 범위 및 목표에 따라 다양한 방법과 도구가 다른 것보다 더 적합할 수 있다.

(1) 설문 조사

설문 조사는 의견, 태도, 선호도, 피드백, 만족도 또는 인구통계와 같은 정량적 또는 정성적 데이터를 수집하는 데 사용될 수 있다. 일반적으로는 설문지, 인터뷰 또는 여론 조사를 통해 개인이나 그룹의 표본으로부터 정보를 수집하는 방법이지만 대상 모집단의 가용성과 접근성에 따라 온라인, 오프라인 또는 혼합 모들을 통해 수행될 수 있다. 설문 조사는 상대적으로 짧은 시간과 비용으로 많은 양의 데이터를 얻는 데 유용할 뿐만 아니라 다양한 그룹이나 구분을 비교하고 대조하는 데도 유용하나 낮은 응답률과 표본 편향, 측정 오류 또는 사회적 바람직성 편향으로 인해 어려움을 겪을 수도 있다. 농촌 지역의 교육질 향상을 목표로 하는 프로젝트에서는 학생이나 교사, 부모와 지역사회 지도자로부터 프로젝트에 대한 인식과 기대 및 경험에 대한 데이터를 설문 조사를 사용하여 수집할 수 있다.

(2) 관찰

관찰은 빈도나 기간, 강도나 행동 패턴과 같은 정성적 또는 정량적 데이터를 수집하는 것뿐만 아니라 관찰된 현상의 맥락과 환경 또는 상호 작용을 포착하는 데 사용될 수 있다. 관찰은 자연적이거나 통제된 환경에서 개인이나 집단의 행동이나 사건을 직접 관찰하고 기록하여 데이터를 수집하는 방법이다. 관찰은 필요한 참여 및 객관성 수준에 따라 훈련된 관찰자와 참가자 또는 자가보고로 수행될 수 있다. 관찰은 다른 방법으로는 포착할 수 없는 풍부하고 상세한 데이터를 얻을 수 있고 다른 데이터 소스를 검증하거나 보완하는 데에도 매우 유용하나 관찰자의 편견이나 반응성 또는 윤리적 문제에 의해 영향을 받을 수도 있다.

열대 지역에서 말라리아 발병률을 줄이는 것을 목표로 하는 프로젝트에서는 관찰을 통해 관찰대상 인구의 모기장 사용이나 살충제 살포 또는 건강 추구 행동에 대한 데이터를 수집할 수 있다.

(3) 실험

실험은 인과관계와 효과 크기 또는 변화 메커니즘과 같은 정량적 또는 정성적 데이터를 수집하는 데 사용될 수 있고 필요한 제어 및 현실성 정도에 따라 실험실,

현장 또는 준 실험 환경에서 수행될 수 있다. 실험은 하나 이상의 변수를 조작하고 변수가 하나 이상의 결과에 미치는 영향을 측정하는 동시에 다른 교란 요인을 제어하여 데이터를 수집하는 방법이다. 실험은 가설을 테스트하고, 인과관계를 확립하고, 개입의 효과나 영향을 평가하는 데 유용하다. 그러나 실험은 무작위화, 일반화 또는 외부 타당성과 같은 윤리적, 실제적 또는 통계적 문제로 인해 제한될 수도 있다.

도시 지역에서 재생 가능 에너지 채택을 늘리는 것을 목표로 하는 프로젝트에서는 쿠폰이나 보조금, 또는 사회적 규범과 같은 다양한 인센티브가 대상 인구의 행동 및 태도에 미치는 영향에 대한 데이터를 실험을 통해 수집할 수 있다.

9) 프로젝트 평가를 수행할 때 피해야 할 일반적인 과제와 함정

프로젝트 평가는 신생기업이 강점과 약점을 파악하고 진행 상황을 측정하여 향후 개선을 위해 정보에 입각한 결정을 내리는 데 도움을 주는 중요한 프로세스다. 프로젝트 평가에는 함정이나 어려움이 있을 수 있으므로 스타트업이 피해야 할 것들이 있다.

(1) 명확하고 현실적인 평가 기준의 부족

평가 기준이 구체적이고 측정 가능하며 현실적으로 목표 달성 가능한지 관련성이나 시간제한이 있는지를 확인해야 한다. 스타트업은 달성하고자 하는 목표와 이를 측정하는 방법을 평가를 시작하기 전에 결정해야 한다. 스타트업은 '고객 만족도 향상'과 같이 막연한 목표를 설정하는 것보다 개선하고 싶은 만족도의 측면, 이를 측정하는 방법, 도달하려는 목표 및 시기를 구체적으로 지정해야 한다.

(2) 자료수집 및 분석의 편견과 주관성

데이터를 찾거나 해석할 때 기존의 믿음이나 기대를 확인하는 방식이나 편향적 방법을 피해야 한다. 스타트업은 신뢰할 수 있고 타당한 방법을 사용하여 프로젝트의 현실을 반영하는 데이터를 수집하고 분석해야 한다. 스타트업은 충성 고객의 긍정적인 피드백을 의존하지만 불만족한 고객이나 잠재적 고객으로부터 건설적인 비판도 수용해야 한다.

(3) 이해관계자 참여 및 소통 부족

이해관계자는 고객, 투자자, 파트너, 직원 등 프로젝트에 관심이나 영향력을 가진 사람들이다. 스타트업은 이들과 참여하고 소통함으로써 프로젝트에 대한 귀중한 통찰력, 피드백, 지원을 얻을 수 있다.

스타트업은 평가 과정 전반에 걸쳐 이해관계자를 참여시키고 소통해야 한다. 스타트업은 고객에게 설문 조사작성, 인터뷰 또는 포커스 그룹 참여, 제품 또는 서비스 테스트를 요청해야 한다.

(4) 외부 요인과 맥락을 무시합니다

스타트업은 프로젝트와 평가에 영향을 미칠 수 있는 외부 요인과 맥락을 고려해야 하며 시장 동향, 고객 선호도, 경쟁자 행동, 법적 규제, 사회적 규범 등을 포함한다. 이러 요소와 상황을 고려할 때 스타트업은 프로젝트의 기회와 위협을 더 잘 이해하고 그에 따른 전략을 조정할 수 있다. 스타트업은 경쟁사 제품의 변화를 모니터링하고 시장 수요와 고객 행동에 시기적절하고 효과적인 방식으로 대응해야 한다.

(5) 평가결과 및 권장 사항에서 학습하지 못함

평가결과와 권장 사항을 활용하여 성과와 과제를 파악하고, 성공을 축하하고 실패를 인정하며 다음 단계와 조치를 계획해야 한다. 스타트업은 평가를 일회성 이벤트로 처리하지 말고 지속적인 학습 과정으로 처리해야 한다. 평가 결과와 학습한 교훈을 이해관계자 및 기타 관련 당사자와 문서로 만들고 공유해야 한다. 스타트업은 평가결과와 권장 사항을 요약한 보고서나 프레젠테이션을 작성하고 이를 투자자, 파트너, 고객 등에 전달해야 한다.

5. 프로젝트의 효과적 활용

프로젝트의 평가 목적과 결과를 효과적으로 활용하려면 성과평가 이후에 평가결과를 실제 관리에 활용하는 기능을 강화시켜야 한다.

기능을 강화하기 위해서는 시책의 개선을 위한 환류 작용을 강화하고 시책 수립을 위한 정보로 평가 결과를 제공하여야 한다.

1) 프로그램 평가의 중요성

프로그램 평가는 개발된 프로그램의 효과성과 효율성을 검토하는 과정으로 평가를 통해 프로그램이 목표를 얼마나 잘 달성했는지 파악할 수 있습니다. 평가결과는 프로그램 개선과 향후 개발에 중요한 기초 자료로 활용된다(김성철 외, 2014).

2) 평가 후 활용 방법

(1) 결과 활용을 위해서는 관련된 제도와 연계점이 반드시 파악되어야 한다.
(2) 효과성 및 효율성 확보를 위한 수단으로 역할을 강화하는 조치를 한다.
(3) 구성원에게 책임을 묻기 위한 도구로 사용하는 것은 효과적인 활용이 아니다.
(4) 책임성 위주의 운영은 피해야 한다.
(5) 평가결과를 예산 또는 유인체계나 자원 배분의 기준으로 활용한다.
(6) 평가와 보상 체계를 유기적으로 연계시키는 유인체계의 개선작업이 필요하다.

3) 피드백 제공

(1) 참여자 피드백

프로그램 참가자들의 의견을 수집하여 개선점을 마련하고 만족도를 높이는 방향으로 발전시켜 나간다.

4) 프로그램 개선

(1) 내용 수정

평가결과를 바탕으로 프로그램의 구조와 내용을 수정하여 효과성을 극대화한다.

(2) 방법론 재설계

프로그램교육 방법이나 접근 방법을 변경하여 더욱 효과적인 학습 환경을 조성한다.

5) 성과 공유

(1) 결과보고서 작성

프로그램 평가결과를 정리하여 이해관계자 와 관련 기관이 공유함으로써 투명성을 높이고 신뢰를 구축한다(송지혜 2021).

(2) 워크숍 및 세미나 개최

평가결과를 바탕으로 하여 경험을 나누고 다른 프로그램의 발전에 이바지할 수 있는 자리를 마련합니다.

6) 지속적인 모니터링

(1) 후속 평가

프로그램이 개선된 후에도 지속적인 평가를 통해 효과를 모니터링하고 장기적인 효과를 분석한다(박찬욱 2022).

(2) 지표 설정

프로그램의 성과를 측정하기 위한 구체적인 지표를 설정하고 이를 통해 지속적으로 평가한다. 프로그램 개발과 평가는 단순한 일회성 작업이 아니라 지속적인 발전과 개선의 과정으로 자리 잡을 수 있습니다. 평가의 결과를 적극적으로 활용하면 프로그램의 질을 높이고 참여자에게 실질적인 혜택을 제공할 수 있다(김성철, 2014).

CHAPTER 08

향후 비전과 발전 방향 제시

Chapter 08

향후 비전과 발전 방향 제시

1. 현재의 NPO

포스트 코로나 시대가 초래한 사회적 거리 두기와 경제적 문제들은 기존 비즈니스 모델과 사회 구조의 변화를 촉발했다. 이러한 시대의 변화와 맞물려 점차 복지 다원주의에 대한 중요성이 대두되고 있다. 다수의 학자는 이미 이러한 시대의 흐름에 앞서서 21세기에 다양한 사회변화에 비영리 단체(NPO)가 중심이 될 것으로 전망한 바 있다(박종선, 2008).

사회가 급변함에 따라서 그 변화의 속도와 다양한 문제가 발생하면서 기존의 국가체제가 미처 대응하지 못하는 부분을 NPO가 담당하게 된 것이다. 이러한 NPO의 중요성이 두드러지면서 국내 NPO도 점차 활성화되고 있다. 2023년 통계에 따르면 기준 국내 NPO의 수는 총 13,892개에 이르며, 대부분의 NPO가 사회 곳곳에서 정부가 미처 담당하지 못하는 여러 분야에서 활동하고 있다.

비영리법인은 설립법인 수, 고용인원, 예산 등의 측면에서 영리법인에 비하여 소규모에 지나지 않지만, 종교, 교육, 보건의료, 사회복지 및 문화, 자선, 환경 등의 영역에서 영리회사들이 수행하지 못하는 사회적 기능을 담당하고 있다(김정연, 2022).

앞서 논의한 NPO의 당위성과 발전의 이면에는 명암이 존재한다. 사회가 빠르게 변화하고 기부금도 불안정하게 수급되면서 NPO의 지속가능성에 대한 우려가 점차 커지고 있다. 또한 비영리기관과 영리 기관의 차이점이 줄어들고 있으므로 앞으로 일반기업과의 충돌은 불가피한 것이다. 이러한 문제들을 극복하고 NPO의 비전과 목표를 실현하기 위해서는 적절한 방향과 전략이 필요하다. 따라서 이 장에서는 NPO의 비전에 부합하는 지속 가능한 혁신 프로젝트를 위해서 향후 비전 방향과 발전 방향을 몇 가지 제시하고자 한다.

2. NPO의 가치와 방향

1) NPO의 정의와 재인식

비영리단체가 무엇인지 설명하기는 쉽지 않다. 이는 비영리 단체 운영을 어렵게 하는 요소 중의 하나이다. 경영 목적이 뚜렷하며 구체적인 경제적 수단들과 관련된 영리단체들과는 달리 비영리단체는 "공익"이라는 추상적인 개념을 추구하기 때문에 운영 목적이 모호할 수 있다. 영리단체와 비영리 단체의 근본적인 차이는 추구하는 목적에 있다. 영리단체의 궁극적인 목적은 소유주들에게 이윤을 남겨 주는 것이다. 기업의 소유 형태는 여러 가지이다. 그러나 비영리단체에는 소유의 개념이 없다. 따라서 비영리단체의 목적은 영리단체와 완전히 다르다. 비영리단체는 공익을 추구하기 때문에 소유주가 있을 수 없으며 소유와 그에 따르는 사익은 공익과 공존할 수 없다고 법에 명시되어 있다. 물론 비영리 단체가 돈을 벌지 못하는 것은 아니다. 비영리단체가 영리단체처럼 돈을 벌 수도 있고 실제로 벌기도 한다. 그러나 번 돈은 단체가 세워진 공익의 목적을 위해 쓰이거나 예치해 두거나 다른 공익단체에 넘겨져야 한다(토마스 울프, 2020).

피터 드러커가 정의한 대로 "비영리단체는 한 사회와 개개인의 삶에 변화를 주기 위해 존재한다고 할 수 있다. 사명감 없는 비영리단체의 존재가치는 결코 있을 수 없다는 사실을 잊어서는 안 된다. 또한 비영리조직의 근본적인 존재 이유는 영구적이다. 왜냐하면 우리 인류가 지상에 생존하는 한 우리 모두는 서로라는 굴레 속에서 함께 살아갈 수밖에 없는 존재이기 때문이다." 따라서 인간에게는 어떤 형태든 서로를 위해서 존속하는 시설이나 단체가 필요하다. 그러나 이와 같은 존재의 당위만을 가지고는 결코 존속할 수 없다는 것을 깨달아야만 한다. 비영리단체에 몸담고 있다면 늘 수행해야 하는 사명과 과업을 꿰뚫어 보고 있는지를 항상 검토해야 한다(피터드러커, 2006).

비영리조직은 당장의 봉사와 같은 활동도 중요하지만 궁극적으로 조직이 하는 활동이 얼마나 긍정적인 변화를 만들어낼지 폭넓은 고민을 해야 한다. 단순하게 눈앞의 성과나 당장의 이익에만 집중하지 않고, 조직의 존재 목적과 장기적인 목표를 명확히 하여 조직의 비전을 이루어 나가야 한다.

우리가 하는 모든 일은 장기적인 비전을 이루기 위해 하나씩 쌓아가야 하는 활동이나 지금 잠시 단순한 활동 하나하나가 장기적인 목표 달성에 도움이 되는지, 오히려 조직의 본래 목적에서 벗어나게 하는 것인지에 대해 끊임없이 질문하여 조직의 정체성을 잃지 않도록 해야 한다. 하지만 그러한 일이 사명감만으로는 해나가기 어렵다. 조직의 활동이 실체로 어떤 결실을 맺고 있고 어떤 성과로 이어지는지 구체적으로 볼 수 있어야 한다. 우리는 '올바른 일'을 통해 '올바른 결과'를 만들어내고 있는지 항상 점검하고 그에 대한 대답을 흔들리지 않고 명확하게 할 수 있어야 한다.

2) NPO 전략의 재탐색

전략은 비영리단체의 당위와도 같은 숭고한 과업을 성과로 변화시킨다. 그러나 이같은 전략의 중요성에도 불구하고 많은 비영리조직은 전략의 단계를 대수롭지 않게 여긴다. 더욱이 큰 문제는 전략을 단순히 판매를 위한 노력이나 수단 정도로만 착각하고 있는 비영리조직이 너무 많다는 것이다(피터 드러커, 2006).

비영리조직이 성공적으로 운영되기 위해서는 명확한 사명과 고객의 욕구를 효과적으로 연결하는 마케팅 전략이 필수이다. 이런 전략은 홍보활동만을 말하는 것이 아니라 조직의 비전과 비전을 이루기 위한 조직의 전반적인 운영 계획을 구체화하는 과정이라. 조직의 리더와 조직원들은 조직에의 비전에 맞는 활동을 위해 협력적인 태도로 효율적인 업무를 수행할 수 있어야 한다.

전략은 기업의 제품이나 서비스를 소비자에게 효과적으로 전달하여 판매를 촉진하는 다양한 요소가 합쳐진 종합적 계획이다. 조직의 과업과 시장 상황 안에서의 기회를 포착하는 등의 요소들이 조화롭게 연결되어 있다. 성공적인 전략은 시장 환경, 소비자 행동, 경쟁사 분석 등을 기반으로 다양한 도구를 활용하여 공급조직은 고객의 욕구와 시장의 가치에 공감하며 어떤 욕구를 충족시켜야 하는지 명확히 이해하는 것이 필수적이며 그것은 결과에 따라서 증명될 수 있다. 그러기에 고객이 중요하게 여기는 가치를 정확히 파악하고 되며, 고객이 무엇을 요구하고, 어떤 가치에 공감하며, 어떤 욕구를 충족하려는지 명확히 이해하는 것이 필수적이다. 고객의 목소리에 귀 기울이고, 그들이 중요하게 여기는 가치를 존중하며 서비스를 제공해야 하는 것이 비영리조직의 종사자들이 가져야 하는 태도이다.

3. 비전 방향

1) 혁신

(1) 창의성 기반

무한한 변화와 경쟁이 필연적 시대에 지속해서 성장하고 발전하기 위해서는 시장변화와 경영환경 변동에 유연하며 신속하게 대응할 필요가 있다. 이를 위해서 경쟁사가 쉽사리 모방할 수 없는 차별적인 경쟁우위의 확보가 무엇보다도 중요하다. 차별적인 경쟁우위는 기업의 핵심 프로세스에서 단기간에 경쟁사가 모방할 수 없는 경쟁우위 요소를 갖추었을 때 가능하며 이러한 경쟁우위 요소를 핵심 역량이라고 한다. 뉴노멀 시대의 핵심역량은 산업기술의 발전 속도가 빠르지 못했던 과거와 달리 외부의 경영환경 및 경쟁 환경 변화의 속도가 빨라지고 기술이나 경쟁우위 요소의 생애주기가 단축되면서 일시적인 경쟁우위 요소가 지속적인 성장을 유지하기 어렵기 만들기 때문에 시장이나 고객의 요구에 선제적으로 대응하고 반응함으로써 기업의 핵심 역량을 강화해 나가야 한다(이강군, 2010).

기업은 외부 환경 변화에 적절하게 대응하면서도 자신의 핵심 역량을 지속적으로 진화시켜 새로운 경쟁력을 확보해야 한다. 창의성에 대해 테일러(Taylor)는 생산적 사고와 창조적 사고를 표현하는 복잡한 심리 과정으로 정의하며, 인내심, 성취욕, 변화를 추구하는 태도 등을 강조하였고, Lubart(1994)는 창의성을 '무엇인가 새롭고 문제 상황에 적절한 것을 만들어 낼 수 있는 능력'으로, 최인수(2003)는 '특정 상황이나 과제에 관하여 새로우면서도(novel) 적절한(appropriate) 아이디어를 생성해 낼 수 있는 능력'으로 정의하였다(Lubart, 1994; 최인수, 1998, 2003; 이강군, 2010).

(2) 조직혁신 강화

혁신은 새로운 아이디어나 방식을 통해 문제를 해결함으로써 조직의 효율성과 효과성을 높이는 것을 의미한다. 이는 국가, 기업, 개인에 이르기까지 모든 조직과 주체에 적용된다. 기업은 경영 혁신과 기술 혁신을 통해 경쟁력을 확보하고 고성과를 목표로 한다. 비영리조직 역시 효율성과 효과를 높이고 목적을 달성하기 위해 창의적 사고와 혁신적인 접근이 필요하다(정구현, 2006).

공공부문에서도 혁신은 필요하다. 글로벌 환경의 변화와 그 안에서 계속되는 경쟁으로 국가와 정부도 경쟁력을 유지하기 위한 변화, 즉 혁신이 요구되고 있다. 빠르게 변화하는 사회환경 안에서 정보 수집, 인력 유치, 효율적인 업무, 사회의 공평과 복지 증진은 공공 분야의 혁신이 왜 중요한지에 대한 설명이라고 볼 수 있겠다.

학자들의 혁신에 대한 정의에 의하면, Thompson(1965)은 새로운 아이디어의 창출과 그 아이디어의 실용화로 정의하고, Downs & Mohr(1976)는 새로운 과정이나 제품을 창출할 수 있도록 하는 새로운 아이디어를 적용하는 과정이라고 보았고, Amabile(1996)은 창의적인 아이디어를 성공적으로 이행하는 일이라고 정의한다. 한걸음 나아가 새로운 아이디어나 시도만을 의미하는 데 그치지 않고 상태의 개선을 포함하여 개념화한 이종수(2007)는 조직 혁신이란 조직의 어느 한 상태에서 보다 나은 상태로 변동시키고자 하는 의식적이고, 동태적인 연관적 특성을 가진 변동이며, 저항이 따르는 지속적 과정이라고 정의하고 있다(이종수, 2007: 114). 결과적으로 조직혁신은 서비스 개선과 같은 점진적인 성과뿐만 아니라 새로운 시도나 창의적 사고 등의 새로운 변화를 추구하는 의도적 활동을 포함한다(Wong 외, 2009; Rowley 외, 2009).

혁신은 특히 재정적 자원이 부족하고 복지 수요가 빠르게 변화하는 환경에 직면한 비영리 사회복지 조직에서 더욱 강조된다. 조직혁신은 서비스 전달의 효과성과 효율성을 높이고, 조직의 책임성을 강화하며, 변화하는 환경에 적응할 수 있는 중요한 활동으로 평가받고 있다(신준섭 외, 2013).

Damanpour(2009)는 조직 혁신이 조직성과에 미치는 긍정적 영향을 두 가지 논리로 설명한다. 첫째, 조직 혁신은 선도자 이익(early-mover advantage)을 제공한다. 이는 새로운 기술, 지식, 관리 기법의 도입을 통해 경쟁에서 앞서 나가 조직의 성과를 높이는 요인으로 작용한다. 둘째, 조직 혁신은 현재의 성과와 목표 성과 간의 차이를 줄이는 데 기여한다. 이를 통해 구성원들은 성과 차이에 대한 인식을 높이고, 조직의 목표 달성을 위해 노력하게 된다(Damanpour, 2009; 신준섭 외, 2013).

효과성과 효율성을 달성하는 조직은 조직의 역량과 지배구조, 변화능력의 세 가지 요건을 가져야 한다. 역량을 통해 사용할 수 있는 인적자원과 기술 및 지식을 가지도 있어야 하며 지배구조는 조직의 리더가 능력을 발휘할 수 있도록 지원하여 지도력을 발휘할 수 있는 환경을 마련해야 한다. 변화능력은 변화하는 사회환경과 기술에 빠르게 적응하여 조직이 혁신의 결과를 가져올 수 있도록 해야 한다.

2) 지속 가능성

(1) 지속 가능성 강화

조직은 수명주기를 따라 발전하고 변화한다. 새롭게 창업된 조직은 시장에서 생존을 핵심 과제로 삼으며, 조직 구조와 리더십, 관리 스타일 등이 단계적으로 변화한다. 특히 급변하는 환경에 직면한 조직은 단절적이고 복합적인 변화를 겪게 된다. 기업이 생존하려면 제공하는 제품이나 서비스가 고객에게 가치를 인정받아야 하며, 이를 위해 시장의 요구에 민첩하게 대응해야 한다(Quinn & Cameron, 1983; 백유성 외, 2014).

기업은 인간의 욕구를 충족시키고 고용 창출을 통해 사회에 기여한다. 지속 가능한 경영은 기업, 사회, 환경의 균형을 통해 경쟁우위를 확보하고 기업 가치를 증대시키는 것을 목표로 한다. 지속 가능성(sustainability) 개념은 환경과 경제의 조화를 추구하며, 장기적으로 조직의 생존과 발전에 기여한다(조동성 외, 2011; 백유성 외, 2014).

(2) 지속가능경영[1)]

지속가능경영은 ESG보다 근원적인 개념으로서 지속가능경영의 개념은 1960년대부터 본격적으로 학문적 연구가 시작된 윤리경영에서 파생되었고 할 수 있다. 지속가능경영은 기업의 윤리적 경영과 함께 사회적 책임을 다하는 경영을 강조한 개념

1) 지속가능경영은 ESG보다 근원적인 개념으로, 오늘날 ESG는 지속가능경영과 사회적 책임(CSR)이 진화하고 규범화 및 제도화된 것으로 볼 수 있습니다. 기업과 사회의 관계 및 회사의 책임에 대한 기대가 시간이 지남에 따라 변화해 왔기에 지속가능경영 개념에 대한 이해를 통해 ESG를 더욱 용이하게 받아들일 수 있습니다. 지속가능성 용어는 1713년 처음으로 사용되었으며, 현재 가장 널리 통용되고 있는 지속가능성 개념은 1987년 우리 공동의 미래라는 보고서를 근간으로 합니다. 이후 기업의 사회적 책임(CSR)과 공유 가치 창출(CSV)이라는 개념이 제시되며, ESG 용어가 새로운 패러다임으로 자리 잡게 되었습니다.

으로, 현재 기업의 사회적 책임경영보다 지속가능 경영이라는 용어를 많이 사용하고 있다(김도영, 2006). 따라서 기업의 사회적책임경영 및 지속가능경영에 관한 연구는 기업의 윤리경영에 관한 연구와 맥을 같이하고 있다고 보는 것이 타당하다(이현복, 2019).

지속가능경영(Sustainability Management)은 모든 기업이 추구해야 할 필수적인 경영 지침으로 자리 잡고 있다. 이는 환경 보호 및 사회공헌활동과 윤리경영 등의 비재무적 성과와 재무성과를 함께 고려하여 기업 가치를 지속적으로 향상하고자 하는 경영활동이다. 최근 경영환경의 악화로 기업들의 지속 경영 가능성에 대한 우려가 커지는 상황이기에, 투자자들은 투자의사 결정에 있어 어느 때보다 높은 관심이 있다. 특히, 코로나19 등의 예기치 않은 경영환경 변화에 적절한 대응이 가능한 기업들은 경쟁우위를 계속해서 유지하거나, 또는 경쟁우위를 창출할 수 있으나, 그렇지 못한 기업들은 존폐 위기에 직면하게 될 것이다. 기업의 환경 측면(Environment), 사회적 책임 측면(Social), 지배구조 측면(Governance) 등 ESG 부문에서 가치 창출이 화두로 떠오르면서 재계에서는 ESG 경영에 박차를 가하고 있다. 기업들의 ESG 경영 강화는 앞으로도 확대될 것으로 재계는 전망하고 있다(최미화, 2021).

지속가능경영을 통해 고객의 만족도를 높이고 기업의 평판을 좋게 하여 기업의 성과가 좋아질 수 있다는 것을 다양한 연구에서 확인할 수 있다. 이에 NPO 기관은 시대의 발전과 변화라는 당면한 흐름 안에서 지속가능경영의 필요성을 주장하며 실천해 나아가야 한다.

택배업체들이 환경 · 사회 · 지배구조(ESG) 가치에 기반해 친환경 에너지 관련 사업 등에 나서며 시속가능한 물류 실현에 앞장서고 있다.

(출처: 아이뉴스, 2025)

[사진 8-1] 지속가능경영

3) 기술 역량 강화

(1) 전문성 강화

“지역사회 및 사회와 달리 조직은 의도적으로 구성되어 있고 항상 전문화되어 있다. 지역사회와 사회는 그 구성원들을 묶어주는 유대 예컨대 언어와 문화, 역사 또는 지리적 근접성 등으로 규정된다. 조직은 그 과업으로 규정된다. 조직은 단 하나의 과열에 관심을 집중하고 있을 때만 효과적이다. 다양화는 조직의 수행 능력을 파괴한다. 물론 사회와 지역사회는 다차원적이어야 한다. 사회와 지역사회는 환경이기 때문이다. 하나의 조직이란 곧 하나의 도구이다. 그리고 도구라고 할 것 같으면 그것이 전문화되면 될수록 주어진 특수한 과제를 수행하는 능력은 더욱 향상된다. 현대의 조직은 각자 한정된 일정 분야의 전문적 지식을 가진 전문가로 조직되어 있다. 따라서 조직의 사명은 수정처럼 명백해야 한다. 조직은 한 곳에만 관심을 쏟아야만 한다. 그렇지 않으면 구성원들은 혼란에 빠지고 말 것이다. 구성원들은 자기의 전문 지식을 공통의 과제에 적응시키기보다는 자신의 전문분야에 집중할 것이다. 구성원들은 '성과'를 자신의 전문성에 비추어 측정할 것이며, 그것으로 조직에 기여할 것이다(피터 드러커, 2013).

(2) 기술 역량 강화

최근 사회 전반에 많은 분야의 다양한 연구의 중심에 4차 산업혁명과 관련된 연구들이 진행된다. 이미 4차 산업혁명은 시작되었고 우리의 삶에 자리 잡고 있으며 그 변화가 자연스럽게 스며들고 있다.

4차 산업혁명은 기계화, 산업화 시대를 이끌었던 1, 2차 산업혁명, 인터넷 기반 디지털 혁명의 정보화와 자동 생산 시스템을 견인한 3차 산업혁명과는 대비되는 개념으로써, 인공지능(Artificial Intelligence: AI)과 사물인터넷(IoT), 유무선 센서와 클라우드, 빅데이터를 통해 지능정보사회를 견인할 새로운 변화로 거론된다. 4차 산업혁명에서 기술 혁신의 가속화가 불러올 불확정성 시대에 국가와 기업, 개인 모두 기술 혁신의 속도를 따라잡기 위한 노력이 필요하다(남희은 외, 2021).

기업 내・외부 환경이 급변하고 기업 간 경쟁이 치열해짐에 따라 기업의 기술혁신은 장기적 성장과 기업 생태계에 있어 중요한 역할을 하며, 그 중요성은 더 커지고 있다(이재식, 2012). 사회적 기업 부문 연구가 활발하게 진행되지만, 사회적 기업의 기술 혁신에 관한 연구가 부족하다. 사회적 기업이 경쟁력을 갖춰서 지속 가능한 한 경영을 할 수 있도록 기술 혁신을 가능하게 하는 연구가 필요하다(이유미, 홍아름, 2018).

사회혁신이란 신기술과 새로운 과학기술의 출현으로 정부나 기업, NGO에서 제공해주는 것과 사람들이 실제로 필요한 것의 차이를 아는 것에서부터 출발한다(이유미 · 홍아름, 2018).

4. 발전 방향

1) 자원 확보와 관리

(1) 투명성

비영리법인은 구성원들의 이익이 아니라 설립 목적 달성을 우선시하는 가치지향적 원칙에 따라 운영된다. 이에 따라 임직원들은 조직의 가치 실현에 기여하는 직무를 수행할 것으로 기대되었다. 하지만 전 세계적으로 비영리단체에서 발생하는 자금, 조직, 인력과 관련된 부정 및 비위 행위는 사회적 문제로 부각되어 왔다(김정연, 2022).

국내 기부율은 2013년 이후 계속된 하락세를 보이고 있다. 주요 원인 중 하나로 비영리 단체의 신뢰성 하락이 지목되는데, 이는 K스포츠재단 및 미르재단 사건 등 정치적 비리와, 2017년 새희망씨앗의 127억 원 기부금 횡령 사건 등이 영향을 미쳤다. 아름다운재단의 '기빙코리아 2018' 조사에 따르면, 응답자의 39.3%가 기부하지 않는 이유로 '기부단체를 신뢰하지 못해서'를 꼽았으며, 기부하는 이들 역시 단체의 '투명성과 신뢰성'(55.6%)을 최우선으로 고려한다고 밝혔다. 심지어 국민은 '기부단체'를 정부, 기업, 언론보다 신뢰하지 않는다는 결과도 나타났다(전현경, 2020).

비영리법인의 운영 및 회계처리와 관련된 여러 스캔들이 사회적 비난을 초래하며 신뢰 하락으로 이어지고 있다. 비영리법인에 대한 신뢰 회복을 위해서는 감독과 규제 강화뿐 아니라 지배구조 개선을 위한 자발적 노력이 필요하다(김정연, 2022).

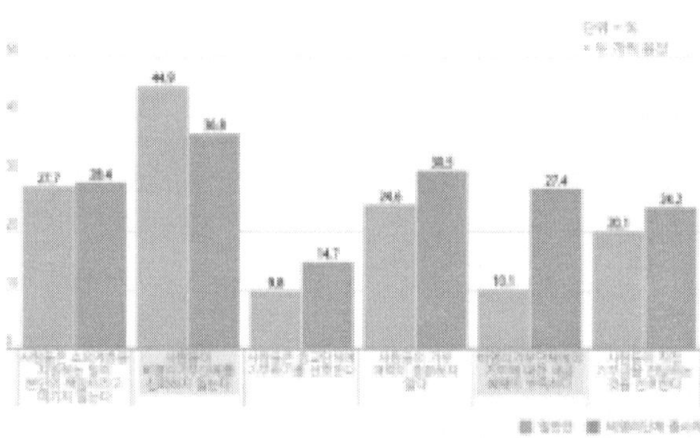

2023년 기부 금액, 참여율 모두 줄었다. 한국 기부 수준은 '중상위권'
사람들이 비영리 기부단체를 신뢰하지 않는다.

(출처: 조선미디어, 2024)

[그림 8-2] 국내 기부 수준이 낮은 이유 설문조사(아름다운재단)

한국은 1997년 IMF 외환위기를 계기로 기업의 회계 및 지배구조 투명성이 국가적 과제로 대두되었습니다. 2000년대 초반 엔론, 리먼브러더스 사건 이후 투명성은 세계적으로 중요한 개념으로 자리 잡았으며, 특히 '부패 방지'와 '회계 정보 공개'가 강조되었다. 최근에는 단순히 정보를 숨기지 않는 것을 넘어 적극적인 정보 공개와 정보 수신자가 필요로 하는 내용을 제공하며 쌍방향 소통까지 포함하는 개념으로 발전했다(Stirton & Lodge, 2001; 전현경, 2020).

전현경의 연구에 따르면, 비영리기관의 투명성 인식은 신뢰에 긍정적 영향을 미치며, 이 신뢰는 기부 의도에도 직접적인 영향을 준다. 따라서 비영리기관은 진정성과 투명성을 강화해야 하며, 이를 통해 기부자 신뢰를 확보하고 지속적인 기부를 유도할 수 있다(전현경, 2020).

이 결과를 고려하면, 비영리기관은 진정성과 투명성을 강화해야만 한다는 결론에 이른다. NPO는 기부자들의 신뢰를 높이고 지속적인 기부 의도를 유도해야만 한다. 투명성과 책임성을 갖춘 기관만이 기부자들에게 더 큰 신뢰를 제공하며, 이것이 궁극적으로 기부 활동에 긍정적인 영향을 미치게 된다.

한국공인회계사회 "공공 · 비영리분야 회계 투명성 훼손 대응 키울 것"

(출처: 한경뉴스, 2025)

[사진 4-2] 투명성

(2) 자금 조달 다각화

복지 다원주의는 복지 제공 주체를 국가에 한정하지 않고, 자원조직, 비공식 조직, 시장 등 다양한 주체로 확대하는 개념이다. 그러나 국내 NPO들은 정부 지원에 의존하는 경우가 많아 독립적인 활동이 어렵다. 자율성을 확보하기 위해서는 안정적 재정 기반이 필수적이며, 특히 기부금 수입이 중요한 역할을 한다. 하지만 NPO의 기부금 수입 수준은 기관별로 큰 차이를 보인다. 일부는 기부금만으로 운영이 가능하지만, 다른 일부는 정부 지원 없이는 존폐 위기에 놓이는 경우도 있다(이다솔 외, 2021).

비영리조직의 구축은 자금의 자체 조달이 기본이 된다. 일본 경제산업국 발간「커뮤니티 비즈니스 창업 매뉴얼」은 자금에 관하여 무리 없이 조달할 수 있는 자금 규모를 검토하도록 제안하고 있다. 외부 자금 조달은 추진사업이 일정 궤도에 올라 자체 자금 조달 범위를 넘어선 경우에 발생한다. 외부에서 자금을 조달하고자 할 때는 출자자 또는 대출자가 되어 줄 사람이나 조직에 활동 경위를 설명하고 활동의 중요성을 호소함으로써 자금을 조달하는 것이 중요하다. 비영리조직이 지속 가능한 성장을 이루려면 지속적인 자금 조달이 필요하다. 사업이 성장하면서 추가적인 경비도 발생하기 때문이다. 일본 경제산업국의 자료에 따르면, 외부 자금을 조달하려면 활동 경위를 설명하고 사업의 중요성을 설득하는 노력이 필요하다. 또한 새로운 자금 조달 방안을 검토해야 하며, 인터넷 모금, 지역통화, 시민 출자, 비영리 은행 등의 방안이 대안으로 제시되고 있다. 특히 인터넷 모금은 개인이 기부 용도를 지정하며, 이는 시민세의 1%를 특정 사용처에 할당하는 구조와 유사합니다(이익규, 2014).

최근에는 인터넷 모금 외에도 다양한 매체를 활용한 모금이 진행되며 기부자 대상별 모금 방법도 차별화하고 있다. 달리기, 걷기 등과 같은 모금행사도 다양화되고 있다. 특히나 미디어의 활용이 늘어나며 이메일이나 크라우드펀딩, 모바일 모금 등과 같은 방법이 있다. 이처럼 자금 조달의 다양한 방법이 시대의 변화에 맞게 변화하고 있다.

제주도에 고향사랑기부금을 내면 받을 수 있는 답례품으로 애플망고와 제주 버스 교통카드 등이 추가됐다.

(출처: 연합뉴스, 2025)

[그림 8-3] 자금 조달 다각화

2) 인적자원 확보 및 리더십 강화

(1) 인적자원 관리

기업은 경쟁우위 확보를 통한 지속적인 성과 창출로 생존과 발전을 추구하고 있다. 특히 지식경영 시대를 맞아 우수한 인적자원 확보와 유지는 기업의 성패를 좌우하고 있다. 이에 전략적 인적자원관리는 그 중요성과 효과적인 관리 방안이 더욱 강조되고 있다(채주석 외, 2019).

지금 조직들은 하나같이 “사람은 우리의 가장 큰 자산입니다.”라고 말한다. 그러나 그들이 말하는 것을 진실로 믿는 것은 고사하고, 거의 실천에 옮기지 않고 있다. 대부분은 우리에게 사람이 필요하기보다는 사람들이 우리를 더욱 필요로 한다는 것을 믿고 있다. 그러나 조직은 사람을 끌어들여야 하고, 붙잡아 두어야 하며, 인정하고, 보상하고, 동기를 부여하고, 봉사하고, 만족시켜야 한다. 이제 더 이상 충성심이란 월급을 주는 것만으로는 얻을 수 없다는 것이다. 조직은 지식근로자들에게 그들의 지식을 작업에 투입하는 특별한 기회를 제공하고 있음을 증명함으로써 지식근로자들의 충성심을 확보하지 않으면 안 된다(피터 드러커, 2013).

조직에서 유능한 인적자원을 고용하고 유지하는 것은 중요하다. 인적자원관리는 조직 구성원의 개인적 목표를 조직과 조화시키기 위해 모집, 선발, 개발, 직무, 성과, 보상 등 직원의 유지와 관련된 일련의 업무(tasks) 혹은 과업(activities)이라 할 수 있다(이종건 외 역, 2018; Cooper et al, 2020; 정진경 외, 2023).

비영리조직의 인적자원관리에 관한 연구들은 대체로 채용과 선발, 훈련과 보상과 같은 개별 기능적 요소에 주된 초점을 두고 비영리조직의 인적자원관리가 직원의 직무만족과 전문성 향상 및 이직 의도를 낮추는 데 중요한 역할을 하며, 조직적 성과와도 긍정적이고 유의미한 관계가 있음을 제시하고 있다(정진경 외, 2023).

NPO 조직은 사회적 가치 실현을 목적으로 운영되고 있어 영리조직과는 다른 어려움과 중요성을 가지고 있다. NPO는 비영리성, 공공성, 자원봉사 중심의 운영방식으로 운영된다.

NPO는 영리 조직과 다르게 이윤 추구를 목적으로 하지 않기 때문에 재정적 자원이 제한적이다. 이는 조직 직원들의 급여 수준이 낮고, 복지 혜택이 부족할 수 있음을 의미하며 이러한 재정적 제약은 우수한 인재를 유치하고 유지하는 데 큰 걸림돌로 작용된다(Ridder & McCandless, 2010). 즉, 낮은 급여와 불안정한 고용으로 인해 직원의 이직률이 높아지지만, 직원들에게 비물질적 보상을 주로 하기 때문에 그 외의 동기부여 전략이 필요하다. 또한 자원봉사자를 주요 인적자원으로 활용하여 유급 직원과 비교하면 상대적으로 헌신도나 전문성이 낮을 수 있다. 이에 자원봉사자를 모집하고 교육, 유지, 평가하는 등의 관리적 차원으로의 노력이 필요하다. 하지만 유급 직원들도 조직의 비전이나 사명에 공감하지 못할 경우 이직률이 높아지고 높은 이직률은 조직의 성과를 저하시킬 수 있는 문제점이 있다.

이에 NPO의 인적자원 관리는 조직의 사명을 실현하는데 핵심적인 역학을 한다. 직원들과 자원봉사자들이 조직의 목표를 공감하고 조직에 헌신할 때, NPO는 사회적 가치를 효과적으로 실현할 수 있게 된다(LeRoux & Wright, 2010). 또한 정부, 기부자, 지역사회 등 다양한 이해관계자와의 관계를 관리하기 위해 직원들은 협력과 소통 능력을 갖추어야 한다. 또한 NPO는 재정적 자원이 제한적이기 때문에 인적자원의 효율적인 관리가 조직의 지속 가능성을 결정짓는데 중요한 요소이다. 자원봉사자와 유급 직원 간의 관계가 유기적이며 협력적이어야 하며 직원들의 역량 개발의 중요성을 인식하고 있어야 한다. 이를 통해 조직의 재정 안정과 지속 가능성을 높일 수 있도록 해야 한다.

(2) 리더십의 역할 강화를 통한 비전 실현

임파워먼트[2]는 구성원들에게 업무수행에 필요한 권한과 능력이 있다는 확신을 심어주는 과정을 뜻한다. 이는 다양한 분야에서 사용되며, 권한을 이양하거나 증진하는 집단적 움직임을 의미한다. 임파워먼트는 상사의 권한 위임에서 비롯된 심리적 동기 부여와 자기효능감 향상을 중요시한다. 단순한 권한 위임이 아니라 구성원의 심리적 동기를 유발할 때 효과가 크다는 점에서 심리적 접근이 강조된다(원정달 · 정기수, 2022).

조직은 공동의 목표를 추구하며, 일정한 구조를 형성하는 사회적 단위라 할 수 있는데, 유제호 · 김태규(2013)는 조직에 대해 시스템적 관점에서 조직은 주어진 목표를 달성하기 위해 내적 상태가 항상성(homeostasis)을 유지하고 존속되기를 희망하며 주변환경과 상호작용하여 조직 자체를 유지, 성장, 발전시키는 에너지를 확보

2) 조직구성원들에게 조직을 위한 업무수행에 필요한 권력과 힘, 그리고 능력 등이 있다는 확신을 심어주는 과정을 말한다.

하여 계속 적응해 가는 실체라 주장하였다. 조직구성원들은 리더가 제시한 미션이나 비전 등 조직의 목적을 달성하기 위해 자신에게 맡겨진 역할에 최선을 다해야 하는 의무가 있다(유제호와 김태규, 2013; 박은미 외, 2020).

리더십은 인력을 유지하고 조직에 대한 헌신을 높이기 위한 노력에서 중심적인 역할을 한다(International Journal of Innovation Studies 외. 2020: Schreiner et al. 2018). 리더십은 직원의 태도와 행동, 감정과 의견에 미치는 영향 때문에 조직에 중요한 개념입니다(International Journal of Innovation Studies 외. 2020: Yildiz & Simsek, 2016). 권한과 의사결정이 조직의 상부에 집중되면, 즉 조직 중앙화, 관리위계, 커뮤니케이션 채널이 제한되고 새로운 아이디어를 활성화하기 위한 정보가 줄어들게 된다(International Journal of Innovation Studies 외. 2020: Shin & Choi, 2019).

리더에 대해 본인 스스로 어떠한 생각을 갖고 행동하는가에 대한 분명한 인식과 더불어 조직 구성원들에게도 리더가 자신의 가치관, 도덕적 관점, 지식, 강점 등에 대해 스스로 잘 인식하고 있다고 인지되는 특성을 가진 사람이며, 진정성 리더십을 긍정적인 자기개발을 장려하며, 리더와 부하가 자아 지각과 자아가 통제된 긍정적인 행동을 유발할 수 있도록 돕는 긍정적인 역량이자 고도화된 조직 환경에서 발생한 프로세스로 보았다. 진정성 리더십을 지향하는 리더는 개인적인 가치와 신념에 따라 행동하면서 구성원들과 신뢰를 쌓으며, 다양한 관점에서 생각하는 것을 장려하고 또한 구성원들과의 협력적 관계 네트워크를 만듦으로써 구성원들의 신뢰와 존경을 받고, 더 나아가 조직구성원들이 진정성을 인정하는 행동을 이끄는 역할을 수행하게 된다(박은미 외, 2020).

3) 지역사회 연계

(1) 로컬 거버넌스[3] 구축

사회가 다원화되면서 공동의 사회문제 해결에 있어서 시장, 시민사회, 전문가, 지역주민 등 다양한 이해관계자들이 참여하는 거버넌스가 중요하게 부각되고 있다. 거버넌스는 분석 수준에 따라 다층적으로 적용되며, 그중 로컬 거버넌스(local governance)는 지역적 수준의 범위에서 형성되는 거버넌스라 할 수 있다(심미승, 2016).

'거버넌스(governance)'라는 용어 자체는 중립적인 의미이다. Lyun etal.(2003: 3)은 "정부 활동을 발생시키고, 규정하고, 가능하게 하는 법률, 행정 규칙, 사법적 판정, 실천의 레짐"을 거버넌스라고 정의하면서 다음과 같은 함수로 구체화하였다.

O = f(E, C, T, S, M) 여기에서 O는 정부 활동의 산출, 즉 거버넌스 레짐의 최종 산물을 말한다. E는 환경 요인, 즉 "정치적 구조, 권한의 수준, 경제적 성과, 공급자들 간의 경쟁 존재 혹은 부재, 자원수준과 의존, 법적 틀, 대상 집단의 특성"을 말한다. C는 고객 특성, 즉 고객의 속성, 특성, 행태를 말한다. T는 처리, 즉 "거버넌스 레짐 내 조직의 주요 업무 혹은 핵심 과정, 조직의 미션과 목적, 채용과 적격성 기준, 적격성을 결정할 방법, 프로그램 처리나 기법"을 말한다. S는 구조, 즉 "조직 유형, 거버넌스 레짐 내 조직들의 조정과 통합 수준, 집권화된 통제의 상대적 정도, 기능 분화, 행정 규칙이나 인센티브, 예산 할당, 계약 장치나 관계, 제도적 문화와 가치"를 말한다. M은 관리 역할과 행동, 즉 "리더십 특성, 스텝 관리 관계, 의사소통, 의사결정의 방법, 전문성 및 경력 관심, 모니터링 · 통제 · 책무 메커니즘"을 말

3) 로컬 거버넌스(Local Governance)는 지방의 주요 문제를 다양한 지역사회의 행위자들이 참여하고 협력하여 해결해 나가는 기제이다. 이 개념은 정부, 기업, 시민, 비영리 단체 등 다양한 정책의 주체들이 상호 유기적 관계를 맺으며, 정책을 추진해 나가는 것을 의미한다.

한다(이용환, 2017).

지역사회 발전에 있어서는 지역 구성원의 적극적인 참여와 합의가 중요한 요소로 작용하며, 지역 발전 자원을 보유한 이해관계자의 참여가 강조된다. 이를 통해 지역사회는 보다 자율적이고 효과적으로 문제를 해결할 수 있게 된다(심미승, 2016).

이처럼 거버넌스 패러다임에서의 정책 결정 과정은 다양한 목소리를 반영하고, 지역사회의 특성과 요구에 맞춘 맞춤형 해결책을 제공하는 데 중점을 둔다. 결과적으로, 거버넌스는 지역사회의 지속 가능한 발전을 위한 중요한 접근 방식으로 자리 잡고 있다.

• 로컬 거버넌스 사례: 완주군 로컬푸드 시민사회 주도 민관협력 모델

완주군 로컬푸드는 농업 혁신 전략이 성공한 모델이다. 완주군은 중간 지원조직 소셜 굿즈센터를 설치해 소농의 소득 감소 및 고령화, 특산품 부재 등 전형적 농촌 문제 극복을 위해 로컬푸드 모델을 보기 드물게 선제적으로 성공시켰다. 완주군의 로컬푸드는 SSM 및 대형 마트와 견줄만한 세련된 인테리어를 바탕으로 기획생산 접목 및 가공식품 확대로 주민 선호도를 적극적으로 높이며 많은 완주군 주민뿐만 아니라 인근 전주시민들도 찾아오고 있다. 2021년 기준, 완주군 내 12개 로컬푸드 직매장이 운영되고 있으며, 생산자와 완주군 및 전주시의 소비자(회원제 운용 약 8만여명 가입)를 직접 연결하고 있다. 2012년~2020년 약 9년의 누적 매출액은 약 4천억 원 수준이다. 완주로컬푸드 협동조합이 주요 민간 주체로 고령의 소농 중심(70%) 1,270개 농가가 참여하고 있다. 이 협동조합의 매출액은 연 약 348억 원 수준으로 매출에 따른 이윤은 지역 농민에게 재 환원되고 있다. 완주군 로컬푸드 모델은 지역의 농촌 마을 육성 및 농민 가공센터 설치 운영 등 특화 자원 활용 상품화 지원을 바탕으로 군내 마을기업들은 지역 소농 · 고령 농 3천 농가에 월 150만 원의

일정 소득 보장 및 일자리를 제공해주고 있다. 그뿐만 아니라 노인수당 지급 및 마을 기금 조성 등의 사업도 하고 있다. 완주군은 로컬푸드와 도농을 잇는 가장 치유력 높은 사회연대 경제모델로 사회적 기업, 협동조합, 마을기업을 통해 일자리를 만들고 지역공동체 문제 해결에 기여한다고 자평하고 있다(완주군, 2018). 본 사례는 지역 시민사회 거버넌스 측면에서 시민사회 주도 민관협력의 특징이 잘 드러난다. 지역 주도성 측면에서 완주군의 소셜 굿즈센터가 중간 지원조직의 역할을 잘 해내고 있다. 지역 산업-교육-복지 연계 측면에서 고용 창출과 일정 소득 보장뿐만 아니라, 노인수당과 마을 기금 조성 등 교육 및 복지 연계성도 강하게 나타나는 전형적인 성공 사례이다(고광용 외, 2022).

지역 주민의 참여가 항상 긍정적인 면만 있는 것은 아니다. 지역주민의 시각이 편협하고 국지적일 경우 지역사회 전체의 이해와 충돌을 가져올 수 있으며 지역이기주의 및 집단이기주의를 유발할 위험성이 있다. 따라서 지역주민의 참여 질을 높이기 위해서는 지방자치단체의 복지정책 입안이나 지방자치단체의 복지계획 수립 과정에 참여하는 등 지방정부와 지역주민 간의 네트워킹 및 연대의 방안을 모색해야 한다(심미승, 2016).

시민들의 다양한 욕구에 맞춘 서비스를 제공하기 위해 주민들의 욕구를 표현할 수 있는 조직과 이에 맞춘 제공기관의 조직화와 관련 기관의 연계를 위한 네트워크가 필요하다. 이를 통해 필요한 서비스 공급을 높이고 적재적소에 공급과 제공의 균형을 맞출 수 있는 체계 형성이 필요하다.

(2) 지역 사회자본[4] 활용

“기업의 사회적 자본은 기업에 어떠한 혜택을 제공하는가?”에 대해 Sandefur와 Laumann(1999)는 사회적 자본의 혜택을 크게 정보, 통제, 결속감으로 요약한다. 이를 기업에 적용해 보면, 유리한 사회적 관계에 위치할수록 정보를 더욱 빠르고 값싸게 얻을 수 있고, 사회적 관계의 구조적 특성에 따라 주위의 기업들을 적은 노력으로 효과적으로 통제 가능하며, 사회적 자본을 가진 기업 간에 가치관, 규범, 목적의 공유를 통해서 결속감을 만들어 낼 수 있다는 것이다(Sandefur& Laumann, 1999; 김동준, 2012).

기업의 사회적 자본은 기업의 이익 창출과 성장에 도움을 준다. 다양한 네트워크를 이용하여 자원을 동원하여 자금을 확보한다. 이는 기업에 대한 신뢰를 통해 얻어질 수 있는 것이다. 기업의 자본은 조직의 의사결정과 활동에 있어 큰 역할을 하는 중요한 요소이다.

한국의 사회적 경제 분야 활성화를 위해서는 지역주민과의 신뢰 및 호혜 등을 중심으로 한 사회자본 축적이 유효하다. 이는 지역의 문제, 사회적경제 조직의 방향 및 활동, 지역주민 간의 협업과 네트워크 구축 등을 요구한다. 또한, 활성화 방안은 개별 지역의 문제와 사회적 경제 조직의 방향 등 다양한 요인을 포함한다. 결국, 지역의 문제는 지역에 거주하는 주민과 조직의 참여 그리고 두 대상 간의 신뢰 및 네트워크의 형성 및 축적을 통해 해결할 수 있다. 이를 위해서는 사회적경제 조직과 지역민이 생각하는 사회 문제 인식, 참여 정도, 사회자본 축적에 대한 인식 등을 살펴볼 필요가 있다(김세연 외, 2022).

---

4) 지역사회자본은 대인관계와 공유된 정체성, 규범, 이해, 가치와 더불어 신뢰, 협력, 상호작용을 통해 사회 집단에 효과적인 기능을 하는 것이다. 이 개념은 유형적인 자본(공공 공간, 사유재산 등)과 무형적인 자본(사람, 인적 자본 등), 그리고 그 관계들이 자원과 더 큰 집단에 얼마나 영향을 미치는지 측정하는 것이며, 일반적으로 공동의 목적을 위해 공공재를 생산하는 자본의 형태로 본다.

분명히 인간관계를 하나의 전략적 관점으로만 보고 접근하는 것은 옳지 않다. 사회 네트워크의 함의는 진정으로 관계 그 자체에 충실할 때만이 결과를 얻을 수 있다는 것이다. 따라서 자발성이 그 전제가 되어야 한다. 특히 자본이 노동을 고용하는 것이 아니라 노동이 자본을 고용하는 식의 인적 결합체인 협동조합의 경우 사회 네트워크 중요성에 주목하여야 할 필요성이 더욱더 크다고 하겠다(김동준, 2012).

5. 비전

코로나 사태를 맞으며 포스트모더니즘 특유의 해체와 분열은 더욱 극렬해졌다. 절대적인 진리나 가치를 부정하며 모든 것을 상대적인 것으로 바라보는 경향성은 이 시대에 탈인간화를 급속화 시키며 사회적 문제들을 야기하고 있다. 많은 문제점과 급변하는 시대의 요구는 더 이상 국가 차원에서만 대응할 수 없게 되었다. 그렇기에 국가의 손이 닿지 못하는 사회 곳곳에 오늘날 NPO(비영리 단체)의 역할이 더욱 중요해지고 있다. 그러나 이러한 NPO의 가치와는 별개로 많은 기관이 경제적인 문제로 인한 지속가능성에 대한 우려가 커지고 있다. 이를 극복하고 NPO의 비전과 목표를 실현하기 위해서는 적절한 방향과 전략이 필요하다.

지속적이며 명확한 투명성 추구와 관리는 NPO기관에 대한 기부자의 신뢰를 유지하며 지속가능성이 높은 조직을 만드는데 중요하다. 또한 최신의 기술을 도입하여 활용하고 그 기술의 활용 역량을 강화하여 NPO기관의 성과와 그를 통한 혁신을 도모할 수 있게 된다. 더욱 주요한 것은 기관의 원활한 유지를 위해 다양한 수익을 통해 재정적 자립을 이루는 것이 필수이다. 이를 위해 지역사회에서 지역의 거버넌스를 이루며 지역사회의 자본을 가지고 사회를 위한 NPO가 된다면 현재의 불명확성과 미래의 도전에도 효과적으로 대응하여 사회적 가치를 창출할 수 있게 될 것이다.

CHAPTER 09

협력과 파트너십 강화

협력과 파트너십 강화

Chapter 09

오늘날 사회문제는 점점 더 복잡하고 다층적으로 변화하고 있다. 이러한 변화 속에서 단일 조직의 힘만으로는 효과적인 문제 해결이 어려워졌으며, 이에 따라 비영리조직(NPO)들은 경영 전략의 일환으로 '협력'과 '파트너십'을 적극적으로 모색하고 있다. NPO 경영에서의 협력은 단순한 지원이나 연대 차원을 넘어, 조직의 미션 달성과 지속 가능성을 위한 핵심 경영 수단으로 자리잡고 있다. 특히, 다양한 주체들과의 전략적 파트너십은 자원 확보, 역량 강화, 사회적 영향력 확대 등 여러 방면에서 NPO의 경쟁력을 높이는 중요한 역할을 한다. 따라서 NPO 경영에서 협력과 파트너십을 체계적으로 이해하고 활용하는 것은, 현대 NPO가 직면한 복잡한 사회적 요구에 대응하고, 더 큰 변화를 이끌어내기 위한 필수적인 과제가 되고 있다(Austin, J. E, 2000).

현대사회는 정치, 경제, 환경, 복지 등 다양한 분야에서 복잡하고 다차원적인 문제에 직면하고 있다. 이처럼 빠르게 변화하고 다변화된 사회적 요구에 대응하기 위해서는, 하나의 조직이나 한정된 자원만으로는 충분하지 않다. 특히 비영리조직(NPO)은 사회적 가치 실현과 공익 증진이라는 고유한 사명을 가지고 있지만, 내부

자원의 한계, 환경변화, 재정적 제약 등 다양한 도전에 부딪히고 있다. 이러한 한계를 극복하고 지속 가능한 조직 운영을 이루기 위해, NPO들은 이제 '협력(cooperation)'과 '파트너십(partnership)'을 경영 전략의 핵심으로 삼고 있다(Salamon, L. M, 1995).

NPO 경영에서의 협력은 단순한 친목이나 일회성 지원을 넘어선다. 이는 공동의 목표를 설정하고, 자원과 역량을 공유하며, 상호 신뢰를 바탕으로 장기적 가치를 창출하는 '전략적 관계'를 의미한다. 기업, 정부, 지역사회, 다른 NPO 등 다양한 주체들과 맺는 파트너십은, 비영리조직이 혼자서는 얻기 힘든 자금, 인력, 전문 지식, 네트워크를 확보할 수 있게 해주며, 이를 통해 조직의 미션을 보다 효과적이고 혁신적으로 추진할 수 있도록 돕는다.

특히 오늘날 NPO는 단순한 서비스 제공자에서 벗어나, 사회적 문제 해결을 위한 '변화의 촉진자(Agent of Change)'로서의 역할을 요구받고 있다. 이런 요구를 충족하기 위해서는 외부 파트너들과의 협력을 통해 새로운 사업 모델을 공동으로 개발하거나, 사회적 영향력을 극대화하는 방식으로 경영 전략을 발전시켜야 한다. 경영의 관점에서 협력은 단순히 생존을 위한 선택이 아니라, 조직의 성장과 혁신, 그리고 미션 달성을 위한 필수적 수단이 된 것이다.

따라서, NPO 경영에서 협력과 파트너십을 어떻게 이해하고 설계하며 운영하는가에 대한 고민은, 조직의 지속가능성과 사회적 가치 창출을 결정짓는 중요한 요인이 되고 있다. 이에 본 논의에서는 NPO 경영 측면에서 협력과 파트너십의 정의, 특징, 필요성, 그리고 성공적 협력을 위한 조건들을 체계적으로 살펴보고자 한다.

1. NPO 경영 측면의 협력과 파트너십의 필요성

변화되는 NPO 현장에서는 더욱 긴밀한 협력과 파트너십이 요구되어진다. 이러한 NPO 경영 측면의 협력과 파트너십의 필요성은 다음과 같다(James E. Austin, 2000).

1) 자원 공유 및 최적화

NPO는 재정적 자원, 인적자원, 물적 자원 모두가 제한적입니다. 한 아동 복지 NPO가 대형 출판사와 협력하여 무료로 책을 기증받아 어린이 독서 캠페인을 진행과 같이 협력과 파트너십을 통해 다음과 같은 이점이 생긴다.

(1) 재정적 지원: 기업 CSR(사회공헌활동) 프로그램이나 정부 보조금 확보
(2) 인력 지원: 전문 봉사자, 자문단, 임시 프로젝트팀 구성 가능
(3) 물적 자원: 사무 공간, 장비, 홍보 채널 공유

2) 신뢰성과 공신력 강화

환경 보호 단체가 유명 대학과 공동 연구를 수행하면서 연구 결과에 대한 사회적

신뢰도가 급상승과 같이 외부 기관과 협력하면, 단체 자체의 신뢰도와 공신력이 다음과 같이 상승한다.

(1) 파트너의 명성이 NPO에 긍정적 영향 발생
(2) 대중과 기부자에게 더 신뢰받는 기관으로 비춰지는 영향 발생
(3) 대외 홍보 시 "우리만의 목소리"가 아니라 "공동의 목소리"를 낼 수 있어 영향력이 향상되는 효과 발생

3) 전략적 목표 달성 촉진

NPO는 일반적으로 단기 목표보다 중장기적인 사회적 변화를 지향한다. 여러 인권 단체들이 모여 국가적 차원의 인권법 개정 운동을 공동으로 추진과 같이 이 목표는 단독으로 이루기 어렵다(Robert Putnam, 2000).

(1) 다른 기관과 공동 미션 설정
(2) 장기 프로젝트나 캠페인을 공동 추진
(3) 법적, 제도적 변화를 위한 연합체 결성

4) 조직 내부 역량 강화

IT 기업이 소규모 NPO에 CRM(Customer Relationship Management) 시스템을 무료로 제공하고 사용법을 교육하는 것처럼 파트너십을 통해 NPO는 내부 운영 체계

나 전문성을 강화할 수 있다.

(1) 경영 노하우 전수: 기업이나 다른 선진 NPO와의 교류

(2) 교육 및 훈련: 파트너 기관과 함께 스태프 교육, 리더십 프로그램 운영

(3) IT 시스템 도입 지원: 디지털 혁신을 위한 협력

5) 새로운 기회 창출

국내 NPO가 해외 NGO와 협력해 제3세계 개발 지원 프로젝트를 시작하고, 그 과정에서 국제기구와 추가 협력하는 것처럼 파트너십은 단순한 "지원"을 넘어, 완전히 새로운 사업 기회를 만들어낸다(김성기 외, 2017).

(1) 새로운 프로젝트 발굴

(2) 수익과 사회적 가치를 동시에 추구하는 형태인 사회적기업 창출

(3) 해외 기관과 협력하여 활동 범위를 넓히는 글로벌 네트워크 확장

2. NPO 경영 측면의 협력

NPO 경영 측면의 협력은 비영리조직(NPO)이 자원의 한계와 사회적 변화에 능동적으로 대응하고, 조직의 사명(mission)과 목표(objectives)를 효과적으로 달성하기 위해, 외부 주체(다른 NPO, 기업, 정부, 지역사회 등)와 전략적으로 관계를 맺고, 자원과 역량을 공유하며, 공동의 목표를 추구하는 경영 행위를 말한다. 여기서 "협력"은 단순한 친목이나 지원을 넘어서, 조직 전략의 일부로 움직이는 것을 의미한다(Michael J. Worth, 2009).

1) 경영 관점에서 협력이 중요한 이유

NPO는 일반 기업과 달리, 이윤 추구 대신 사회적 가치 창출을 목적으로 하고 있으며 재정이나 인력, 기술이 항상 풍부하지 않고 혼자 모든 걸 해결하기 어려운 경우가 많아 더욱 경영적인 관점에서 협력이 매우 중요하다.

2) 협력의 주요 요소

NPO 경영에서 협력은 다음과 같은 구성 요소를 가진다(Lester Salamon, 2003).

(1) 공동 목표 설정: 단순히 친해서가 아니라, 구체적이고 명확한 공동 미션이나

프로젝트 목표를 세운다.

(2) 자원 공유(Resource Sharing): 돈, 인력, 기술, 공간, 네트워크 같은 자원을 서로 나누거나 함께 활용한다.

(3) 책임과 권한의 명확화: 누가 어떤 역할을 맡고, 어떤 책임을 지는지 명확히 해야 한다.

(4) 지속적 커뮤니케이션: 협력은 1회성 이벤트가 아니라, 긴밀하고 지속적인 소통이 필수적이다.

(5) 신뢰와 상호 존중: 협력 관계는 신뢰 없이는 유지될 수 없기 때문에 서로간의 신뢰와 상호 존중이 필요하다.

3) 협력의 경영적 기능

협력은 단순한 '도움' 그 이상이다. 경영 전략 안에서 협력은 다음과 같은 기능을 한다(Peter Drucker, 1990).

(1) 자원 확보(Resource Acquisition): 부족한 재정이나 전문성을 외부에서 끌어와 조직 운영에 활용한다.

(2) 역량 강화(Capacity Building): 내부 인력의 능력 향상, 조직 운영 체계의 선진화 시킬 수 있다.

(3) 사회적 영향력 확대(Scaling Impact): 협력으로 더 많은 수혜자에게 서비스를 제공하거나 문제를 해결한다.

(4) 리스크 분산(Risk Sharing): 실패 위험을 분담하고 새로운 시도를 더 쉽게 할 수 있다.

(5) 혁신 촉진(Innovation): 서로 다른 시각과 경험이 만나 새로운 해결책이나 프로그램을 탄생시킬 수 있다.

4) 협력의 유형

NPO 경영에서 활용되는 협력 방식은 다양하지만 다음과 같이 대표적으로 협력의 유형을 설명하고자 한다.

(1) 전략적 제휴(Strategic Alliances): 특정 사업이나 프로젝트를 위해 파트너십을 맺는 것이다.
(2) 네트워크(Network Collaboration): 여러 조직이 느슨하게 연결되어 상호 지원하는 형태이다.
(3) 컨소시엄(Consortium): 공동으로 기금을 신청하거나 대형 사업을 수행하기 위해 조직 간 연합하는 것이다.
(4) 공공-민간 파트너십(PPP): 정부와 함께 사회문제를 해결하는 협력이다.
(5) 크로스섹터 협력(Cross-Sector Collaboration): 기업, 정부, 시민사회가 함께 문제를 푸는 협력이다.

이와 같이 NPO 경영 측면에서 협력이란, 조직의 사명 달성과 지속 가능한 경영을 위해 다른 주체들과 전략적 관계를 맺고, 자원과 지식을 공유하며, 사회적 가치를 공동으로 창출하는 경영 전략이다(Bryson, Crosby, and Stone, 2015).

5) NPO 협력 실패 사례

보다 현실적인 내용으로서 NPO 현장에서 다양한 협력 실패 사례들이 있다. 아무리 아무리 좋은 뜻으로 시작해도, 협력은 복잡해서 쉽게 깨지거나 무너지기도 쉽기 때문에 실패하는 경우가 있다. 대표적인 실패 사례는 다음과 같다(Bryson, J. M., Crosby, B. C., & Stone, M. M., 2006; Sowa, J. E., 2009).

(1) 목표 불일치: 서로 다른 방향을 보고 있었던 경우

A라는 환경보호 NPO와 B라는 지역사회개발 NPO가 "지속 가능한 마을 만들기" 프로젝트를 위해 협력을 진행하였다. 하지만 협력 초기에 명확한 공동 목표를 세우지 않고 "좋은 취지니까 잘 될 거야"라고만 생각했다. A는 환경보호를 최우선으로 했고, B는 주민들의 경제적 이익을 더 중요하게 생각하게 되었다. 결국, 어떤 프로젝트를 추진할 때마다 "환경을 더 지키자" vs "경제를 더 살리자"로 갈등이 심해졌고, 프로젝트 방향이 엇갈리면서 중도에 협력이 깨지고 말았다.
– 실패 원인: 공동 목표 미설정, 가치관 충돌, 갈등 조절 실패

(2) 권한과 책임 불분명: 누가 뭘 해야 할지 모르는 경우

두 NPO가 해외 구호 활동을 공동으로 진행하게 되었는데, 초기 협약 때 "서로 도와요" 정도의 포괄적 약속만 하고 구체적으로 누가 어떤 역할을 맡을지를 정하지 않았다. 현장에서 문제가 생겼을 때, 서로 "네가 처리해" "아니야, 네가 해" 하며 책임을 미루었고, 결국 구호물자 전달이 지연되면서 현지 주민들의 불만이 커졌다. 나중에는 두 조직 모두 평판에 타격을 입게 되었다.
– 실패 원인: 역할과 책임 분담 불명확, 위기 대응 시스템 부재

(3) 신뢰 부족: 의심과 경쟁으로 무너진 협력

NPO와 기업이 함께 사회공헌 캠페인을 진행하였다. 초반에는 잘 진행되는 것 같았지만, 기업 쪽에서 NPO의 브랜드만 이용하고, 실제 사회공헌보다는 자기 회사 홍보에만 집중하는 모습을 보였다. NPO 내부에서도 "우리를 진정한 파트너로 보는 걸까?" 하는 불신이 커졌고, 결국 공식 파트너십 해지와 동시에 양쪽 모두 신뢰를 잃게 되었다.
– **실패 원인:** 파트너 간 진정성 부족, 상호 신뢰 구축 실패

(4) 의사소통 부재: 소통이 끊긴 경우

다수의 NPO들이 연합해 대규모 자선 행사를 준비했는데, 행사 준비 과정에서 정기 회의가 자주 취소되고, 서로 진행 상황을 공유하지 않았다. 결국 행사 당일, 부스 준비가 중복되거나 빠진 부분이 생기면서 전체 운영이 엉망이 되었고, 참가자와 후원자들로부터 큰 비판을 받았다.
– **실패 원인:** 정기적 커뮤니케이션 부족, 정보 공유 시스템 부재

6) NPO 협력 성공 전환 사례(Kania, J., & Kramer, M, 2011)

(1) 소통 부족 → 긴밀한 소통체계 구축

국내의 A 복지 NPO와 B 의료 NPO가 노숙인 대상 건강 지원 프로젝트를 함께 진행했다. 초기에는 소통 부재로 사업 방향이 서로 어긋났고, 현장 대응도 제대로 안 되어서 프로그램이 거의 무산될 뻔했다. 하지만 실패를 경험한 후, 두 기관은 정기적 회의(주간 미팅)를 반드시 열고, 공동 온라인 업무 플랫폼을 개설해서 서로 진행 상황을 투명하게 실시간으로 공유하기 시작했다. 또한 담당자뿐 아니라 기관 대표들 간 소통 라인도 열어서, 큰 이슈가 생기면 빠르게 결정을 내릴 수 있도록 시스템을 만들었다.
– **결과:** 프로그램 일정이 정확하게 조율, 예상치 못한 문제에도 빠르게 대응, 사업 성과도 초기 대비 150% 향상.

(2) 목표 불일치 → 공동 미션 재정비

환경 NPO와 청소년 교육 NPO가 "청소년 환경리더 양성" 프로젝트를 추진했다. 초기에 목표 설정이 불명확해서, "환경 교육"을 할지 "리더십 교육"을 할지 서로 혼란스러웠다. 하지만 중간 평가 회의에서 서로 솔직하게 피드백을 주고받은 후, '청소년 주도 환경 캠페인'이라는 구체적이고 합의된 미션을 다시 설정했다. 이후에는 청소년들이 직접 캠페인을 기획하고, 두 NPO가 각각 환경 전문성과 청소년 교육 노하우를 분담 지원하는 구조로 개편했다.

– **결과:** 청소년들의 적극적인 참여가 크게 늘었고, 미디어에도 소개되면서 프로젝트가 대성공하였다.

(3) 신뢰 부족 → 투명성과 공동 브랜딩

한 국제구호 NPO가 대기업과 공동 캠페인을 시작했지만, 기업이 캠페인을 지나치게 '자기 홍보'에만 이용하는 것처럼 보이면서 NPO 내부와 지지자들 사이에서 신뢰 위기가 생겼다. 하지만 양측이 갈등 조정 회의를 통해 캠페인 관련 모든 의사결정을 공동으로 하고 홍보물에도 "공동 브랜드 로고"를 사용하며 모금 결과나 지원 활동을 모두 투명하게 공개하는 원칙을 정했다.

– **결과:** 지지자들의 신뢰가 회복됐고, 오히려 캠페인 효과가 2배 이상 증가되었다.

3. NPO 경영 측면의 파트너십

NPO(비영리조직) 경영에서의 파트너십은 단순한 협력 이상의 의미를 지닙니다. 이는 NPO가 지속가능성과 사회적 영향력을 확대하기 위해 전략적으로 기업, 정부, 다른 NPO, 지역사회, 학계 등 다양한 주체와 맺는 관계를 말한다(Drucker, P. F, 1990).

1) NPO 경영에서 파트너십이 중요한 이유

NPO는 이윤 추구가 아닌 '사회적 가치 실현'을 목표로 한다. 하지만 한정된 자원과 영향력만으로는 복잡한 사회 문제(예: 기후변화, 빈곤, 교육격차 등)를 해결하기 어렵다. 이때 파트너십은 다음과 같은 역할을 한다.

(1) 사회적 자원의 결집: 다양한 분야의 전문성과 자원을 모아 '시너지 효과'를 창출한다.
(2) 사회적 신뢰성 강화: 유명 기업, 정부 기관, 다른 NPO와 협력할수록 대중과 후원자의 신뢰가 높아진다.
(3) 혁신적 문제 해결: 각 기관이 가진 다양한 접근법을 융합해 새로운 해결책을 만들 수 있다.
(4) 지속 가능한 발전: 단기 프로젝트가 아니라, 장기적이고 체계적인 사회적 변화를 만들 수 있다.

2) 파트너십의 목적(Beth Kanter & Allison Fine, 2010)

(1) 자원 확보: NPO는 보통 재정, 인력, 기술 등이 부족하기 때문에 파트너를 통해 필요한 자원을 확보한다.

(2) 영향력 확대: 혼자서는 달성하기 어려운 사회적 변화를 공동으로 이루기 위해 협력한다.

(3) 전문성 보완: 다양한 파트너의 전문 지식을 활용해 프로그램의 질을 높인다.

(4) 사회적 신뢰 구축: 신뢰할 수 있는 파트너와의 협력은 NPO의 대외 신뢰도 향상에도 기여한다.

3) 파트너십의 종류

(1) 전략적 파트너십: 장기적이고 상호 의존적인 관계로, 공동 목표를 설정하고 함께 실행한다. 예를 들어 대규모 사회공헌 프로젝트 공동 수행 등이 여기에 속한다.

(2) 후원 파트너십: 주로 기업이 재정, 물품, 서비스를 제공하고, NPO는 사회적 가치를 전달한다.

(3) 협력 네트워크: 여러 NPO나 기관이 느슨하게 연결되어 공동 캠페인, 정책 제안 등을 한다.

(4) 공공-민간 파트너십(PPP): 정부와 함께 사회 문제 해결을 위한 사업을 공동으로 수행한다.

4) 파트너십 관리의 핵심 요소

(1) 공통의 목표 설정

서로 추구하는 가치와 목표가 일치해야 장기적인 파트너십이 가능합니다. 서로 다른 조직은 서로 다른 이해관계, 문화, 운영방식을 가지고 있으며 목표가 명확하지 않으면 협력 과정에서 방향성이 흔들리거나 갈등이 발생할 수 있기 때문에 공통의 목표 설정 부분이 매우 중요하다.

공통 목표의 명확화를 하기 위해서는 먼저 초기 회의에서 공동 비전과 목표를 명문화하며 단기 목표와 장기 목표를 구분해서 설정해야 한다. 또한 목표 달성의 구체적인 지표(KPI, 성과지표)를 함께 정의해야 한다. 예를 들어 "아동 교육 캠페인에서 1년 안에 전국 5만 명의 아동에게 디지털 교육 기회를 제공한다"는 식의 명확한 목표 설정해야 한다(Kanter, B., & Fine, A, 2010).

(2) 명확한 역할과 책임 설정

책임과 기대치를 명확히 설정해 혼선을 방지하기 위해서 명확한 역할과 책임을 설정해야 한다. 누가 어떤 일을 담당하는지 애매하면 업무 중복이나 누락이 발생할 수 있으며 책임 소재가 불명확하면 성과 실패 시 서로 탓하는 상황이 벌어지기도 하기 때문에 명확한 역할과 책임을 설정해야 한다.

명확한 역할과 책임 설정을 하기 위해서는 업무 분장표를 작성하여 각각의 역할, 책임, 기한을 문서로 명확히 하며 프로젝트 관리 도구(예: Asana, Trello)를 사용하여 실시간 진행 상황을 공유한다. NPO는 콘텐츠 제작을 담당하고, 기업은 홍보와 후원금 모금을 맡는다 등으로 명확한 역할과 책임을 설정해야 한다(Beth Kanter & Allison Fine, 2010).

(3) 신뢰와 투명성

신뢰와 투명성은 정기적인 소통과 결과 공유를 통해 신뢰를 쌓아야 한다는 것이다. 파트너십은 본질적으로 신뢰를 기반으로 하며, 불투명한 정보 공개는 오해와 불신을 초래하기 때문에 신뢰와 투명성 구축이 필요하다.

신뢰와 투명성을 확보하기 위해서는 재정 정보, 활동 보고서, 성과 평가 등을 정기적으로 공유하며, 중요한 의사결정은 일방적이 아닌 공동 논의로 진행하고, 문제 발생 시 즉각 공유하고, 솔직하게 대처한다. 기부금 사용 내역을 분기별로 파트너 기업에 상세히 보고하고, 정기 미팅에서 논의하는 등 신뢰와 투명성 구축을 위한 노력이 필요하다(Stanford Social Innovation Review, 2013).

(4) 성과 관리 및 피드백

공동 프로젝트의 성과를 정기적으로 측정하고 피드백을 반영해야 하는 것이 성과 관리 및 피드백이다. 성과를 제대로 관리하지 않으면 파트너십의 효과를 측정할 수 없고, 잘된 점과 개선할 점을 분석해야 다음 협력의 질을 높일 수 있기 때문에 성과 관리 및 피드백이 중요하다.

시작 전에 평가 기준과 방법을 설정하고, 중간 평가(중간 점검) 및 최종 평가를 모두 실시하며 긍정적 및 부정적 피드백을 모두 솔직하게 공유한다. SNS 캠페인 도달률이 목표 대비 80%였으므로, 다음에는 "콘텐츠 업로드 빈도를 늘리자"는 식의 구체적 피드백을 진행하는 등 성과 관리 및 피드백의 과정을 진행해야 한다.

(5) 지속 가능성 확보

일시적인 프로젝트가 아닌, 장기적인 관점에서 관계를 구축하는 것이 지속 가능성 확보이다. 일회성 프로젝트로 끝나면 관계도, 성과도 금방 사라지고 장기적으로 함께 성장할 수 있어야 진정한 '파트너'가 되기 때문에 지속 가능성 확보가 필요하다.

초기 협력에서 장기 파트너십 가능성을 염두에 두고, 협력 종료 후에도 네트워크를 유지하고 후속 기회를 모색하며 공동 연구, 공동 기획, 공동 브랜드 캠페인 등 다양한 연계 활동을 고민해야 한다. 첫 번째 프로젝트 성공 후, 3년간 정기후원 프로그램을 추가 기획하는 것처럼 지속 가능성을 확보해야 한다(한국NPO공동회의, 2020).

5) 파트너십의 구체적 형태와 구조

(1) 전략적 파트너십

공동 목표 설정, 공동 실행, 리스크도 공유라는 특징을 가지고 있으며, NPO + 글로벌 기업 공동 사회공헌 사업(예: 아동 빈곤 퇴치) 등의 전략적 파트너십을 구축하고 있다(Kanter, B., & Fine, A, 2010).

(2) 프로젝트 기반 협력

특정 과제나 프로젝트 단위로 짧게 협력하는 특징을 가지고 있으며 환경 캠페인, 재난구호 활동 등으로 프로젝트 기반 협력을 구축한다.

(3) 후원 및 스폰서십 파트너십

자금 및 물품 지원 제공, 명시적 대가(브랜딩 등) 기대의 특징을 가지고 있으며 기업 후원으로 마라톤 대회 개최 등으로 후원 및 스폰서십 파트너를 구축하고 있다.

(4) 연합 및 네트워크 파트너십

여러 NPO 및 기관이 느슨하게 연결된다는 특징을 가지고 있으며 연합 캠페인, 공동 입법 로비 활동 등으로 연합 및 네트워크 파트너십을 구축하고 있다.

(5) 공공 및 민간 파트너십

정부와 민간 NPO가 공동 사업 추진하는 특징을 가지고 있으며, 사회복지센터 운영, 공공주택 지원사업 등을 통해 공공과 민간이 파트너십을 구축하고 있다.

6) 파트너십 단계별 관리 방법

파트너십 단계별 관리 방법은 총 4단계로 나눠 설명할 수 있으며 단계별 내용등은 다음과 같다.

가. 1단계: 파트너 발굴 및 매칭

우리 조직의 미션과 잘 맞는 파트너를 찾는 조사 단계와 함께 비공식 미팅, 공동 관심사 탐색의 관계 구축 부분이 있다.

나. 2단계: 협력 설계

각자의 기대와 이익을 조율하는 공동 목표 설정과 함께 누가 무엇을 언제까지 할 것인지 문서화하는 역할과 책임 명확화하는 부분이 있다.

나. 3단계: 실행 및 운영

프로그램, 캠페인, 연구 등을 함께 수행하는 공동 활동 진행과 함께 회의, 리포트, 이벤트 등을 통해 관계를 유지하는 정기 소통 방법이 있다.

라. 4단계: 평가 및 발전

정량적(예: 참가자 수, 인지도 상승) 및 정성적(예: 브랜드 이미지 개선) 성과 분석 과정과 함께 문제점을 조정하고, 성공 요소를 강화하여 다음 협력으로 이어가는 피드백 반영하는 과정이 있다.

4. NPO 경영 측면의 성공적인 협력 및 파트너십 사례

협력과 파트너십은 단순히 "좋은 관계"를 넘어, 명확한 계획과 실행 전략을 바탕으로 구축해야 진정한 성공을 거둘 수 있다. 실질적으로 적용할 수 있는 구체적인 전략들을 세분화하여 다음과 같이 설명하고자 한다(James E. Austin, 2000).

1) 공동 비전 및 목표 설정

서로 다른 조직이 하나의 목적을 향해 나아가야만 진정한 파트너십이 되는 것이 공동 비전 및 목표 설정에 핵심 원칙이다(Peter F. Drucker, 1990).

(1) 미션 공유: 모두 '아동 복지 증진'이라는 미션을 추구하는 것처럼 처음부터 공동의 사회적 가치를 명확히 합의해야 한다.

(2) 성과 지표 설정: 1년 안에 500명 아동 지원하는 것처럼 목표 달성 여부를 평가할 수 있는 명확한 KPI를 합의한다.

(3) 실천 전략: 협약서(MOU)나 공동선언문을 작성하여 서로의 비전과 목표를 문서화한다.

2) 명확한 역할 및 책임 부담

파트너 간 혼란과 중복을 피해야 하는 것이 명확한 역할 및 책임 부담의 핵심 원칙이다.

(1) 업무 분장: A기관은 기금 조성 담당, B기관은 프로그램 운영 담당하는 것처럼 누가 무엇을 담당할지 명확히 한다.

(2) 책임 추적: 문제가 발생했을 때 누구에게 책임이 있는지 명확히 설정한다.

(3) 실천 전략: Gantt 차트나 RACI 매트릭스를 사용해 업무와 책임 관계를 시각화한다.

3) 신뢰 구축 및 소통 체계 마련

신뢰는 협력의 '기초공사'처럼 신뢰 구축 및 소통체계 마련이 필요하다(Robert Putnam, 2000).

(1) 정기적인 소통: 주기적인 미팅, 공동 워크숍 등을 통해 커뮤니케이션을 활성화한다.
(2) 투명성 강화: 재정, 일정, 문제 상황 등을 숨기지 말고 공유한다.
(3) 실천 전략: 공동 Slack 채널, 구글 드라이브 등을 통해 자료와 정보를 항상 공유화한다.

4) 공동 브랜딩 및 외부 커뮤니케이션 전략

외부에 일관된 이미지를 전달해야 하는 것이 공동 브랜딩 및 외부 커뮤니케이션 전략의 핵심 원칙이다.

(1) 공동 로고 사용: 캠페인, 행사 시 파트너 로고를 함께 사용한다.
(2) 공동 보도자료 배포: 언론 발표 시 공동명의로 배포한다.
(3) 소셜 미디어 공동 운영: SNS 채널에서 서로의 활동을 적극적으로 공유한다.
(4) 실천 전략: 언론 보도용 템플릿을 미리 제작해 두고 공동 홍보 전략을 사전에 합의한다.

5) 위기 대응 플랜 수립

위기가 발생할 때 책임 공방이 아니라 빠른 대응이 위기 대응 플랜 수립의 핵심 원칙이다(김성기 외, 2000).

(1) 리스크 관리 계획 수립: 발생 가능한 리스크와 대응 방법을 미리 논의한다.
(2) 비상 연락 체계 구축: 위기 발생 시 신속하게 의사소통할 수 있는 체계 마련한다.
(3) 실천 전략: “위기 대응 모의 훈련(Scenario Drill)”을 정기적으로 실시한다.

6) 성과 공유 및 공동 평가

성공과 실패를 함께 나누며, 끊임없이 관계를 개선해 나가야 하는 것이 성과 공유 및 공동 평가에 핵심 원칙이다.

(1) 공동 평가 시스템: 프로젝트 종료 후 각 파트너가 평가에 참여한다.
(2) 성과 발표회 개최: 함께 결과를 외부에 알리고, 다음 협력 기회를 모색한다.
(3) 실천 전략: 공동 보고서(Annual Partnership Report)를 발간하여 성과를 기록한다.

5. NPO 유형별 협력 전략

NPO는 활동 분야에 따라 협력 전략이 달라집니다. 각 분야별로 특성과 성공적인 협력 전략을 정리하면 다음과 같다(James E. Austin, 2000).

1) 사회복지 분야 NPO

(1) 특징

사회복지 분야 NPO(지역사회, 아동, 장애인, 노인 등)는 수혜 대상이 명확하고, 긴급성이 높은 경우가 많으며 지역사회 기반(Community-based)의 협력이 중요한 특징을 가지고 있다.

(2) 협력 전략

굿네이버스는 지자체, 병원과 협력해 저소득층 아동에 대한 심리치료와 학습지원을 통합 제공한 것처럼 다음과 같은 협력 전략이 필요하다.

가. 복지 행정 시스템과 연계, 복지 사각지대 해소할 수 있도록 지방자치단체 및 지역사회 조직과의 긴밀한 협력을 한다.

나. 종합사회복지관, 지역아동센터와 기업 기부금을 연계하는 것처럼 기업 CSR(사회공헌활동)과 매칭한다.

다. 복합적 서비스(의료+심리+교육)를 제공하는 통합지원 시스템 구축하는 것처럼 전문기관(의료, 상담)과 협력한다.

2) 환경 분야 NPO

(1) 특징

환경 분야 NPO(기후변화, 생태보전 등)은 글로벌 이슈와 로컬 이슈가 동시에 존재하는 것과 대중의 인식 전환 캠페인이 핵심 전략인 특징을 가지고 있다(WWF, 2025).

(2) 협력 전략

WWF(World Wide Fund for Nature)는 글로벌 기업들과 파트너십을 맺고 지속가능한 어업, 산림 보호 프로젝트를 수행하는 것처럼 다음과 같은 협력 전략이 필요하다.

가. 굿네이버스는 지자체, 병원과 협력해 저소득층 아동에 대한 심리치료와 학습지원을 통합 제공하는 것처럼 다음과 같이 협력 전략이 필요하다. 과학적 데이터 기반 환경 캠페인 강화하는 글로벌 NGO 및 연구기관과 협력 전략이 필요하다.

나. 친환경 제품개발, 탄소 중립 캠페인 등 공동 추진하는 기업과 지속가능경영(ESG) 연계 협력 전략이 필요하다.

다. 대중 인식 전환을 위한 미디어 전략 수립하는 언론, 인플루언서와의 파트너십을 수립하는 협력 전략이 필요하다.

3) 국제개발 분야 NPO

(1) 특징

국제개발 분야 NPO(빈곤 퇴치, 인도적 지원, 교육 등)은 다문화, 다양한 이해관계자가 얽힌 복잡한 환경과 긴급구호(Immediate Relief)와 장기 개발개입(Long-term Development)이 병존하는 특징을 가지고 있다(UNICEF, 2025).

(2) 협력 전략

세이브더칠드런은 유니세프, 현지 정부와 협력하여 난민촌 교육 지원 프로그램을 장기적으로 운영하는 것처럼 다음과 같은 협력 전략이 필요하다.

가. 지역 주민의 자발적 참여를 유도하는 현지 NGO 및 커뮤니티 기반 조직(CBO)과 협력

나. 자금 조달 및 글로벌 표준 준수하는 국제기구(UN, WHO 등) 및 정부와 공동 프로젝트 진행

다. 교육, 보건, 식수 위생 등 분야에서 민관협력(PPP) 모델 적용하는 국제 다국적 기업과 공동 프로그램 개발

CHAPTER

10

NPO 경영 리더십과 팀 역동성

NPO 경영 리더십과 팀 역동성

Chapter 10

1. 리더십에 대한 이해

리더십(Leadership)은 사람이나 집단의 목표를 달성하기 위해 영향력을 발휘하며 방향을 제시하고, 동기를 부여하며, 조직을 이끄는 과정을 의미합니다. 리더십은 단순히 직위나 권위에서 나오는 것이 아니라, 사람들의 신뢰를 얻고 협력하도록 하는 능력에서 비롯됩니다. 리더십의 정의는 맥락과 상황에 따라 다양한 방식으로 해석될 수 있으며, 다음에서 리더십의 주요 개념과 정의를 다양한 관점에서 자세히 설명하고자 한다(Stogdill, 1974).

1) 리더십의 핵심 요소

리더십은 여러 가지 구성 요소로 이루어져 있으며, 이는 리더십의 본질을 이해하는 데 중요한 역할을 한다(Bass, 1990).

(1) 영향력

리더십은 타인에게 긍정적 영향을 미치는 과정입니다. 이는 단순히 명령하거나 통제하는 것이 아니라, 사람들의 행동과 태도에 변화를 유도하는 것이다. 리더는 구성원들이 스스로 목표를 이해하고, 자발적으로 참여하도록 동기를 부여한다(Bass, 1990).

(2) 목표 지향성

리더십은 개인 또는 조직의 목표를 설정하고, 이를 달성하기 위한 방향성을 제공한다. 목표는 구체적이고 명확해야 하며, 리더는 이를 공유하고 실행 가능한 계획으로 구체화한다(Stogdill, 1974).

(3) 조직화와 조정

리더는 구성원들의 다양한 역량을 조화롭게 조직화하고 조정하여 팀이 효율적으로 일할 수 있도록 한다. 구성원 간의 협업을 촉진하고, 갈등을 해결하며, 팀의 생산성을 극대화하는 역할을 한다(Tannenbaum et al, 1961).

(4) 의사소통

리더십은 명확하고 효과적인 의사소통을 통해 구성원들에게 비전과 목표를 전달하고, 피드백을 수용하며, 팀원 간의 연결을 강화한다(Kotter, 1996).

2) 리더십의 학문적 정의

리더십은 다양한 학문적 관점에서 정의되며, 각 정의는 리더십의 다른 측면에 초점을 맞춘다(Yukl, 2010).

(1) 경영학적 정의

리더십은 조직의 목표를 달성하기 위해 구성원들의 행동과 태도를 조정하고, 협력을 이끌어내는 과정으로 정의된다. 리더십은 목표 달성을 위해 조직 구성원들에게 방향성을 제공하고 동기를 부여하는 과정이다(Stogdill, 1974).

(2) 심리학적 정의

심리학에서는 리더십을 개인의 카리스마, 성격, 또는 대인관계 기술을 통해 다른 사람들에게 영향을 미치는 과정으로 보며 리더십은 집단의 행동을 변화시키고자 하는 개인의 대인관계 과정이다(Bass, 1990).

(3) 사회학적 정의

사회학에서는 리더십을 집단이나 사회적 체계 내에서 권위와 영향력을 발휘하는 과정으로 설명하는데 리더십은 집단의 목표를 설정하고, 이를 달성하기 위한 행동과 구조를 조직화하는 사회적 과정이다.

3) 리더십의 주요 특징

리더십은 다음과 같이 4가지의 특징을 가지고 있다. 공유된 목표, 상황에 따른 유연성, 카리스마와 신뢰, 혁신과 변화 주도라는 특징을 가지고 있으며 자세한 내용은 다음과 같다(Kotter, 1996).

(1) 공유된 목표

리더십은 구성원들이 목표를 공유하고, 이를 달성하기 위해 협력하도록 하는 데 초점을 맞춘다. 구성원들은 단순히 명령을 따르는 것이 아니라, 목표의 중요성을 이해하고 자발적으로 동참한다.

(2) 상황에 따른 유연성

효과적인 리더십은 상황에 따라 다르다. 즉, 리더는 다양한 상황에서 적합한 리더십 스타일을 적용할 수 있어야 한다. 예를 들어 위기 상황에서는 지시형 리더십, 창의적인 문제 해결이 필요한 상황에서는 참여형 리더십이 필요하다.

(3) 카리스마와 신뢰

리더는 카리스마를 통해 구성원들의 신뢰와 존경을 얻고, 이를 바탕으로 영향력을 행사한다. 신뢰는 리더십의 지속 가능성을 결정짓는 핵심 요소이다(Dirks & Ferrin, 2002).

(4) 혁신과 변화 주도

리더는 조직이 변화와 혁신을 수용하도록 이끌어야 하며, 변화를 통해 발전을 촉진한다.

4) 리더십의 주요 역할

리더십의 정의를 구체적으로 이해하기 위해 리더가 수행하는 역할을 살펴보면 다음과 같다(Northouse, 2018).

(1) 비전 제시자

리더는 조직의 미래에 대한 명확한 비전을 제시하고, 이를 실현하기 위한 전략을 제안한다. 예를 들어 "우리는 5년 내에 탄소 배출량을 30% 줄일 것입니다."라고 비전을 제시한다(Bennis & Nanus, 1985).

(2) 동기 부여자

리더는 구성원들에게 동기를 부여하여 그들이 목표를 달성할 수 있도록 지원한다. 개인별 필요와 열망을 이해하고 이에 맞는 동기를 제공한다.

(3) 문제 해결자

리더는 조직이 직면한 문제를 분석하고 해결 방안을 제시하는 능력을 가져야 한다. 갈등 해결, 의사결정, 자원 배분 등의 과정에서 중요한 역할을 한다.

(4) 조력자와 코치

리더는 구성원들이 성장할 수 있도록 조력자와 코치 역할을 수행하며 팀의 역량 강화를 도모한다.

5) 리더십의 현대적 의미

오늘날의 리더십은 과거의 명령 · 통제 중심의 리더십에서 벗어나, 협력과 참여를 중시하는 형태로 바뀌어 가고 있다(Burns, 1978).

(1) 참여형 리더십

구성원들의 참여를 통해 집단 의사결정을 촉진하며, 창의적이고 혁신적인 해결책을 도출한다.

(2) 서비스 리더십

리더는 조직 구성원과 이해관계자들에게 봉사하며, 이들의 성공과 성장을 지원하는 역할을 강조한다.

(3) 디지털 리더십

기술의 발달로 인해 리더는 디지털 도구와 플랫폼을 활용하여 협업을 촉진하고, 데이터를 기반으로 의사결정을 내리는 능력을 가져야 한다.

6) 리더십의 정의와 조직 성공 간의 관계

리더십은 조직의 성과와 직접적으로 연관되어 있습니다. 효과적인 리더십이 없으면 구성원들의 사기 저하, 방향성 상실, 목표 달성 실패 등이 발생할 가능성이 큽니다. 반면, 강력한 리더십은 다음과 같은 긍정적인 결과를 가져온다(Tannenbaum, 1961).

(1) 구성원의 몰입도와 생산성 증가
(2) 조직의 목표 달성과 지속 가능성 강화
(3) 긍정적인 조직 문화와 신뢰 형성
(4) 사회적, 경제적, 환경적 성과의 향상

리더십은 단순히 지시와 통제를 의미하는 것이 아니라, 사람들에게 비전을 제시하고, 동기를 부여하며, 함께 목표를 달성하도록 이끄는 과정이다. 리더십은 조직이나 사회가 발전하는 데 필수적인 요소이며, 효과적인 리더십은 개인과 조직, 더 나아가 사회 전체에 긍정적인 변화를 일으킬 수 있다(Gardner, 1990).

2. 주요 리더십 이론

1) 서번트 리더십

서번트 리더십은 리더가 구성원들의 필요와 성장을 최우선으로 여기며 봉사하는 자세로 조직을 이끄는 리더십 스타일이다. 이는 1970년대 로버트 그린리프(Robert K. Greenleaf)가 처음 제안한 개념으로, 전통적인 리더십 모델이 리더 중심의 권위적 접근 방식에 초점을 맞춘 것과 달리, 서번트 리더십은 리더가 구성원을 섬기고 지원함으로써 조직의 성공과 구성원 개개인의 발전을 동시에 도모한다(위키백과, 2024).

"리더가 되기 전에 먼저 봉사자가 되어야 한다. 서번트 리더십은 리더가 자신보다 구성원과 조직의 성장을 우선시하는 데서 시작된다." 로버트 그린리프는 자신의 에세이 "The Servant as Leader"에서 서번트 리더십을 이렇게 정의했다. 서번트 리더십은 리더가 구성원들의 성장과 복지를 중심에 두고, 이를 통해 조직이 성공할 수 있도록 지원하는 리더십 철학이다.

(1) 서번트 리더십의 특징

로버트 그린리프와 그의 이론을 기반으로 한 학자들은 서번트 리더십을 다음과 같은 주요 특징으로 정의했다.

가. 경청(Listening)

서번트 리더는 구성원의 의견과 감정에 귀를 기울이며, 적극적으로 소통한다.

경청은 신뢰를 형성하고, 구성원이 자신의 목소리를 낼 수 있도록 독려한다.

나. 공감(Empathy)

구성원의 입장에서 그들의 상황과 감정을 이해하려는 노력을 기울인다. 리더는 단순히 문제를 해결하는 것을 넘어서, 구성원의 경험을 존중한다.

다. 치유(Healing)

구성원들이 과거의 실수나 어려움으로부터 회복할 수 있도록 돕는다. 정서적, 정신적 건강을 지원하여 구성원들이 균형 잡힌 상태에서 일할 수 있도록 한다.

라. 자각(Self-Awareness)

리더는 자신의 감정, 행동, 가치관을 명확히 이해하고, 자신의 리더십이 조직에 미치는 영향을 인식한다. 이는 자신과 타인 간의 관계를 보다 효과적으로 관리하는 데 기여한다.

마. 설득(Persuasion)

명령이나 강압 대신 설득을 통해 사람들을 이끈다. 구성원들이 자발적으로 조직의 목표에 동참하도록 동기를 부여한다.

바. 개념화(Conceptualization)

서번트 리더는 단기적인 과제에 매몰되지 않고, 장기적인 비전과 목표를 세우고 공유한다. 이는 조직의 방향성을 명확히 하고, 구성원들에게 목적의식을 제공한다.

사. 통찰력(Foresight)

과거의 경험과 현재의 데이터를 바탕으로 미래를 예측하고, 이에 따른 전략을 세우며 리더는 조직이 앞으로 직면할 도전에 대비한다.

아. 관리와 헌신(Stewardship)

리더는 조직의 자원과 책임을 신중하게 관리하며, 구성원과 공동의 목표를 위해 헌신한다.

자. 구성원 성장에 대한 헌신(Commitment to the Growth of People)

리더는 구성원의 개인적, 직업적 성장을 적극적으로 지원한다. 교육, 훈련, 멘토링 등을 통해 구성원의 잠재력을 극대화한다.

차. 공동체 형성(Building Community)

서번트 리더는 조직 내에서 협력적이고 포용적인 문화를 조성한다. 구성원들이 서로 신뢰하고 지원하는 환경을 구축하는 데 중점을 둔다.

(2) 서번트 리더십의 장점

가. 구성원의 성장 촉진

리더가 구성원의 성장을 우선시하기 때문에 구성원들의 만족도와 몰입도가 높아지며, 이를 통해 조직 내에서 생산성과 창의성이 증가한다.

나. 신뢰와 협력 문화

서번트 리더십은 상호 신뢰와 존중을 기반으로 하여 협력적인 조직 문화를 조성한다.

다. 높은 조직 충성도

구성원들이 리더의 진정성을 느끼고, 조직의 비전에 공감하게 되어 조직에 대한 충성도가 높아진다.

라. 장기적인 성공과 지속 가능성

단기 성과보다 구성원의 성장과 조직의 지속 가능성을 중시하여 장기적으로 성공적인 조직 운영이 가능하다.

(3) 서번트 리더십의 단점

가. 시간과 자원의 요구

구성원의 성장을 지원하고 경청하는 과정은 시간이 많이 걸리고, 단기적인 결과를 내기 어렵다.

나. 리더십 남용의 가능성

구성원이 리더의 봉사적 태도를 오해하거나 악용할 경우, 리더십이 약화될 위험이 있다.

라. 성과 중심 조직과의 충돌

서번트 리더십은 인간 중심적인 접근 방식이기 때문에, 성과만을 중시하는 조직 문화와는 충돌할 수 있다.

마. 리더의 과부하

구성원의 요구와 문제를 해결하려는 리더의 헌신이 지나치게 많을 경우, 리더 자신이 소진(Burnout)될 위험이 있다.

2) 변혁적 리더십(Transformational Leadership)

리더가 구성원들에게 비전과 영감을 제시하여 그들의 동기를 고취시키고, 기대 이상의 성과를 이끌어내는 리더십 스타일을 말한다. 이 접근법은 구성원들의 가치관과 태도에 긍정적인 변화를 유도하여 조직의 목표 달성을 촉진한다(게으름의 흔적, 2023).

(1) 핵심 요소

가. 카리스마(이상적 영향력): 리더는 명확한 비전과 사명감을 제시하며, 구성원들에게 존경과 신뢰를 받는다. 이를 통해 구성원들은 리더를 롤 모델로 삼고, 조직의 목표에 헌신하게 된다.

나. 영감적 동기부여: 리더는 도전적인 목표를 설정하고, 구성원들에게 동기를 부여하여 그들이 최선을 다하도록 격려한다. 이를 통해 구성원들은 자신의 잠재력을 최대한 발휘하게 된다.

다. 지적 자극: 리더는 구성원들의 창의성과 혁신을 촉진하기 위해 새로운 아이디어와 접근 방식을 장려한다. 이를 통해 구성원들은 문제를 다양한 시각에서 바라보고, 창의적인 해결책을 모색하게 된다.

라. 개별적 배려: 리더는 구성원 각자의 필요와 역량을 이해하고, 그에 맞는 지원과 지도를 제공한다. 이를 통해 구성원들은 자신이 존중받고 있다고 느끼며, 조직에 대한 몰입도가 높아진다.

(2) 변혁적 리더십의 장점

가. 높은 성과 달성: 구성원들의 동기와 창의성을 자극하여 조직의 목표를 초과 달성할 수 있다.

나. 조직 문화 개선: 긍정적이고 혁신적인 조직 문화를 형성하여 장기적인 발전을 도모한다.

다. 구성원 만족도 증가: 구성원들의 개인적 성장을 지원하여 직무 만족도와 조직 몰입도를 높인다.

(3) 변혁적 리더십의 단점

가. 과도한 의존: 리더의 카리스마에 지나치게 의존할 경우, 리더 부재 시 조직의 안정성이 저하될 수 있다.

나. 실행 가능성 부족: 비전과 아이디어는 많지만, 현실적인 실행 계획이 부족할 수 있다.

다. 구성원 부담 증가: 지속적인 변화와 도전에 대한 요구로 인해 일부 구성원들은 스트레스를 느낄 수 있다.

변혁적 리더십은 조직의 장기적인 성공과 구성원들의 만족도를 높이는 데 중요한 역할을 한다. 리더는 구성원들의 잠재력을 최대한 이끌어내어, 조직의 목표를 효과적으로 달성할 수 있다(DBR, 2009).

3) 셀프 리더십(Self-Leadership)

개인이 스스로 자신의 생각과 행동을 통제하고, 목표를 설정하며, 동기를 부여하여 원하는 결과를 달성하는 능력을 의미한다. 이는 외부의 지시나 통제에 의존하지 않고, 자기 주도적으로 자신의 삶과 업무를 이끌어가는 것을 강조한다.

(1) 주요 구성 요소

가. 행동 중심 전략

가) 자기 목표 설정: 명확하고 도전적인 목표를 스스로 설정하여 방향성을 확보한다.

나) 자기 관찰: 자신의 행동과 성과를 지속적으로 모니터링하여 개선점을 파악한다.

다) 자기 보상: 목표 달성 시 스스로에게 보상을 제공하여 동기를 강화한다.

라) 자기 처벌: 목표 미달성 시 스스로에게 책임을 묻고 개선 방안을 모색한다.

마) 자기 연습: 필요한 기술이나 능력을 향상시키기 위해 지속적으로 연습한다.

나. 자연적 보상 전략

가) 업무의 즐거움 찾기: 업무 자체에서 즐거움과 만족을 찾을 수 있는 방안을 모색한다.

나) 업무 환경 조성: 자신에게 긍정적인 영향을 주는 환경을 구축하여 업무 효율을 높인다.

다. 건설적 사고 전략

가) 긍정적 자기 대화: 자신에게 긍정적인 말을 건네어 자신감을 높인다.

나) 정신적 시각화: 목표를 달성한 모습을 상상하여 동기 부여를 강화한다.

다) 신념과 가정의 변화: 비합리적이거나 부정적인 신념을 긍정적으로 전환한다.

이러한 전략들을 통해 개인은 자기 효능감을 높이고, 자기 통제력을 강화하며, 궁극적으로는 개인의 성장과 조직의 성과 향상에 기여할 수 있다. 셀프 리더십은 자기 통제, 자기 결정, 사회적 인지 이론에 기반을 두고 있으며, 개인이 내재적인 동기에 따라 행동하고, 자신의 선택과 가치를 조정하며, 선택한 활동을 실행하는 전체 과정을 포괄한다. 셀프 리더십을 효과적으로 개발하기 위해서는 자신의 현재

상태를 객관적으로 평가하고, 명확한 목표를 설정하며, 긍정적인 사고 방식을 유지하는 것이 중요합니다. 또한, 지속적인 자기 개발과 피드백을 통해 자신의 역량을 강화할 수 있다. 셀프 리더십은 현대 사회에서 개인의 성공과 조직의 발전에 필수적인 역량으로 인정받고 있으며, 이를 통해 개인은 자신의 잠재력을 최대한 발휘하고, 조직은 구성원의 자율성과 창의성을 촉진할 수 있다.

3. NPO 경영 리더십의 중요성

NPO(Non-Profit Organization, 비영리 조직) 경영에서 리더십은 조직의 성공과 지속 가능성을 좌우하는 핵심 요소 중 하나입니다. NPO는 사회적 가치를 창출하고, 공동체에 기여하며, 종종 제한된 자원과 복잡한 이해관계 속에서 운영됩니다. 이러한 특성 때문에 리더십은 특히 중요하며 주요 이유는 다음과 같다.

1) 비전 제시와 목표 설정

효과적인 리더는 조직의 비전과 사명을 명확히 정의하고 이를 조직 구성원과 이해관계자들에게 공유한다. NPO는 일반적으로 재정적 이익보다 사회적 임팩트를 목표로 하기 때문에, 리더가 명확한 방향성을 제시하지 않으면 조직이 분산될 위험이 있다(Bryson, 2018).

2) 자원 관리와 동원

NPO는 제한된 자원(재정, 인적, 물적)을 최대한 효율적으로 활용해야 한다. 리더는 기부자, 후원자, 자원봉사자들과의 관계를 구축하고, 이들을 동기 부여하여 조직의 미션을 지원하도록 이끄는 데 중요한 역할을 한다(Salamon, 2012).

3) 조직 문화와 팀워크 형성

리더는 조직 내부의 문화와 분위기를 조성한다. 긍정적이고 협력적인 조직 문화를 통해 직원과 자원봉사자들이 자발적으로 참여하고 성장할 수 있도록 격려한다 Light, 2002).

4) 변화와 위기 관리

사회적, 경제적 환경은 빠르게 변화한다. 리더는 이러한 변화에 유연하게 대응하고, 조직이 위기를 기회로 전환할 수 있도록 이끌어야 한다. 예를 들어, 팬데믹과 같은 글로벌 위기 속에서도 조직이 지속적으로 운영될 수 있도록 전략적 결정을 내리는 것이 중요하다(Anheier, 2005).

5) 커뮤니케이션과 관계 구축

NPO는 다양한 이해관계자(정부, 기업, 지역사회, 후원자 등)들과 협력해야 한다.

리더는 이러한 집단 간의 가교 역할을 수행하며, 효과적인 커뮤니케이션을 통해 신뢰를 구축하고 협력을 강화한다.

6) 성과 측정과 책임감

리더는 조직의 성과를 평가하고, 투명성과 책임성을 유지해야 한다. 특히 기부자들과의 신뢰를 유지하기 위해, 조직의 활동이 목표에 부합하며 사회적 가치를 창출하고 있음을 증명해야 한다.

7) 영감 제공과 동기 부여

NPO의 직원과 자원봉사자들은 종종 금전적 보상이 아닌, 사회적 가치를 실현하려는 열망으로 일한다. 리더는 이러한 열정을 유지하고 강화하기 위해 영감을 주는 리더십을 발휘해야 한다.

8) 지속 가능성 확보

NPO는 장기적인 지속 가능성이 중요하다. 리더는 전략적 사고를 통해 재정적 안정성뿐만 아니라 조직의 사명을 지속적으로 실현할 수 있는 기반을 마련해야 한다(Crutchfield & Grant, 2012).

NPO 리더십은 단순히 조직을 관리하는 것을 넘어, 사회적 임팩트를 극대화하고,

공동체와의 협력을 이끌어내며, 지속 가능한 발전을 이루는 데 핵심적인 역할을 한다. 따라서 리더의 비전, 소통 능력, 위기 대처 능력 등이 NPO 경영의 성공 여부를 크게 좌우한다고 할 수 있다.

4. 비영리 리더십(NPO 리더십)의 정의 및 특성의 이해

1) 비영리 리더십의 정의

비영리 리더십은 사회적 가치를 창출하고, 조직의 사명을 달성하며, 다양한 이해관계자와의 협력을 통해 지속 가능한 발전을 이끄는 능력을 의미한다. 비영리 조직(NPO)의 리더는 단순히 조직 운영을 관리하는 것을 넘어, 공공의 이익과 사회적 변화를 위해 노력해야 한다. 이는 비영리조직의 특성상 자원 제한, 다양한 이해관계자, 복잡한 사회 문제 등이 얽혀 있는 환경에서 이루어지기 때문에 특별한 리더십 역량이 요구된다.

2) 비영리 리더십의 특징

(1) 미션 중심적 접근

비영리조직은 재무적 이익이 아니라 사회적 임팩트를 목표로 한다. 리더는 조직의 미션과 비전을 명확히 설정하고, 이를 바탕으로 조직의 방향성을 제시해야 한다(Drucker, 1990).

(2) 다양한 이해관계자 관리

정부, 후원자, 기업, 지역사회, 자원봉사자 등 다양한 집단과 협력해야 한다. 이들의 기대와 요구를 조율하며, 상호 신뢰를 구축하는 능력이 중요하다(Freeman, 1984).

(3) 제한된 자원의 효율적 활용

비영리조직은 예산, 인력, 시간 등 자원이 제한적인 경우가 많다. 리더는 창의적이고 전략적인 자원 배분을 통해 최대한의 효과를 내야 한다.

(4) 공공 신뢰와 투명성 유지

리더는 기부자와 후원자들에게 조직의 투명성과 신뢰성을 보여야 한다. 이를 위해 정기적인 성과 보고와 책임 있는 운영이 필수적이다.

(5) 사회적 영향력 극대화

리더는 조직이 미치는 긍정적 영향을 지속적으로 평가하고, 더 큰 변화를 이루기 위해 전략을 세워야 한다. 이는 데이터 분석과 성과 측정, 커뮤니케이션을 통해 이루어진다(Kania & Kramer, 2011).

3) 비영리 리더십의 주요 역할

NPO(Non-Profit Organization) 리더의 역할은 조직의 사회적 미션을 달성하기 위해 다양한 책임과 역량을 필요로 한다. 이들은 단순히 조직을 운영하는 경영자가 아니라, 사회적 변화를 주도하고, 신뢰를 구축하며, 지속 가능한 구조를 만드는 데 핵심적인 역할을 한다. 다음부터 NPO 리더의 역할을 구체적으로 살펴보도록 한다.

(1) 비전 제시와 전략 수립

비영리조직은 명확한 미션과 비전을 바탕으로 운영되며, 리더는 조직의 방향성을 설정하고 이를 지속적으로 유지하는 역할을 한다. 미션과 비전에 충실하지 않으면, 조직이 산발적이고 비효율적인 활동에 자원을 낭비할 위험이 있다. 환경 보호를 목표로 하는 조직에서 리더가 탄소 배출 감축을 우선순위로 설정하고, 이를 위한 명확한 캠페인을 제시한다면, 조직의 활동이 더 집중되고 효과적으로 이루어질 수 있다. 조직의 비전과 목표를 명확히 정의하고, 이를 바탕으로 장기적 전략을 수립하며, 리더는 구성원들에게 영감을 주고, 조직이 나아가야 할 방향을 구체화한다(Drucker, 1990).

(2) 제한된 자원의 효율적 활용

비영리조직은 일반적으로 재정적, 인적자원이 제한적이기 때문에 리더는 자원을 최적화하여 조직의 목표를 달성해야 한다. 잘못된 자원 배분은 조직의 지속 가능성을 위협할 수 있다. 리더는 자원의 사용 우선순위를 정하고, 불필요한 비용을 줄이며, 기부금 및 후원금을 투명하게 관리해야 한다. 혁신적인 방법으로 추가 자원을 확보하거나 새로운 수익 모델을 탐색한다.

(3) 자원 동원과 네트워크 확장

기부자 및 후원자와의 관계를 구축하고 유지하며, 새로운 자원을 유치하기 위한 네트워킹을 강화한다. 예를 들어, 사회적 기업이나 정부와 협력 관계를 맺는 것도 중요한 역할 중 하나이다(Salamon, 2012).

(4) 사회적 임팩트 창출의 촉진자

NPO는 사회적 문제 해결을 목표로 하며, 리더는 이러한 목표를 구체적인 성과로 전환하는 데 핵심적인 역할을 하며, 리더십이 부족하면, 조직의 활동이 단기적인 결과에 머물고 장기적인 변화로 이어지지 않을 수 있다. 조직의 활동이 사회적 임팩트를 창출하는지 지속적으로 측정하고, 이를 바탕으로 전략을 수정한다. 이해관계자(기부자, 후원자, 수혜자)들에게 임팩트를 명확히 전달하여 신뢰를 강화한다.

(5) 이해관계자와의 신뢰 구축

비영리조직은 기부자, 후원자, 수혜자, 정부, 지역사회 등 다양한 이해관계자와의 신뢰를 기반으로 운영된다. 리더는 신뢰 구축을 통해 조직이 장기적으로 지속 가능할 수 있도록 돕는다. 리더는 투명하고 윤리적인 리더십을 발휘하여 재정되어야 한다(Freeman, 1984).

(6) 조직 문화 조성

협력적이고 혁신적인 조직 문화를 만들어 구성원들이 자발적으로 참여하고 동기부여를 느낄 수 있게 한다. 특히, 구성원들이 조직의 가치를 실현하는 데 몰입할 수 있는 환경을 제공하는 것이 중요하다.

(7) 위기 대처와 변화 관리

NPO는 외부 환경(정책 변화, 경제 불황, 재난 등)의 영향을 쉽게 받는다. 리더는 이러한 변화에 유연하게 대응하고, 조직을 안정적으로 이끌어가는 능력을 갖춰야 한다.

(8) 커뮤니케이션과 공감 능력

리더는 조직 내부와 외부에 걸쳐 효과적인 소통을 통해 신뢰를 쌓고 협력을 강화해야 한다. 특히, 공감과 윤리적 리더십은 비영리 리더가 반드시 갖춰야 할 요소이다.

4) 비영리 리더십의 핵심 역량

(1) 전략적 사고(Strategic Thinking)

조직의 장기적 목표를 고려하며, 이를 효과적으로 실행할 수 있는 전략을 수립하는 능력이며, 비영리 리더는 복잡한 사회적 문제를 해결하기 위해 장기적인 비전과 전략을 설계하고 실행해야 한다(Bryson, 2018).

(2) 커뮤니케이션 능력(Communication Skills)

리더는 조직 내부 구성원과 외부 이해관계자와 효과적으로 소통하며, 조직의 비전과 가치를 전달해야 한다(Lewis et al., 2001).

(3) 감성적 리더십

구성원과 이해관계자들의 감정과 요구를 이해하고 공감하며, 신뢰를 구축하는 능력이다.

(4) 윤리적 리더십(Ethical Leadership)

비영리 리더는 투명성과 책임성을 바탕으로 공공의 신뢰를 한다(Ciulla, 1998).

(5) 자원 관리 능력(Resource Management Skills)

리더는 재정, 인적, 물적 자원을 효율적으로 동원하고 배분해야 한다(Pfeffer & Salancik, 1978).

(6) 협력과 네트워크 구축 능력(Collaboration and Networking Skills)

리더는 다양한 기관과의 협력을 통해 자원을 공유하고 공동의 목표를 달성해야 한다(Provan & Kenis, 2008).

(7) 변화 관리 능력(Change Management Skills)

비영리 조직은 변화에 유연하게 대응하며, 리더는 이를 주도하는 역할을 한다(Kotter, 1996).

(8) 사회적 영향력 증대 능력(Social Impact Maximization)

리더는 조직의 사회적 가치를 극대화하기 위한 전략과 활동을 설계하고 실행해야 한다(Ebrahim & Rangan, 2014).

(9) 리더는 구성원과의 공감과 신뢰를 기반으로 조직의 긍정적 문화를 구축해야 한다.

리더는 구성원들과 공감을 통해 서로의 감정과 입장을 이해하고, 신뢰를 쌓아가는 과정을 통해 안정감 있는 관계를 형성한다. 이러한 관계는 구성원들이 자유롭게 의견을 표현하고 서로 협력할 수 있는 심리적 안전감을 만들어 준다. 그 결과 조직 내에 소통이 활발하고 존중이 있는 긍정적인 문화가 자리 잡는다. 이런 문화는 조직의 성과와 지속가능성에도 큰 영향을 미친다(Goleman, 1995).

(10) 문제 해결 능력

복잡한 사회 문제와 조직 내부의 도전 과제를 분석하고, 창의적인 해결책을 제시하는 능력이다.

(11) 윤리와 책임감

사회적 가치를 창출하는 데 있어 윤리적 기준을 유지하며, 책임감 있게 조직을 운영하는 능력이다.

(12) 협상 및 조정 능력

이해관계자 간의 갈등을 조율하고, 공통의 목표를 달성하기 위해 협력을 이끄는 능력이다.

5. NPO 경영 팀 역동성의 이해

1) NPO 경영 팀 역동성

비영리 조직(NPO)의 경영 팀 역동성은 조직의 효율성과 목표 달성에 중요한 영향을 미칩니다. 이러한 역동성을 이해하고 강화하기 위해 다음과 같은 요소들을 고려할 수 있다(소셜임팩트뉴스, 2023)

(1) 명확한 역할 분담과 책임

조직 내에서 각 구성원의 역할과 책임을 명확히 정의하면 업무 효율성이 향상됩니다. 예를 들어, 이사회 업무를 전담하거나 50% 이상을 담당하는 직원을 두는 것이 좋다.

(2) 유연하고 역동적인 조직 구조

전통적인 계층 구조를 탈피하고, 모든 구성원에게 명확한 권한과 책임을 부여하여 자율적으로 조직을 운영하는 것이 중요하다. 이러한 접근은 조직의 유연성과 역동성을 높여준다.

(3) 효과적인 거버넌스

이사회는 단체의 미션과 비전을 명확히 하고, 의사 결정에 적극적으로 참여하며, CEO의 선발 · 평가 · 개발, 재정 자원 및 전문성 확보, 단체의 명성 제고, 재정 감독 및 위험 관리 등의 역할을 수행해야 한다.

(4) 전략적 혁신 수행

외부 컨설팅, 지식 경영, 학습 조직, 고객 중심 경영, 윤리 경영, 근거 중심 실천 등을 도입하여 조직의 운영 전략을 지속적으로 혁신하는 노력이 필요하다.

이러한 요소들을 통합적으로 고려하고 적용함으로써, 비영리 조직의 경영 팀은 더욱 역동적이고 효과적으로 운영될 수 있다(가인지 컨설팅 연구소 외, 2024).

2) NPO 경영의 역동성을 높이는 방법

비영리 조직(NPO)의 역동성을 높이기 위해서는 다음과 같은 전략들을 고려할 수 있다(fastercapital, 2024).

(1) 구성원 역량 강화

구성원들의 역량을 지속적으로 개발하고 성장시킬 수 있는 문화를 조성하는 것이 중요합니다. 이를 통해 조직의 목표 달성에 기여할 수 있는 인재를 육성할 수 있다.

(2) 긍정적이고 생산적인 조직 문화 조성

구성원들의 참여도를 높이고, 우수한 성과를 인정하며, 감사의 문화를 조성함으로써 조직의 생산성과 효율성을 향상시킬 수 있다.

(3) 학습 및 개발 프로그램 도입

구성원들이 지속적으로 학습하고 개발할 수 있는 프로그램을 제공하여, 개인의 성장과 조직의 목표를 일치시킬 수 있다. 이는 구성원들의 참여도를 높이고 조직의 성공에 기여한다.

(4) 포용적인 채용 프로세스 구축

임금 형평성과 공정한 보상 체계를 마련하여 다양한 배경의 인재를 유치하고 유지할 수 있다. 이는 조직의 다양성과 역동성을 강화하는 데 도움이 된다.

(5) 브랜드 전략 수립

조직의 미션과 가치를 명확히 하고, 이를 효과적으로 전달하는 브랜드 전략을 수립함으로써 사회적 영향력을 강화하고 조직의 역동성을 높일 수 있다(happy Info, 2024).

CHAPTER 11

프로젝트 리스크 관리

프로젝트 리스크 관리

Chapter 11

1. 리스크 정의 및 개념

리스크는 여러 분야에서 다양하게 개념 정의가 되고 있다. 경제 이론에서 리스크는 의사 결정자가 다른 결과물을 얻을 가능성이 있는 확률을 나누는 상황을 말한다.(Knight, 1921). 프로젝트 관리영역에서도 리스크에 대해 하나로 정의 된 것은 아니며 궁극적으로 그 목적은 성공적이고 효과적인 프로젝트 성과를 확보하기 위함이다.

프로젝트 관리의 많은 실무자와 연구자는 여전히 리스크가 프로젝트 성과에 대한 역효과와 관련이 있다고 봤다.(Ward and Chapman, 2003; 이용규, 2023).

Petit, Y.(2012)는 리스크는 일반적으로 리스크 발생에 대한 지식수준(알려지거나 알려지지 않음)과 그 영향에 대한 지식수준(알려지거나 알려지지 않음)을 기반으로 분류하며, 이는 4가지 가능성으로 연결될 수 있다(Cleden, 2009; 이용규, 2023)

(1) 알려짐 - 알려짐(지식, Knowledge)

(2) 알려지지 않음 - 알려짐(미개발 지식, Untapped Knowledge)

(3) 알려짐 - 알려지지 않음(위험, Risks)

(4) 알려지지 않음 - 알려지지 않음(알 수 없는 불확실성, Unfathomable uncertainty)

리스크의 개념의 범위를 구분하기도 하며, 여러 리스크 요인들은 이들 분류항목에 대해 해당될 수 있다.

2. 프로젝트 리스크 관리 정의 및 개념

프로젝트 리스크 관리는 프로젝트 성공 가능성을 향상하기 위해 위험을 체계적으로 식별, 평가 및 완화하는 프로세스로 보았으며, 이상적인 리스크 관리는 불확실성이 제공하는 기회를 활용하는 동시에 부정적인 결과 발생 이전에 리스크를 완화한다(Yim etal, 2015; 이용규, 2023)

프로젝트 리스크관리는 일반적으로 프로젝트 위험을 관리하는 데 사용되는 일련의 실행 및 도구와 관련이 있다. 리스크 관리는 프로젝트 목표에 영향을 미치는 이벤트의 식별과 이러한 이벤트의 확률 및 영향 측정에 의존하는데, 현재의 프로젝트 관리 패러다임은 불확실성을 줄이는 방향으로 진행한다(Besner and Hobbs, 2012; 이용규, 2023).

프로젝트 리스크 관리에는 부정적인 사건의 발생 확률을 줄이거나 프로젝트에 미치는 영향을 줄이거나, 긍정적인 리스크의 경우는 프로젝트에 미치는 영향을 늘리는 다양한 기술(테크닉)이 포함된다. 리스크 관리 프로세스에는 대응을 식별, 평가, 계획하고 대응을 구현하는 활동이 포함된다. 통제할 수 없는 미지의 경우나 리스크가 현실이 된 경우에는 사후 조치가 포함될 수 있지만 주로 사전에 예방적인 관리 조치를 사용한다(Petit, 2012; 이용규, 2023)

3. 프로젝트 리스크 관리

장성봉 · 곽기영(2011과 Alshehhi et al.(2019)는 프로젝트 리스크 관리의 하위 차원으로 기술축적 및 공유, 프로젝트 통제, 의사소통으로 총 3개의 변수로 구성하였다.

1) 기술축적 및 공유

R&D 프로젝트 수행 시 전문역량 부족 등 기술적 요인 리스크를 관리하기 위해 전문 R&D 역량 확보와 기술축적 및 타 분야 융합기술 개발을 위한 기술 공유 등의 활동을 의미한다.

2) 프로젝트 통제

프로젝트 운영 시 발생하는 리스크를 관리하기 위해 정기적인 프로젝트 검토 및 적정한 프로젝트 관리기법을 활용하는 것을 의미한다.

3) 의사소통

프로젝트 조직 및 외부환경 변화 리스크에 대응하기 위해 이해관계자와 적시성, 정확성 있는 정기적 의사소통 이행 및 상호 협력을 위한 효과적인 의사소통 도구를 활용하는 것을 의미한다.

의사소통의 하나로 조직문화를 들 수 있는데 조직 문화는 기본적으로 가치나 신념을 공유하는 특징을 가지고 있으나 오히려 조직 내 커뮤니케이션이 어려워질 수 있다. Schein(1996)은 조직의 내부는 수행하는 기능에 따라 하위부서로 나뉘어 있을 때 커뮤니케이션에 어려움을 겪을 수 있음을 지적하고 있다. 조직의 효율이나 성과가 좋은 기업들은 비공식적인 커뮤니케이션과 고도로 연결되는 사업 부서를 아우르는 커뮤티케이션을 중시하게 된다(Weick&Quinn, 1999; 연태준, 2022).

조직 내 커뮤니케이션은 서비스 분야의 핵심적인 경쟁력으로 떠오르고 있다. 임직원들의 조직에 대한 신뢰와 직무 만족을 향상하기 위해 조직 내 커뮤니케이션은 매우 중요하다 할 수 있다. 조직 내 커뮤니케이션이 활발하면 기업 내 성과 및 혁신, 구성원들의 직무만족도가 향상되며, 조직에 대해 신뢰할 때 임직원들의 직무몰입과 만족도가 향상된다는 것이다(문유석, 장임숙, 주효진, 2020; 연태준, 2022)

기업 내 커뮤니케이션은 성격에 따라 업무적, 창의적, 정서적 소통의 세 가지 유형으로 분류할 수 있다(엄동욱과 동료들, 2011; 연태준, 2022). 업무적 소통이란 일상적 업무수행과 직접적으로 관련이 있는 소통으로 업무지시와 보고·피드백 및 정보공유 등을 말한다. 창의적 소통이란 새로운 아이디어의 창출을 촉진하는 소통을 의미하며 비전 제시와 아이디어 제안, 부서 간 협업 등을 포함한다. 정서적 소통이란 감성적 소통으로 대인관계 및 직장생활의 질과 관련하여 조직 구성원 간 교류와 공감, 상하 간 배려와 이해 등을 포함한다. 커뮤니케이션에 걸림돌이 되는 요인으로는 상명하복 위계 문화, 개인·부서 이기주의, 직원 간 무관심·이해와 배려 부족, 과중한 업무로 시간 부족, 경영진의 소통에 관한 관심 부족, 경직된 분위기, 소통 채널 부족, 복잡한 보고체계 등을 꼽았다. 이러한 커뮤니케이션을 개선할 방안으로는 핵심적인 메시지로 신뢰할 수 있는 정보 제공, 긍정적인 피드백을 적절히 사용, 이기주의 타파를 위한 공동 목표 제시, 직원 아이디어를 끝까지 경청한 뒤 판단, 직원들의 고충이 진짜 무엇인지 파악, 칭찬과 격려로 리더의 긍정적 감성 전파 등이 제시됐다(연태준, 2022).

〈표 11-1〉 기업 내 소통 진단 측정

소통 유형	하위 3개 문항
업무적	• 회의 시 상방향 의견교환 활동 • 경영진은 직원들이 궁금해하는 정보 제공 • 업무량과 상황을 고려한 업무지시
창의적	• 부서 간 정보교류 및 협력이 원활 • 새로운 도전이나 변화에 대해 개방적 • 회사의 중장기 비전에 대해 제대로 인지
정서적	• 고충과 문제점이 최고 경영인까지 전달 • 서로 격려하고 칭찬하는 분위기 • 상사의 부하직원 애로사항 파악

(출처: 삼성경제연구소(2011). 조직 내 소통 활성화를 위한 제언.「CEO Information」, 785호)

4. 프로젝트 리스크 식별 및 전략

미국 PMI(Project Management Institute)에서 개발한 PMBOK(Project Management Body of Knowledge)는 프로젝트 관리의 대표적인 지침서로 프로젝트를 수행함에 있어서 필요한 관리 기법을 기술하고 있으며 프로젝트 리스크관리 영역은 리스크 관리 계획(Risk Management Planninge), 리스크 식별(Risk Identification), 정성적 리스크 분석(Qualitative Risk Analysis), 정량적 리스크 분석(Quantitative Risk Analysis), 리스크 대응 계획(Risk Response Planning), 리스크 모니터링 및 통제(Risk Monitoring and Control)의 6단계로 구성되어 있다(Project Management Institute, Inc. "A Guide to the project management body of knowledge(PMBOK)", 3rd edition, 2004; 김초이, 2011)

1) 리스크 관리 계획

리스크 관리 계획 단계는 프로젝트에 대한 리스크 관리 활동을 어떻게 접근하고 계획할 것인지를 결정하는 단계이다. 리스크 관리 활동에 자원 및 시간을 제공하고 리스크 평가의 기준을 설정한다. 리스크 관리 계획 단계의 입력물은 조직의 리스크 선호도, 리스크 관리 표준, 템플릿, 프로젝트 범위 기술서 등이다. 또한 리스크 계획 수립은 프로젝트 매니저, 팀원, 이해관계자 등 관련자들이 모여서 기획 회의 및 분석을 통해 이루어진다. 기획 회의를 통해서 프로젝트 예산과 일정에 포함한 리스크 요소와 활동이 개발되고, 리스크 책임이 배정된다.

리스크 관리 계획 단계의 산출물은 리스크 관리 계획서이다. 리스크 관리 계획서에는 다음과 같은 요소들이 포함된다.

(1) 리스크 관리 방법론
(2) 역할과 책임
(3) 예산
(4) 리스크 목록
(5) 리스크 발생 가능성과 목표에 미치는 영향력 정의
(6) 이해관례자의 리스크 허용 수준
(7) 보고서 양식

2) 리스크 식별

리스크 식별은 어떤 리스크가 프로젝트에 영향을 미치는지 결정하고 리스크의 성격을 문서화 하는 것이다. 리스크 식별은 프로젝트 전체에 걸쳐 정규적으로 수행된다. 식별되는 리스크는 프로젝트에 나쁜 영향을 주거나 손실이 일어날 가능성이 있는 리스크만 포함한다. 리스크 식별 단계의 입력 물은 리스크 관리 계획서를 포함하여, 조직의 리스크 선호도, 리스크 관리 표준, 템플릿, 프로젝트 범위 기술서 등이다.

리스크 식별의 도구 및 기법으로는 과거 데이터 검토, 브레인스토밍(Brainstorming), 델파이 기법(Delphi), 인터뷰(Interview) 등의 기법이 있다.

이 단계의 산출물은 리스크 관리 대장이다. 리스크 관리 대장에는 다음과 같은 요소들이 포함된다.

(1) 리스크 목록

(2) 리스크 원인

(3) 잠재대응목록

(4) 갱신된 리스크 범주

3) 정성적 리스크 분석

정성적 리스크 분석 단계는 식별된 리스크의 발생 확률, 리스크가 발생 확률, 리스크가 발생했을 경우 프로젝트에 미치는 영향을 평가하여 리스크의 우선순위를 결정하는 단계이다. 우선순위가 높은 리스크에 중점을 두어 리스크를 관리해야 프로젝트의 손실을 감소할 수 있다. 정성적 리스크 분석 단계의 입력 물은 리스크 관리 계획, 리스크 관리 표준, 템플릿, 조직 프로세스 자산, 리스크 관리 대장, 프로젝트 범위기술서이다.

정성적으로 리스크를 분석하기 위해서는 리스크의 확률 및 영향을 평가하여 P-I(Probability-Impact)리스크 매트릭스를 생성한다. P-I 리스크 매트릭스를 통해 리스크 등급이 높거나 중간인 리스크는 대응 계획 수립으로, 리스크 등급이 낮은 리스크는 발생 가능 리스트에 기록한다.

산출물로는 갱신된 리스크관리 대장이 산출되며, 갱신된 리스크관리 대장에는 다음과 같은 항목들이 포함된다.

(1) 프로젝트 리스크의 상대적 등급 또는 우선순위 목록

(2) 범주별로 분류된 리스크

(3) 빠른 시일 내에 대응책을 필요로 하는 리스크 목록

(4) 추가 분석 및 대응을 필요로 하는 리스크 목록

4) 정량적 리스크 분석

정량적 리스크분석 단계는 리스크 사건의 효과를 분석하고 리스크에 수치 등급을 정의한다. 그리고 불확실성이 존재할 수 있는 것을 예측하여 의사결정을 할 수 있는 정량적인 방법을 제공할 수 있다. 정량적 리스크 분석 단계의 입력 불은 조직 프로세스 자산, 프로젝트 범위기술서, 리스크 관리 계획서, 프로젝트 관리 계획서이다.

정량적으로 리스크를 분석하기 위해서는 측정이나 원가의 불확실성을 분석하기 우한 시뮬레이션(Simulation)방법, 리스크들의 상호작용을 통합하여 분석하는 의사결정 나무(Decision Tree)방법, 의사결정자의 리스크 선호도에 따라 의사결정 내용이 달라질 수 있다는 효용 이론(Utility Theory), 임의의 한 변수를 제외한 다른 변수를 고정해 둔 상태에서 결과를 분석하는 민감도 분석 등이 있다.

산출물로는 정성적 리스크 분석 단계와 마찬가지로 갱신된 리스크관리 대장이 산출된다. 그러나 정성적 리스크 분석 단계의 갱신된 리스크 관리 대장과는 다르게, 아래와 같은 내용을 포함한다.

(1) 우선순위가 지정된 리스크 목록

(2) 정량화된 리스크의 우선순위 항목

(3) 프로젝트 확률분석

(4) 원가와 일정의 달성확률

5) 리스크 대응 계획

리스크 대응 계획 단계는 프로젝트 목표에 대한 기회는 높이고, 리스크는 감소시키기 위한 대응방안을 결정하는 단계이다. 계획된 리스크 대응책은 리스크의 중요도에 따라 적절해야 하며, 효율적이고 시기적절해야 한다. 리스크 대응 계획 단계의 입력물은 리스크 관리 계획서와 정량적 리스크 분석 단계까지 포함된 리스크관리 대장이다.

프로젝트에 부정적인 영향을 주는 리스크에 대한 대응 방법은 다음과 같다.

(1) 회피(Avoid)

부적절한 리스크에서 리스크를 제거하거나 리스크의 영향으로부터 프로젝트 목표를 분리한다. 또한 일정 연장이나 범위 축소와 같은 리스크에 당면해 있는 목표를 늦추기 위해 프로젝트 관리 계획을 변경한다. 요구사항 분류, 정보 입수, 의사소통 개선을 통해 프로젝트 초기에 발생하는 리스크를 예방할 수 있다.

(2) 전이(Transfer)

이것은 리스크 관리에 대한 책임을 제 3 리스크 전이는 리스크의 부정적인 영향과 리스크 대응의 책임을 제3자에게 전이하는 것이다. 자에게 양도할 뿐이며 리스크 자체가 사라지는 것은 아니다.

(3) 완화(Mitigate)

리스크 완화는 리스크의 확률 및 영향력을 허용 가능한 한계선까지 낮추는 것이다. 리스크의 확률 및 영향력을 줄이기 위한 조기 조치 활동은 리스크가 발생한 후에 복구하는 것보다 훨씬 효과적이다.

프로젝트에 긍정적인 영향을 주는 리스크에 대한 대응 방법은 다음과 같다.

(4) 활용(Exploit)

리스크와 관련된 불확실성을 제거하여 긍정적인 영향력을 가진 리스크가 확실히 일어날 수 있도록 한다.

(5) 공유(Share)

긍정적인 영향을 주는 리스크를 더 잘 살릴 수 있는 제3자와 공유하여 프로젝트 이익을 추구한다.

(6) 향상(Enhance)

긍정적 영향을 미치는 리스크의 주요 요인을 식별하여 기회의 규모를 최대화한다. 산출물로는 갱신된 리스크관리 대장과 갱신된 프로젝트 관리 계획, 리스크 관련 계약 합의서이다. 갱신된 리스크관리 대장에는 다음과 같은 항목들이 포함된다.

가. 식별된 리스크와 설명
나. 리스크의 영향을 받는 프로젝트 영역 및 리스크 원인
다. 리스크 책임자 및 배정된 책임
라. 우선순위가 부여된 리스크
마. 합의된 대응 전략과 전략을 수행하기 위한 조치
바. 리스크 발생 징후 및 경고 신호

6) 리스크 감시 및 통제

리스크 감시 및 통제 단계는 새로 발생하는 리스크에 대한 식별, 분석 및 계획, 식별된 리스크의 지속적인 추적, 기존 리스크의 재분석 등 리스크 대응 실행을 검토하는 단계이다. 이 단계에서는 다른 전략 선택, 비상사태 또는 예비 계획 실행, 시정 조치 실행 및 프로젝트 관리 계획 수정이 포함될 수 있다. 리스크 감시 및 통제 단계의 입력 물은 리스크 관리 계획서, 리스크 관리 대장, 작업성과보고서, 승인된 변경 요청서이다.

이 단계를 수행하기 위해서는 프로젝트 리스크를 정기적으로 평가하는 리스크 재평가, 기준선 계획으로부터의 편차 분석을 통한 차이 및 추세분석, 프로젝트 실행중의 기술성과를 프로젝트 계획의 기술성과 일정과 비교하는 기술적 성과 측정, 예상치 못한 리스크가 발생할 경우 예비비의 양과 프로젝트 임의의 시점에 남아있는 리스크의 양을 비교하는 예비비 분석 등의 방법이 있다.

산출물로는 갱신된 리스크 관리 대장이며, 다음과 같은 항목을 포함한다.

(1) 리스크 재평가, 리스크 감사, 정기적인 리스크 검토 결과
(2) 프로젝트 관리자에게 조직 전체에 걸친 리스크 계획
(3) 프로젝트에 도움이 될 수 있는 프로젝트 리스크와 리스크 대응의 실제 결과

5. 리스크 식별 도구

리스크 식별은 프로젝트에 영향을 미칠 수 있는 리스크 요소들을 수집하는 것이다. 프로젝트 관리자가 프로젝트 수행에 차질을 주는 리스크 요소가 무엇인지를 정확히 파악한다면, 리스크 관리 활동의 많은 부분이 수행된다고 볼 수 있다. 리스크를 식별하기 위해 체크 리스트, 인터뷰, 브레인스토밍, 델파이, 과거 프로젝트로부터 식별 등이 있다.

1) 인터뷰

프로젝트 관리자가 프로젝트의 핵심 인력과의 인터뷰를 통하여 리스크 원인을 식별하는 방법이다. 주로 프로젝트에 경험이 있는 프로젝트 참여자, 이해관계자 및 해당 분야의 전문가와 인터뷰를 실시한다.

2) 브레인스토밍

프로젝트 팀원과 고객이 함께 참여하여 리스크 원인을 식별하는 방법으로 리스크 원인을 공유할 수 있다는 장점이 있다.

3) 체크리스트

체크리스트란 발생 가능성이 있는 리스크의 목록을 사전에 만들어 놓고 현재 진행될 프로젝트에 해당하는 내용이 있을 경우, 체크하는 방법이다.

〈표 11-2〉 리스크 식별 체크리스트 예시

체크 리스트	결과		
	y	n	n/a
–업무수행을 완료하기 위해 적절한 시간이 학보되었는가?			
–계획된 일정의 현실성이 있는가?			
–불확실한 업무(기능)에 대한 조치 일정을 고려하였는가?			
–불확실한 비용 산정은 없는가?			
–일정이 변경되어 비용에 영향을 미치면 대응방안이 있는가?			
–요구사항이 변경되어 비용에 영향을 미칠 경우 대응방안이 있는가?			
–예상치 않는 추가 비용이 발생할 때 대응방안이 있는가?			
–업무적, 기술적 고객 요구를 명확하게 완료할 수 있는가?			
–프로젝트 수행을 위해 필요한 인력 활용이 가능한가?			
–프로젝트 수행을 위해 프로젝트 지원 시스템(개발 장비와 도구 등)의 활용이 가능한가?			
–요구사항의 변경 가능성이 있는가?			
–요구사항을 완전히 이해하고 있는가?			
–프로젝트 수행 관련 타 부문 조직의 협력 및 통제를 할 수 있는가?			
....			

(출처: 김초이, 2011)

4) 과거 프로젝트로부터 식별

현재 진행하려고 하는 프로젝트와 비슷한 상황에서 수행된 과거 프로젝트로부터 리스크를 식별하는 방법이다. 비슷한 상황에서 수행된 유사 프로젝트에서 발생한 리스크의 원인 및 정도를 파악하면 쉽게 리스크를 식별할 수 있다. 그래서 프로젝트 수행 결과와 경험했던 리스크 관리 관련 자료를 잘 보관하여 타 프로젝트에 이용할 수 있도록 하는 일이 중요하다.

질문 1. 비영리 혁신 프로젝트의 리스크 관리를 위한 전략에 대한 챗GPT의 답을 정리한 내용은 다음과 같다.

- 위험 식별: 프로젝트에 영향을 줄 수 있는 내부 및 외부 위험을 식별합니다.
- 위험 분석: 식별된 위험의 가능성과 영향을 평가합니다.
- 위험 평가: 위험의 우선 순위를 정하고 관리할 필요가 있는지 결정합니다.
- 위험 대응: 위험을 줄이거나 제거하기 위한 계획을 수립합니다.
- 모니터링 및 검토: 위험 관리 계획의 효과를 모니터링하고 필요한 경우 조정한다.

질문 2. NPO 혁신 프로젝트에서 발생 할 수 있는 주요 리스크를 식별하고, 이를 관리하는 전략과 도구에 대한 소개에 대한 답은 다음과 같다.

NPO혁신 프로젝트에서 발생할 수 있는 주요 리스크는 다음과 같습니다.
- 재정적 리스크: 자금 부족이나 예산 초과
- 기술적 리스크: 새로운 기술의 적용 실패
- 운영적 리스크: 프로세스의 비효율성
- 전략적 리스크: 목표와 부합하지 않는 결정
- 시장 리스크: 수요 예측 실패
- 규제 리스크: 법규 변경에 따른 영향

이러한 리스크를 관리하기 위한 전략과 도구는 다음과 같습니다.
- 리스크 관리 계획 수립: 프로젝트의 잠재적 위험을 식별하고 평가
- 리스크 완화 전략 실행: 위험을 줄이기 위한 구체적인 조치 계획
- 모니터링 및 검토: 리스크 상태를 지속적으로 모니터링하고 필요에 따라 계획 수정

도구로는 프로젝트 관리 소프트웨어(예:Asana, 클로바인)가 있으며, 이를 통해 팀 협업을 강화하고 프로젝트 진행 상황을 체계적으로 관리할 수 있다.

5) 델파이

델파이 방법에서는 유사한 프로젝트에 경험이 있는 전문가 집단을 구성해 전문가들의 의견을 합의점을 찾아내는 방법이다.

선발된 전문가들에게 리스크에 대한 의견을 묻고, 전문가들이 제출한 의견을 수집해 서로의 의견 공유를 통해 점차적으로 합의점에 도달하게 된다.

6. 리스크 관리의 결과

기업경영과 마찬가지로 NPO경영도 비영리조직이지만 효율성과 효과성의 입장에서 '경제 목적 달성을 위한 경제적 가치의 조직'이며 동시에 '공통의 목적을 향해 결합된 인간 공동사회'이므로 경영관리는 '업무관리'와 '인간 관리'의 2중 체계로 이루

어진다.(김성철 외, 2023)

기업내 프로젝트는 자체적으로 크고 작은 다양한 목표달성을 위해 수행하지만, 큰 틀에서 기업 차원의 비즈니스의 성공적인 실행을 위해 전략적으로 수행한다. 이에 발생할 수도 있고, 발생하지 않을 수도 있는 불확실성(Uncertainty)을 가지고 있는 리스크로 원치 않는 결과나 손실이 일어날 가능성에 대비하여 리스크가 현실화되면 원치 않는 결과와 손실을 일으키기 때문에 아직 발생하지 않은 리스크를 어떻게 관리해서 손실을 최소화 하느냐가 중요하다.

1) 리스크 식별 및 분석

프로젝트 초기 단계에서 잠재적인 리스크를 식별하고 분석하여, 어떤 문제들이 발생할 수 있는지 미리 인지할 수 있습니다. 이를 통해 적절한 대응 방안을 마련할 수 있습니다.

2) 리스크 감소

효과적인 리스크 관리 계획을 통해 리스크의 발생 가능성을 줄이거나, 발생 시 그 영향을 최소화할 수 있습니다. 이는 프로젝트의 성공 확률을 높입니다(정수진 외 2023).

3) 자원 효율적 사용

리스크 관리 과정에서 우선순위를 정하고 리소스를 효율적으로 배분함으로써, 자원의 낭비를 줄일 수 있습니다. 이는 일정과 예산의 관리를 용이하게 합니다.

4) 의사결정 개선

리스크에 대한 명확한 이해는 프로젝트 팀과 이해관계자의 의사결정을 보다 객관적이고 합리적으로 만들어 줍니다. 이는 프로젝트의 방향성을 명확히 하고, 중간에 발생할 수 있는 변경 사항에 대한 대응도 용이하게 합니다.

5) 이해관계자 신뢰 구축

리스크 관리가 잘 이루어질 경우, 이해관계자들에게 신뢰를 구축할 수 있으며, 이는 프로젝트에 대한 지지와 협력을 증대시킵니다.(김철수 외 2021)

6) 프로젝트 성과 향상

리스크를 사전에 관리함으로써 프로젝트의 일정, 예산, 품질 등의 성과가 향상될 수 있습니다. 이는 최종 결과물이 기대에 부합하거나 그 이상이 될 가능성을 높입니다.

7) 포스트 모템(Postmortem)및 학습 기회

프로젝트 종료 후 리스크 관리의 결과를 분석하고 평가함으로써, 향후 프로젝트에 대한 교훈을 얻고 지속적인 개선을 도모할 수 있다(이민호 외, 2020).

결론적으로, 프로젝트 리스크 관리는 프로젝트의 성공을 위한 필수적인 요소이며, 체계적인 접근은 프로젝트의 전체적인 품질과 성과를 향상시키는데 기여한다.

CHAPTER 12

사회적 마케팅 및 커뮤니케이션 전략

Chapter 12

사회적 마케팅 및 커뮤니케이션 전략

현대사회는 전례 없는 속도로 다양한 사회문제에 직면하고 있다. 기후변화, 고령화, 건강 불평등, 빈부 격차, 환경오염, 정신 건강 문제 등은 단순한 개인적 이슈를 넘어 사회 전체의 지속가능성에 심각한 위협을 가하고 있다. 이러한 문제들은 기존의 제도적 대응만으로는 해결이 어렵고, 시민 개인의 행동 변화와 사회 전반의 인식 전환이 필수적이라는 인식을 확산시키고 있다.

이러한 배경 속에서 사회적 마케팅(Social Marketing) 은 주목받고 있다. 사회적 마케팅은 전통적인 상업 마케팅 기법을 응용하여, 상품이나 서비스 판매가 아닌 공공의 이익을 증진하기 위한 행동 변화를 유도하는 것을 목표로 한다. 단순한 정보 제공이나 강제적 규제가 아닌, 사람들이 스스로 긍정적 변화를 선택하도록 만드는 데 중점을 두는 것이다. 특히 비흡연, 건강한 식습관, 에너지 절약, 성 평등 인식 증진, 자원 재활용 확대 등 다양한 분야에서 사회적 마케팅은 강력한 변화의 촉진제로 작용해왔다.

사회적 마케팅의 중심에는 효과적인 커뮤니케이션 전략이 있다. 아무리 훌륭한 캠페인이라 해도, 타깃 집단의 특성과 심리를 충분히 고려하지 않으면 행동 변화를 이끌어내기 어렵다. 반대로, 잘 설계된 커뮤니케이션 전략은 사람들의 심리적 장벽을 낮추고, 새로운 행동을 자연스럽게 받아들이도록 만든다. 이는 단순히 '무엇을 말할 것인가'를 넘어, '어떻게 말할 것인가', '어디에서 누구에게 말할 것인가'를 치밀하게 설계하는 것을 의미한다(Social Marketing Gateway, 2025).

특히 디지털 기술과 소셜 미디어의 급속한 발달은 사회적 마케팅의 접근 방식을 획기적으로 변화시켰다. 과거에는 일 방향적 전달에 머물렀던 커뮤니케이션이 이제는 쌍방향 소통을 넘어 참여와 공감을 이끌어내는 형태로 진화하고 있다. 실시간 데이터 분석을 통한 맞춤형 메시지, 인플루언서와의 협업, 감성 기반 캠페인 등이 대표적이다. 이에 따라 현대 사회적 마케팅은 과학적 접근과 예술적 감성, 디지털 기술을 모두 아우르는 복합적 전략을 요구받고 있다.

이 책에서는 사회적 마케팅의 기본 개념에서부터 전략 수립, 커뮤니케이션 기법, 최신 트렌드와 실제 캠페인 사례까지 체계적으로 다루고자 한다. 또한 효과적인 사회적 마케팅을 위해 필요한 행동 변화 이론, 타깃 분석 방법, 성과 측정 기법 등도 폭넓게 소개한다. 독자들은 이 책을 통해 단순한 이론적 지식 습득을 넘어, 실제 사회 변화를 이끌어내는데 필요한 실질적 도구와 통찰을 얻을 수 있을 것이다(California Learning Resource Network, 2025).

궁극적으로 사회적 마케팅을 통해 보다 나은 세상을 만드는 데 기여할 수 있도록 안내하는 것을 목표로 한다. 우리가 마주한 수많은 사회 문제들은 결코 남의 일이 아니다. 각 개인이 작은 변화를 일으킬 때, 사회 전체의 큰 전환도 가능해진다. 이제, 행동을 촉진하고 변화를 설계하는 전략적 사고를 시작할 때다(India Free Notes, 2025).

1. 사회적 마케팅의 개념

오늘날 우리는 다양한 사회문제에 직면해 있다. 환경오염, 건강 불균형, 에너지 위기, 그리고 공동체 의식의 약화까지 이 모든 문제는 단순한 제도적 해결만으로는 극복하기 어렵다. 이처럼 복합적인 문제 속에서 사람들의 자발적 행동 변화를 이끌어내는 전략으로 주목받는 것이 바로 사회적 마케팅(Social Marketing) 이다.

사회적 마케팅은 본질적으로 상업적 마케팅 기법을 응용하여 사회 전체에 긍정적인 변화를 만들어내려는 시도를 의미한다. 즉, 기업이 상품을 판매하기 위해 소비자의 욕구를 분석하고, 설득과 커뮤니케이션 전략을 사용하는 것처럼, 사회적 마케팅은 공익을 위해 사람들의 행동을 변화시키고자 한다. 그러나 이 과정에서 영리 목적은 배제된다. 오직 사회적 가치 창출만을 목표로 삼는다(California Learning Resource Network, 2025).

대표적인 사례로는 다음과 같은 활동들을 들 수 있다. 첫째, 금연 캠페인은 흡연의 유해성을 알리고, 대체 행동(예: 금연 패치, 상담 프로그램)을 제안함으로써 개인의 건강을 보호하고자 한다. 둘째, 절전 운동은 에너지 절약 습관을 확산시켜, 지구 환경 보호에 기여한다. 셋째, 자원 재활용 캠페인은 쓰레기 감량과 재사용 문화를 조성해 지속 가능한 사회를 지향한다. 넷째, 건강 증진 프로그램은 올바른 식습관, 운동 습관 등을 장려하여 국민 건강 수준을 높이고 의료비 부담을 줄인다. 이처럼 사회적 마케팅은 공공의 이익을 위해 다양한 행동 변화를 촉진한다. 단순히 '좋은 일을 하자'고 설득하는 데 그치지 않고, 사람들의 심리와 행동 패턴을 면밀히 분석하여, 효율적이고 지속가능한 변화를 설계하는 데 초점을 맞춘다. 사회적 마케팅이 중요한 이유는 단순하다. 변화는 강요로 이루어지지 않는다. 지속 가능한 사회를 만들기 위해서는 사람들 스스로가 변화를 '필요하다'고 느끼고 '실천하고자' 결심해야 한다. 이를 가능하게 만드는 가장 효과적인 방법 중 하나가 바로 사회적 마케팅이다. 결국, 사회적 마케팅은 '더 나은 사회'를 위한 전략적 접근이다. 공감과 설득, 그리고 행동 과학을 기반으로, 우리 모두의 삶을 더 건강하고 지속 가능하게 만드는 데 기여한다. 그리고 이것이 바로, 오늘날 우리가 사회적 마케팅을 깊이 이해하고 활용해야 하는 이유다(Social Marketing Gateway, 2025).

2. 사회적 마케팅의 주요 구성 요소

사회적 마케팅이 효과를 거두기 위해서는 몇 가지 핵심 요소를 체계적으로 이해하고 적용해야 한다. 단순히 좋은 메시지를 던지는 것만으로는 사람들의 행동 변화를 이끌어낼 수 없다. 사회적 마케팅은 복합적인 심리적, 사회적 요인을 고려한 정교한 전략 설계를 필요로 한다. 다음은 사회적 마케팅을 구성하는 주요 요소들이다.

1) 행동 변화(Behavior Change)

사회적 마케팅의 궁극적인 목표는 행동의 변화다. 인식 제고, 태도 변화도 중요하지만, 최종적으로는 구체적이고 지속 가능한 행동 변화를 이끌어내야 한다. 이를 위해서는 단순한 정보 전달을 넘어, 사람들이 변화에 따르는 혜택을 체감할 수 있도록 설계해야 한다. 예를 들어, 절전 캠페인에서는 단순히 '전기를 아끼자'는 구호를 넘어서, 구체적인 방법(LED 전구 사용, 사용하지 않는 전자기기 끄기)과 그 결과(전기 요금 절감, 탄소 배출 감소)를 함께 제시해야 한다(California Learning Resource Network, 2025).

2) 타깃 집단 설정(Target Audience Segmentation)

모든 사람에게 동일한 메시지를 전달하는 방식은 효과적이지 않다. 사회적 마케팅에서는 반드시 타깃 집단을 명확히 설정하고, 그들의 특성에 맞춘 맞춤형 접근을 해야 한다. 연령, 성별, 직업, 생활습관, 가치관 등의 기준으로 타깃을 세분화하고, 각각의 집단이 변화에 대해 느끼는 동기와 장애 요인을 깊이 분석하는 것이 필수적이다. 이를 통해 각 집단에 최적화된 메시지와 매체를 선택할 수 있다(India Free Notes, 2025).

3) 가치 제안(Value Proposition)

사회적 마케팅은 사람들이 어떤 새로운 행동을 '원하도록' 만들어야 한다. 이를 위해서는 행동 변화가 가져오는 구체적인 이익과 가치를 명확히 제시해야 한다. 단순히 '해야 한다'는 당위성만으로는 충분하지 않다. 사람들은 자신의 삶에 실제로 도움이 될 것이라는 확신이 있을 때 변화를 선택한다. 예컨대, 재활용 캠페인에서는 환경 보호라는 대의명분과 함께, 지역사회에 제공되는 구체적 혜택(쾌적한 생활환경 조성, 재활용 포인트 제도 등)을 함께 강조할 필요가 있다.

4) 효과적인 커뮤니케이션 전략(Effective Communication Strategy)

커뮤니케이션 전략은 사회적 마케팅 성공의 핵심이다. 메시지는 짧고 명확하며, 감성적 공감을 이끌어낼 수 있어야 한다. 또한 어떤 채널을 통해 전달할 것인지도 중요하다. 전통적 매체(신문, TV)뿐 아니라 디지털 매체(소셜 미디어, 모바일 앱, 웹사이트)까지 다양한 채널을 통합적으로 활용해야 한다. 최근에는 특히 SNS를 통한 '참여형 캠페인'이 강력한 효과를 발휘하고 있다.

5) 행동 장벽 제거(Removing Barriers)

사람들이 새로운 행동을 시작하는 데 있어 장애물이 존재할 수 있다. 비용, 시간, 편의성, 정보 부족 등 다양한 요인이 변화를 가로막는다. 사회적 마케팅 전략은 이러한 장벽을 사전에 식별하고, 이를 제거하거나 최소화하는 데 초점을 맞춰야 한다. 예를 들어, 금연 캠페인에서는 금연 보조제 제공, 금연 클리닉 운영 등 실질적 지원을 함께 제공하는 것이 필요하다.

사회적 마케팅은 이처럼 단순한 홍보를 넘어, 행동 변화의 심층 메커니즘을 설계하는 복합적 과정이다. 각 요소를 세심하게 고려하고 통합할 때, 비로소 사회 전체에 의미 있는 긍정적 변화가 가능해진다(India Free Notes, 2025).

3. 사회적 마케팅의 주요 특징

사회적 마케팅은 공공의 이익을 최우선 목표로 삼으며, 대상 집단의 욕구와 필요를 깊이 이해하고 이를 반영한다. 제품 대신 행동 변화를 판매하며, 장기적인 변화를 도모한다는 점에서 일반 상업적 마케팅과 구분된다. 사회적 마케팅(Social Marketing)은 상업적 마케팅 기법을 활용하여 개인 및 사회 전반에 긍정적인 행동 변화를 유도하는 활동으로, 영리 목적이 아닌 사회적 가치를 창출하는 것을 목표로 합니다. 이러한 사회적 마케팅은 다음과 같은 주요 특징을 가지고 있다(California Learning Resource Network, 2025).

1) 행동 변화 중심

사회적 마케팅은 단순한 인식 제고나 태도 변화에 그치지 않고, 실제적인 행동 변화를 목표로 합니다. 예를 들어, 금연 캠페인은 흡연의 위험성을 알리는 것을 넘어, 실제로 흡연자가 담배를 끊도록 유도하는 전략을 포함한다.

2) 고객 중심 접근

효과적인 사회적 마케팅은 대상 집단의 관점에서 문제를 이해하고, 그들의 필요와 욕구를 반영한 전략을 수립합니다. 이는 대상 집단의 생활 방식, 가치관, 문화적 배경 등을 고려하여 맞춤형 메시지와 프로그램을 개발하는 것을 의미한다(Social Marketing Gateway, 2025).

3) 행동 과학 이론 기반

사회적 마케팅은 행동 변화를 유도하기 위해 행동 과학 이론을 활용합니다. 예를 들어, 건강 신념 모델(Health Belief Model)이나 계획된 행동 이론(Theory of Planned Behavior) 등을 적용하여 대상 집단의 행동 결정 요인을 분석하고, 효과적인 개입 전략을 설계한다.

4) 교환 이론 적용

사회적 마케팅은 대상 집단이 새로운 행동을 선택할 때의 비용과 혜택을 고려합니다. 즉, 사람들이 기존 행동을 포기하고 새로운 행동을 채택할 때 얻는 이익이 그들이 감수해야 할 비용보다 크다고 인식하도록 유도한다.

5) 경쟁 요소 인식

사회적 마케팅은 대상 집단이 새로운 행동을 채택하는 데 있어 경쟁 요소를 인식합니다. 예를 들어, 건강한 식습관을 장려하는 캠페인은 패스트푸드의 유혹과 같은 경쟁 요소를 고려하여 전략을 수립해야 한다.

6) 세분화 및 타깃팅

효과적인 사회적 마케팅은 대상 집단을 세분화하고, 각 세그먼트의 특성에 맞는 맞춤형 전략을 개발합니다. 이는 연령, 성별, 사회경제적 지위, 문화적 배경 등 다양한 기준에 따라 대상 집단을 분류하고, 그들의 특성에 맞는 메시지와 채널을 선택하는 것을 포함한다(California Learning Resource Network, 2025).

7) 마케팅 믹스 활용

사회적 마케팅은 전통적인 마케팅 믹스(4P: 제품, 가격, 장소, 촉진)를 활용하여 행동 변화를 촉진합니다. 예를 들어, 금연 캠페인은 금연 보조제(제품), 저렴한 가격, 접근성 높은 장소, 효과적인 홍보 전략을 통해 대상 집단의 행동 변화를 유도한다(India Free Notes, 2025).

8) 지속 가능성과 장기적 관점

사회적 마케팅은 단기적인 성과보다 지속 가능한 행동 변화를 목표로 합니다. 이는 일회성 캠페인이 아닌, 장기적인 전략과 프로그램을 통해 사회 전반에 긍정적인 변화를 가져오는 것을 의미한다.

이러한 특징들을 종합적으로 고려하여 사회적 마케팅 전략을 수립하면, 개인의 행동 변화뿐만 아니라 사회 전체의 긍정적인 변화를 이끌어낼 수 있다(Social Marketing Gateway, 2025).

4. 사회적 마케팅과 상업적 마케팅의 차이

상업적 마케팅은 상품이나 서비스를 판매하여 이윤을 창출하는 것이 목표지만, 사회적 마케팅은 사람들의 건강, 환경, 복지 증진을 위해 행동 변화를 목표로 한다. 성공 지표도 판매량이 아닌, 긍정적 행동 변화의 정도로 측정된다. 사회적 마케팅(Social Marketing)과 상업적 마케팅(Commercial Marketing)은 모두 사람들의 행동에 영향을 미치고자 하는 전략적 접근 방식을 사용한다. 그러나 이 두 가지는 목표, 접근 방법, 성공의 기준 등 여러 면에서 중요한 차이를 보인다(Kotler, P., Roberto, E. L., & Lee, N, 2002).

1) 목표의 차이

가장 근본적인 차이는 목표(Purpose) 에 있다. 상업적 마케팅은 제품이나 서비스를 판매하여 영리(Profit)를 창출하는 것을 목표로 한다. 반면, 사회적 마케팅은 개인과 사회 전체에 긍정적인 영향을 미치는 행동 변화를 유도하여 공익(Public Good)을 증진하는 것을 목표로 삼는다. 예를 들어, 상업적 마케팅은 청량음료 판매를 늘리기 위해 광고를 집행하지만, 사회적 마케팅은 건강 증진을 위해 설탕 음료 소비를 줄이자는 캠페인을 펼친다.

2) 대상 행동의 차이

상업적 마케팅은 소비자에게 제품을 구매하거나 특정 브랜드를 선택하도록 유도하는 데 초점을 맞춘다. 반면, 사회적 마케팅은 건강한 생활습관, 환경 보호, 인권 존중 등 구체적인 행동 변화를 촉진하는 데 목적을 둔다. 여기서 판매되는 것은 상품이 아니라 '행동'이다(Andreasen, A. R, 1994).

3) 성공 기준의 차이

상업적 마케팅의 성공은 판매 실적, 시장 점유율, 수익성 같은 재무적 지표로 평가된다. 반면, 사회적 마케팅은 행동 변화의 정도, 건강 지표 개선, 사회적 인식 변화와 같은 공익적 성과로 평가된다. 예를 들어, 금연 캠페인에서는 몇 명이 담배를 끊었는지가 성공을 가늠하는 기준이 된다.

4) 메시지 설계 방식의 차이

상업적 마케팅은 소비자의 욕구를 충족시키는 데 초점을 맞추어 메시지를 설계한다. 반면, 사회적 마케팅은 때로는 소비자에게 불편하거나 힘든 행동을 요구할 수도 있다. 따라서 설득과 공감, 그리고 강력한 동기 부여가 필요하다. 예를 들어, 환경 보호 캠페인은 불편을 감수하고 일회용품 사용을 줄이도록 설득해야 한다.

5) 경쟁 개념의 차이

상업적 마케팅에서는 경쟁사가 판매하는 유사 제품이 주된 경쟁 대상이다. 반면, 사회적 마케팅에서는 기존 습관, 문화적 관성, 심리적 저항 등이 경쟁 요소가 된다. 사회적 마케팅은 이처럼 무형의 경쟁과 싸워야 한다는 점에서 훨씬 복합적이다.

이처럼 사회적 마케팅과 상업적 마케팅은 전략적 기법은 유사하지만, 지향점과 실행 방식에서 본질적인 차이를 가진다. 두 가지 모두 사람의 행동을 변화시키는 데 관심을 두지만, 그 변화가 누구를 위한 것인가에 따라 접근법이 완전히 달라진다는 점을 이해하는 것이 중요하다(황보은 · 정기홍, 2011).

5. 사회적 마케팅 전략 수립 과정

사회적 마케팅 전략은 문제 정의 → 목표 설정 → 타깃 집단 분석 → 전략 수립 → 실행 → 평가의 과정을 따른다. 특히 명확한 목표 설정과 세밀한 타깃 분석이 전략의 성패를 좌우한다. 사회적 마케팅은 단순한 홍보 활동이 아니다. 개인과 사회 전반에 긍정적인 행동 변화를 유도하기 위해서는 체계적이고 과학적인 전략 수립이 필요하다. 사회적 마케팅 전략은 다음과 같은 주요 단계를 거쳐 개발된다(Kotler, P., & Lee, N., 2008).

1) 문제 정의(Problem Definition)

전략 수립의 출발점은 명확한 문제 정의다. 어떤 사회적 문제를 해결하려는 것인지, 구체적으로 어떤 행동 변화를 촉진하고자 하는지 분명히 해야 한다. 예를 들어, 단순히 "건강 증진"을 목표로 삼는 것이 아니라, "청소년의 음주율 감소"처럼 명확하고 측정 가능한 문제로 설정해야 한다. 또한 문제의 규모, 심각성, 주요 원인에 대한 분석도 함께 이뤄져야 한다(Lefebvre, R. C, 2013).

2) 타깃 집단 설정(Target Audience Identification)

다음 단계는 행동 변화를 유도하고자 하는 구체적인 타깃 집단을 선정하는 것이다. 연령, 성별, 지역, 소득 수준, 문화적 배경 등 다양한 기준에 따라 집단을 세분화하고, 각 집단의 특징과 행동 양식을 심층적으로 분석한다. 타깃 집단에 따라 메시지와 접근 방법이 달라지기 때문에 이 단계는 전략의 핵심 기초가 된다.

3) 목표 설정(Behavioral Objectives Setting)

전략 수립 과정에서는 명확하고 구체적인 행동 목표를 설정해야 한다. 목표는 실현 가능하고 측정 가능해야 하며, 가능한 한 구체적이어야 한다. 예를 들어, "흡연율을 낮춘다"는 목표보다는 "20대 남성의 흡연율을 1년 안에 15% 감소시킨다"처럼 정량화된 목표를 설정하는 것이 바람직하다.

4) 전략 개발(Strategy Development)

이 단계에서는 구체적인 전략과 프로그램을 설계한다. 전략 개발 시 고려해야 할 핵심 요소는 다음과 같다. 이른바 "4P" 전략을 기반으로 사회적 마케팅 캠페인의 설계가 이뤄진다.

(1) 제품(Product): 제안하는 행동이나 혜택
(2) 가격(Price): 행동 변화에 필요한 노력이나 비용
(3) 장소(Place): 행동이 이루어지는 환경
(4) 촉진(Promotion): 행동 변화를 촉진하기 위한 커뮤니케이션 방법

5) 실행(Implementation)

설계된 전략을 실제로 실행하는 단계다. 이때는 세부 실행 계획을 수립하고, 필요한 자원(인력, 예산, 기술 등)을 확보하며, 캠페인을 구체적으로 운영한다. 타깃 집단과의 지속적인 소통과 피드백 수집이 필수적이다(Kotler, P., & Lee, N., 2008).

6) 평가 및 개선(Evaluation and Feedback)

전략 실행 후에는 반드시 성과 평가를 진행해야 한다. 목표로 설정한 행동 변화가 실제로 이루어졌는지, 어떤 요인이 성공 또는 실패에 영향을 미쳤는지 분석한다. 평가 결과를 바탕으로 전략을 개선하고, 필요한 경우 추가적인 개입을 설계한다. 평가 단계는 단순한 결과 확인을 넘어, 향후 사회적 마케팅 활동의 질을 높이는

데 핵심적이다. 이처럼 사회적 마케팅 전략 수립은 체계적이고 반복적인 과정을 통해 완성된다. 명확한 문제 인식, 타깃 집단 분석, 구체적 목표 설정, 정교한 전략 개발, 철저한 실행, 그리고 성실한 평가를 거칠 때 비로소 사회 전체에 긍정적이고 지속 가능한 변화를 이끌어낼 수 있다(홍성태, 2011).

6. 사회적 마케팅 성공 사례 분석

사회적 마케팅은 이론에 그치지 않고, 다양한 실제 캠페인에서 성공적인 결과를 만들어냈다. 특히 잘 설계된 사회적 마케팅 캠페인은 대규모 사회 변화를 이끌어내는 데 기여해왔다. 여기서는 대표적인 두 가지 사례를 통해 성공 요인을 분석해본다(Farrelly, M. C., Davis, K. C., Haviland, M. L., Messeri, P., & Healton, C. G, 2005).

1) 금연 캠페인: "Truth Initiative"(미국)

미국에서 청소년 흡연율 감소에 혁혁한 성과를 거둔 Truth Initiative 캠페인은 사회적 마케팅의 대표적 성공 사례로 꼽힌다. 성공 요인은 타깃 집단(청소년)의 심리적 특성(독립성, 반항성)을 정확히 이해하고, 감성적으로 강력한 메시지를 설계했다는 점에 있다(UK Department for Transport, 2012).

(1) 목표: 10대 흡연율 감소
(2) 전략: 흡연의 부정적 건강 영향을 경고하는 대신, 담배 회사의 조작성과 비윤리성을 고발하는 접근 방식을 채택했다.
(3) 메시지: "흡연은 쿨하지 않다"는 기존 인식을 넘어, "당신은 조작당하고 있다"는 분노와 반항심을 자극하는 메시지를 전달했다.
(4) 성과: 2000년대 초반 10대 흡연율을 23% 이상 감소시키는 데 기여했다.

2) 교통 안전 캠페인: "Think! Road Safety"(영국)

영국 교통부가 진행한 "Think!" 캠페인은 음주 운전과 과속 등 위험 운전을 줄이기 위해 다양한 메시지를 지속적으로 전달해왔다. 성공 요인은 지속적인 메시지 노출, 감정에 호소하는 커뮤니케이션, 그리고 정책적 지원을 병행했다는 점이다.

(1) 목표: 교통사고율 및 사망자 수 감소
(2) 전략: 강렬하고 충격적인 광고 영상을 통해 교통사고의 위험성을 실감나게 전달했다. 또한 법적 규제와 병행하여 행동 변화를 촉진했다.
(3) 메시지: "Think before you act"(행동하기 전에 생각하라)
(4) 성과: 캠페인 이후 영국의 교통사고 사망자 수는 지속적으로 감소했고, 음주 운전에 대한 사회적 인식도 크게 변화했다.

두 사례를 통해 사회적 마케팅 성공의 공통된 교훈을 도출할 수 있다.
1) 대상 집단의 심층 이해: 타깃의 욕구, 가치, 심리를 철저히 분석해야 한다.
2) 감성적 연결: 이성적 정보 전달만으로는 행동 변화를 이끌어내기 어렵다. 감

정에 호소하는 전략이 효과적이다.

3) 일관성과 지속성: 일회성 캠페인보다는 장기적이고 일관된 노력이 필요하다.

4) 다층적 접근: 커뮤니케이션만으로는 한계가 있으므로, 제도적 지원이나 환경 변화와 병행해야 한다.

사회적 마케팅은 단순한 홍보를 넘어, 사람들의 신념과 행동을 변화시키는 힘을 지닌다. 성공적인 캠페인은 그 자체로 하나의 사회 혁신이며, 올바른 전략과 진정성을 갖춘다면 누구나 사회적 변화를 만들어낼 수 있다(Kotler, P., & Lee, N., 2008).

7. 타킷 설정과 시장 세분화

사회적 마케팅에서도 시장 세분화는 필수적이다. 연령, 성별, 생활습관, 가치관 등에 따라 타깃 집단을 구분하고, 각 집단에 맞는 커뮤니케이션 전략을 수립함으로써 메시지의 효과성을 높인다. 사회적 마케팅 전략을 성공적으로 설계하기 위해서는 타깃(Target Audience)을 명확히 설정하고, 시장을 체계적으로 세분화(Segmentation) 하는 작업이 필수적이다. 타깃 설정과 시장 세분화는 마케팅의 방향성을 정하고, 메시지의 효과를 극대화하는 데 핵심적인 역할을 한다(Kotler, P., & Lee, N, 2008).

1) 타깃 설정(Target Audience Setting)

타깃 설정이란, 마케팅 활동을 통해 행동 변화를 유도하고자 하는 특정 집단을 정의하는 과정이다. 모든 사람을 대상으로 하는 것은 자원 낭비를 초래할 수 있기 때문에, 우선순위가 높은 집단을 정밀하게 선정해야 한다.

2) 시장 세분화(Market Segmentation)

시장 세분화는 전체 시장을 공통된 특성을 가진 하위 집단으로 나누는 작업이다. 세분화를 통해 각 집단의 특성에 맞춘 맞춤형 전략을 설계할 수 있다.

3) 타깃 설정과 시장 세분화의 관계

시장 세분화는 타깃 설정의 전제 조건이다. 시장을 여러 하위 집단으로 나눈 후, 그 중 가장 효과적인 타깃 집단을 선정하여 전략을 집중한다.이는 한정된 자원으로 최대의 행동 변화를 이끌어내기 위한 합리적인 접근이다(Lefebvre, R. C, 2013).

8. 행동 변화 이론과의 연계

행동 경제학, 계획된 행동 이론, 건강신념 모델 등 다양한 행동 변화 이론을 참고하여 사회적 마케팅 전략을 설계해야 한다. 이론적 근거가 있는 캠페인은 수용성과 지속 가능성이 높다. 사회적 마케팅은 단순한 정보 제공을 넘어, 개인의 행동 변화를 유도하는 것을 궁극적인 목표로 한다. 이를 위해 다양한 행동 변화 이론(Behavior Change Theories)을 바탕으로 전략을 수립하고 실행해야 한다. 이 장에서는 대표적인 행동 변화 이론들과 사회적 마케팅의 연계를 살펴본다(Glanz, K., Rimer, B. K., & Viswanath, K. (Eds.), 2015).

1) 건강 신념 모델(Health Belief Model, HBM)

건강 신념 모델은 사람들이 특정 행동을 취하는 이유를 개인의 신념 구조로 설명한다. 이 모델에 따르면 사람들이 어떤 건강 행동을 선택할 가능성은 다음 요인에 따라 결정된다. 사회적 마케팅에서는 이 모델을 적용해, 메시지를 통해 위험성 인식과 이득을 강조하고, 장애를 최소화하는 전략을 개발할 수 있다(Ajzen, I, 1991).

(1) 질병에 대한 인식된 민감성(Perceived Susceptibility): 자신이 위험에 처해 있다고 믿는 정도

(2) 질병의 심각성 인식(Perceived Severity): 결과가 얼마나 심각한지에 대한 인식

(3) 행동의 이득 인식(Perceived Benefits): 행동이 긍정적인 결과를 가져올 것이

라는 믿음

(4) 행동의 장애 인식(Perceived Barriers): 행동 수행에 따른 장애물이나 비용에 대한 인식

2) 계획된 행동 이론(Theory of Planned Behavior, TPB)

계획된 행동 이론은 개인의 행동은 의도(Intention)에 의해 결정되며, 의도는 다음 세 가지 요소의 영향을 받는다고 본다. 사회적 마케팅에서는 캠페인을 통해 긍정적인 태도를 강화하고, 사회적 지지를 유도하며, 개인이 변화할 수 있다는 믿음을 키우는 접근을 설계한다(Prochaska, J. O., & DiClemente, C. C, 1983).

(1) 태도(Attitude): 해당 행동에 대한 긍정적 또는 부정적 평가
(2) 주관적 규범(Subjective Norms): 주변 사람들이 기대하는 바에 대한 인식
(3) 지각된 행동 통제(Perceived Behavioral Control): 행동을 수행할 수 있다는 자기 효능감

3) 변화 단계 이론(Stages of Change Model Transtheoretical Model)

변화 단계 이론은 행동 변화가 여러 단계를 거쳐 점진적으로 이루어진다고 본다. 사회적 마케팅에서는 타깃 집단의 변화를 유도하기 위해 현재 어느 단계에 있는지를 진단하고, 각 단계에 맞는 맞춤형 메시지와 지원 프로그램을 제공해야 한다.

(1) 무관심 단계(Precontemplation): 변화를 고려하지 않는다.

(2) 숙고 단계(Contemplation): 변화에 대한 생각으로 시작한다.

(3) 준비 단계(Preparation): 변화할 의사가 있다.

(4) 실행 단계(Action): 실제 행동을 변화시킨다.

(5) 유지 단계(Maintenance): 행동을 지속하고 강화시킨다.

4) 사회 인지 이론(Social Cognitive Theory)

사회 인지 이론은 개인의 행동이 개인 요인, 행동 요인, 환경 요인 간의 상호작용에 의해 결정된다고 본다. 특히 모델링(Modelling), 즉 타인의 행동을 관찰하고 학습하는 과정을 강조한다. 사회적 마케팅에서는 롤모델을 활용하거나, 긍정적 행동을 보이는 사례를 적극 홍보함으로써 행동 변화를 유도할 수 있다(Bandura, A, 1986).

사회적 마케팅은 단순한 커뮤니케이션이 아니다. 건강 신념 모델, 계획된 행동 이론, 변화 단계 이론, 사회인지 이론 등 행동 변화를 설명하는 과학적 이론에 근거하여 전략을 수립할 때, 보다 효과적인 행동 유도가 가능해진다. 이론적 토대를 바탕으로 개인의 심리와 사회적 맥락을 이해하고 설계된 캠페인만이 진정한 사회 변화를 만들어 낼 수 있다.

9. 커뮤니케이션 전략의 중요성

커뮤니케이션 전략은 사회적 마케팅 성공의 핵심이다. 명확하고 설득력 있는 메시지 전달, 적절한 채널 활용, 타깃 집단과의 감성적 연결이 모두 중요한 요소다.

오늘날 빠르게 변화하는 사회와 경제 환경 속에서 커뮤니케이션 전략은 기업과 조직의 성공에 있어 중요한 역할을 한다. 커뮤니케이션은 단순히 정보를 전달하는 과정에 그치지 않고, 전략적으로 잘 구축된 커뮤니케이션은 조직의 목표 달성, 브랜드 이미지 형성, 그리고 고객과의 신뢰 관계 구축에 필수적인 요소이다. 따라서 효과적인 커뮤니케이션 전략의 중요성을 인식하고 이를 실천하는 것이 조직의 경쟁력을 강화하는데 크게 기여한다(조규현, 2020).

첫째, 커뮤니케이션 전략은 내부 조직의 협업과 효율성을 증대시킨다. 명확하고 일관된 의사소통은 직원들 간의 이해를 높이고, 업무 수행에 있어 혼선을 줄이며, 서로의 역할을 명확히 인식할 수 있도록 돕는다. 이를 통해 팀워크가 향상되고, 조직 내 목표 달성에 필요한 빠르고 정확한 의사결정이 이루어질 수 있다. 또한, 커뮤니케이션 전략을 통해 상위 경영진과 직원들 간의 소통이 원활히 이루어질 수 있으며, 이는 직원들의 사기와 동기부여에도 긍정적인 영향을 미친다.

둘째, 외부와의 소통에서도 커뮤니케이션 전략은 중요한 역할을 한다. 기업은 고객, 투자자, 협력사 등 다양한 외부 이해관계자와의 관계를 유지하고 발전시키기 위해 전략적인 커뮤니케이션을 해야 한다. 잘 설계된 커뮤니케이션 전략은 브랜드 이미지와 신뢰도를 구축하며, 고객의 요구와 기대를 정확히 파악하고 반영할 수 있게 해준다. 또한, 위기 상황에서의 신속하고 투명한 커뮤니케이션은 기업의 이미지와 신뢰를 지키는데 중요한 역할을 한다.

셋째, 디지털 시대의 발전으로 인해 커뮤니케이션의 방식과 채널도 다양해졌다. 소셜 미디어, 이메일, 온라인 회의 등 다양한 플랫폼을 통해 정보를 전달하고 소통할 수 있다. 그러나 이와 같은 다양한 채널에서 메시지가 일관되지 않으면 혼란을 초래할 수 있다. 따라서 기업은 각 채널에 맞는 메시지와 스타일을 잘 조율해야 하며, 이를 통해 고객과의 소통이 효과적으로 이루어질 수 있다. 또한, 디지털 커뮤니케이션에서는 실시간 피드백과 상호작용이 가능하므로 이를 적절히 활용하여 고객의 요구를 즉각적으로 반영하고 문제를 해결할 수 있는 능력이 요구된다.

마지막으로, 커뮤니케이션 전략은 기업의 장기적인 비전과 목표를 달성하는 데 있어 중요한 도구가 된다. 조직의 목표와 비전을 명확하게 전달하고, 이를 이해관계자들이 공감할 수 있도록 만드는 과정은 비즈니스 성과를 극대화하는 데 중요한 역할을 한다. 또한, 전략적 커뮤니케이션을 통해 기업의 비전이 직원들에게 공유되면 그들은 더 큰 동기 부여를 얻고, 회사의 목표에 대해 더욱 충성심을 가지고 일할 수 있다.

결론적으로, 커뮤니케이션 전략은 기업의 모든 활동에 필수적인 요소로 자리잡고 있다. 내부와 외부의 효과적인 소통을 통해 조직의 목표 달성에 중요한 기여를 하며, 브랜드 이미지와 신뢰를 구축하는 데 중요한 역할을 한다. 디지털 시대의 커뮤니케이션 환경에서 기업이 성공적으로 경쟁하기 위해서는 전략적이고 일관된 커뮤니케이션이 필수적이다(김동일, 2019).

1) 커뮤니케이션 전략의 중요성

오늘날 빠르게 변화하는 사회와 경제 환경 속에서 커뮤니케이션 전략은 기업과 조직의 성공에 있어 중요한 역할을 한다. 커뮤니케이션은 단순히 정보를 전달하는 과정에 그치지 않고, 전략적으로 잘 구축된 커뮤니케이션은 조직의 목표 달성, 브랜드 이미지 형성, 그리고 고객과의 신뢰 관계 구축에 필수적인 요소이다. 따라서 효과적인 커뮤니케이션 전략의 중요성을 인식하고 이를 실천하는 것이 조직의 경쟁력을 강화하는 데 크게 기여한다(Armstrong, G., & Kotler, P, (2016).

(1) 내부 조직의 협업과 효율성 증대

커뮤니케이션 전략은 조직 내부의 협업을 효율적으로 만들어준다. 명확하고 일관된 의사소통은 직원들 간의 이해를 높이고, 업무 수행에 있어 혼선을 줄이며, 서로의 역할을 명확히 인식할 수 있도록 돕는다. 이를 통해 팀워크가 향상되고, 조직 내 목표 달성에 필요한 빠르고 정확한 의사결정이 이루어질 수 있다. 또한, 커뮤니케이션 전략을 통해 상위 경영진과 직원들 간의 소통이 원활히 이루어질 수 있으며, 이는 직원들의 사기와 동기 부여에도 긍정적인 영향을 미친다. 내부 커뮤니케이션의 중요성은 단순히 업무를 수행하는 것에 그치지 않는다. 직원들이 기업의 비전과 목표를 공유하고, 자신이 속한 부서뿐만 아니라 다른 부서와도 협력할 수 있는 환경을 만드는 데 중요한 역할을 한다. 이로 인해 각 부서 간의 시너지가 발생하고, 전사적인 목표 달성에 기여할 수 있게 된다.

(2) 외부와의 소통 및 브랜드 이미지 구축

커뮤니케이션 전략은 외부 이해관계자와의 관계에서도 중요한 역할을 한다. 기업은 고객, 투자자, 협력사 등 다양한 외부 이해관계자와의 관계를 유지하고 발전시키기 위해 전략적인 커뮤니케이션을 해야 한다. 잘 설계된 커뮤니케이션 전략은 브랜드 이미지와 신뢰도를 구축하며, 고객의 요구와 기대를 정확히 파악하고 반영할 수 있게 해준다. 또한, 위기 상황에서의 신속하고 투명한 커뮤니케이션은 기업의 이미지와 신뢰를 지키는 데 중요한 역할을 한다.

외부 커뮤니케이션에서 중요한 점은 기업의 메시지가 일관되게 전달되어야 한다는 것이다. 고객은 기업의 신뢰성을 바탕으로 구매 결정을 내리기 때문에, 브랜드에 대한 정보가 일관되게 제공되면 고객의 충성도를 높일 수 있다. 또한, 위기 관리에 있어 기업의 신속한 대응은 고객의 신뢰를 회복하고 장기적으로 기업의 성과에 긍정적인 영향을 미친다.

(3) 디지털 시대의 커뮤니케이션

디지털 시대의 발전으로 인해 커뮤니케이션의 방식과 채널도 다양해졌다. 소셜미디어, 이메일, 온라인 회의 등 다양한 플랫폼을 통해 정보를 전달하고 소통할 수 있다. 그러나 이와 같은 다양한 채널에서 메시지가 일관되지 않으면 혼란을 초래할 수 있다. 따라서 기업은 각 채널에 맞는 메시지와 스타일을 잘 조율해야 하며, 이를 통해 고객과의 소통이 효과적으로 이루어질 수 있다. 또한, 디지털 커뮤니케이션에서는 실시간 피드백과 상호작용이 가능하므로 이를 적절히 활용하여 고객의 요구를 즉각적으로 반영하고 문제를 해결할 수 있는 능력이 요구된다. 디지털 커뮤니케이션의 핵심은 빠르고 효율적인 피드백이다. 고객은 실시간으로 기업에 문의하거나 피드백을 주는 것이 가능해졌고, 이는 고객과의 관계를 더욱 가까운 관계로 발전시킬 수 있는 기회를 제공한다. 기업은 이러한 피드백을 적극적으로 활용하고, 고객의 요구에 신속하게 대응함으로써 경쟁 우위를 확보할 수 있다.

(4) 조직의 장기적인 비전과 목표 달성

커뮤니케이션 전략은 기업의 장기적인 비전과 목표를 달성하는 데 있어 중요한 도구가 된다. 조직의 목표와 비전을 명확하게 전달하고, 이를 이해관계자들이 공감할 수 있도록 만드는 과정은 비즈니스 성과를 극대화하는 데 중요한 역할을 한다. 또한, 전략적 커뮤니케이션을 통해 기업의 비전이 직원들에게 공유되면 그들은 더 큰 동기 부여를 얻고, 회사의 목표에 대해 더욱 충성심을 가지고 일할 수 있다.

커뮤니케이션 전략이 효과적으로 적용되면, 기업은 내부 직원들 뿐만 아니라 외부 파트너, 고객 등 다양한 이해관계자들에게도 조직의 비전과 목표를 일관되게 전달할 수 있다. 이로 인해, 조직 내외부의 모든 구성원이 동일한 목표를 향해 나아가며, 장기적인 성장과 발전을 이룰 수 있다(Chaffey, D, 2019).

커뮤니케이션 전략은 기업의 모든 활동에 필수적인 요소로 자리잡고 있다. 내부와 외부의 효과적인 소통을 통해 조직의 목표 달성에 중요한 기여를 하며, 브랜드 이미지와 신뢰를 구축하는 데 중요한 역할을 한다. 디지털 시대의 커뮤니케이션 환경에서 기업이 성공적으로 경쟁하기 위해서는 전략적이고 일관된 커뮤니케이션이 필수적이다. 따라서 기업은 명확하고 체계적인 커뮤니케이션 전략을 구축하여, 조직의 성과를 극대화하고 경쟁력을 강화해야 한다(조규현, 2020).

10. 커뮤니케이션 수단 및 채널의 중요성

현대의 조직과 기업은 다양한 커뮤니케이션 수단과 채널을 활용하여 정보를 전달하고 소통한다. 각기 다른 수단과 채널은 서로 다른 특성과 목적을 가지며, 이에 따라 적절하게 활용되는 것이 중요하다. 커뮤니케이션 수단은 메시지를 전달하는 방법을 의미하며, 채널은 그 메시지가 전달되는 경로를 의미한다. 효과적인 커뮤니케이션을 위해서는 수단과 채널을 적절하게 선택하고, 이를 전략적으로 운영하는 것이 필요하다. 다양한 커뮤니케이션 수단과 채널은 조직 내외부의 관계를 강화하고, 효율적인 소통을 가능하게 한다.

1) 커뮤니케이션 수단의 유형

커뮤니케이션 수단은 크게 언어적 수단과 비언어적 수단으로 나눌 수 있다. 언어적 수단은 말이나 글을 사용하여 메시지를 전달하는 방식으로, 가장 일반적이고 널리 사용되는 수단이다. 구술, 문서, 이메일, 보고서 등이 이에 해당한다. 이와 달리 비언어적 수단은 표정, 제스처, 몸짓, 시각적 요소 등 말이 아닌 다른 방법으로 의사소통을 하는 방식이다. 예를 들어, 프레젠테이션에서의 슬라이드나 이미지, 시각적 디자인은 강력한 비언어적 수단으로 메시지를 전달할 수 있다(조규현, 2020).

(1) 언어적 수단

언어적 커뮤니케이션은 가장 직관적이고 명확한 방법으로 정보를 전달한다. 구술이나 글을 통해 이루어지는 의사소통은 구체적인 내용을 명확히 전달할 수 있기 때문에 중요한 의사결정에 많이 사용된다. 특히, 문서나 이메일은 시간이 지나도 보관할 수 있어 중요한 기록을 남기는 데 유용하다. 하지만 언어적 수단은 문맥에 따라 해석이 달라질 수 있기 때문에, 내용을 정확히 전달하기 위해서는 신중하고 일관된 표현이 필요하다.

(2) 비언어적 수단

비언어적 수단은 사람의 표정이나 몸짓, 손짓 등을 통해 감정이나 태도를 전달한다. 이러한 수단은 종종 구술이나 문자보다 더 강한 메시지를 전달할 수 있다. 예를 들어, 회의나 발표에서 강력한 비언어적 표현은 말보다 더 많은 정보를 전달할 수 있으며, 상대방의 관심을 끌거나 신뢰감을 형성하는 데 중요한 역할을 한다. 비언어적 커뮤니케이션은 청중의 반응을 실시간으로 확인하고 조정할 수 있기 때문에 매우 효과적이다.

2) 커뮤니케이션 채널의 선택

커뮤니케이션 채널은 메시지가 전달되는 경로를 의미한다. 조직의 커뮤니케이션에서는 여러 채널을 통해 정보가 오가며, 각 채널은 특정 상황에 맞게 선택될 수 있다. 일반적으로 사용되는 커뮤니케이션 채널로는 대면 소통, 전화, 이메일, 소셜 미디어, 문자 메시지, 웹 회의 등이 있다.

(1) 대면 소통

대면 소통은 가장 강력한 커뮤니케이션 채널 중 하나로, 즉각적인 피드백과 상호작용이 가능하다. 비즈니스 회의나 면담, 팀 회의에서 자주 활용되며, 단순히 정보를 전달하는 것뿐만 아니라 감정이나 태도를 읽고 반응할 수 있어 더욱 효과적이다. 그러나 시간과 장소에 제약이 있는 단점이 있다.

가. 전화 및 이메일

전화와 이메일은 물리적으로 떨어져 있는 사람들과의 소통을 가능하게 하는 중요한 채널이다. 전화는 빠르고 실시간으로 대화를 나눌 수 있으며, 이메일은 기록이 남고 여러 사람과 동시에 소통할 수 있는 장점이 있다. 이메일은 비즈니스 환경에서 문서화된 커뮤니케이션을 선호할 때 자주 사용되며, 필요한 정보를 간결하게 전달하는 데 효과적이다. 그러나 이메일은 감정이나 뉘앙스를 전달하는 데 한계가 있을 수 있다.

나. 소셜 미디어

소셜 미디어는 기업과 고객, 또는 기업 내부의 소통을 위해 점점 더 중요한 채널로 자리 잡고 있다. 페이스북, 트위터, 인스타그램과 같은 플랫폼은 브랜드 이미지 강화와 고객과의 관계 구축에 효과적이다. 소셜 미디어는 실시간으로 고객의 의견을 수집하고, 빠르게 반응할 수 있는 채널을 제공한다. 또한, 기업의 비전이나 사회적 책임을 공유하는 데 유용하다. 그러나 잘못된 메시지나 반응은 브랜드 이미지에 큰 타격을 줄 수 있으므로 신중하게 운영해야 한다.

다. 웹 회의

온라인 회의나 웨비나는 물리적 거리에 관계없이 전 세계 어디서나 사람들과 소통할 수 있는 유용한 채널이다. 특히 원격 근무 환경에서 중요한 역할을 하며, 비즈니스 회의, 교육, 프레젠테이션 등 다양한 목적으로 활용된다. 웹 회의는 화면 공유나 실시간 문서 편집, 녹화 기능 등을 통해 효율적인 협업을 가능하게 한다. 그러나 기술적 문제나 참여자의 집중력 부족이 단점으로 작용할 수 있다.

3) 커뮤니케이션 채널의 선택 기준

커뮤니케이션 채널을 선택하는 데 있어 가장 중요한 기준은 목표와 상황에 적합한 채널을 선택하는 것이다. 메시지의 내용, 대상, 전달의 목적 등을 고려하여 적합한 채널을 선택해야 한다. 예를 들어, 신속한 정보 공유가 중요한 상황에서는 전화나 소셜 미디어가 적합하며, 공식적인 기록을 남기고자 한다면 이메일이나 문서가 적합하다. 또한, 대면 소통이 가능하다면 감정이나 뉘앙스를 정확하게 전달할 수 있기 때문에 효과적인 커뮤니케이션 수단이 될 수 있다(김동일, 2019).

커뮤니케이션 수단과 채널은 조직의 효율적인 소통을 위한 중요한 요소이다. 각 수단과 채널은 그 특성에 맞게 활용되어야 하며, 상황에 따라 적절한 선택을 하는 것이 중요하다. 다양한 커뮤니케이션 수단과 채널을 전략적으로 사용하면 조직 내외부의 관계를 강화하고, 목표 달성에 큰 도움이 될 것이다. 또한, 디지털 시대에서 커뮤니케이션 채널의 중요성이 더욱 강조되므로, 이를 잘 활용하는 것이 경쟁력 있는 조직으로 나아가는 길이 될 것이다.

CHAPTER

13

프로젝트 성과평가 및 개선

프로젝트 성과평가 및 개선

Chapter 13

1. NPO기관의 프로젝트

1) NPO기관 프로젝트 정의와 특성

(1) 프로젝트의 정의

프로젝트란 고유성을 지닌 결과물을 도출하기 위해 한시적으로 노력을 투입하는 상호 연관성을 지닌 복합적 업무 구성체이다. 프로젝트(Project)라는 어원은 Projectum 또는 Projectus로부터 유래된 덕으로 'Pro-(forward)+iacere(to throw)'의 의미인 '앞으로 내던지다 혹은 앞으로 펼쳐지다'라는 의미에서 시작되었다. 오늘날 프로젝트의 개념이 앞으로 펼쳐질 사업들을 계획하고 실행하는 것으로 여겨 지는 것은 바로 이러한 유래를 갖기 때문이다. 즉, 'Project'라는 단어는 '사업', '과제', '투영하다', '계획하다'라는 의미로 쓰이고 있는데, 이는 미래에 이루어야 할 일을 미리 내던짐으로써 방향을 잡고 계획을 세워 그 일을 이루어 나간다는 뜻이다.

프로젝트는 '사업' 혹은 '과제'라는 우리말로 사용되기도 하는데 이는 기업이나 조직에서 장기 전략의 목표를 달성하기 위한 하나의 수단으로 이행하는 사업을 의미한다. 기업의 전략을 이행하기 위해서는 기업이 생존하기 위한 각종 신규 사업이나 기술개발, 혹은 각종 개선과 혁신적 노력들이 프로젝트로 선정되고 이행된다. 프로젝트의 역사는 인류 문명의 발전과 함께 수행되었는데 고재 피라미드나 만리장성 프로젝트부터 근대 수에즈운하 건설이나 맨하튼 프로젝트까지 무수히 많은 사례들이 있다. 오늘날 우리 주변에서 볼 수 있는 대표적인 프로젝트는 제품개발, 소프트웨어 개발, 건설이나 건축, 시스템 통합, 연구 개발 등이 있으며 작게는 컨퍼런스 등의 행사 프로젝트나 영화 출시 및 서적 출간 등 다양한 프로젝트가 있다.

프로젝트와 연관된 개념으로는 프로그램과 프로젝트 포트폴리오가 있다. 연관성 있는 프로젝트들을 묶은 그룹을 프로그램이라고 하며, 조직의 전략적 목표를 위한 여러 프로젝트들이나 프로그램들을 구성한 것을 프로젝트 포트폴리오라고 부른다.

기업이나 조직에서 수행하는 업무는 물론 개인적으로 수행하는 생활에서도 프로젝트 개념을 적용한다는 것은 모든 일을 체계적이고 효율적으로 수행한다는 의미로 생각할 수 있다. 이는 그 일들에 대한 시행착오나 실패를 줄여 손실을 최소화함으로써 구조화된 방식을 적용할 수 있는 기회가 될 수 있다.

(2) 프로젝트의 특성

프로젝트는 변화를 위한 도구로서 특정한 목적을 달성해야 하는 특징을 갖는다. 프로젝트는 한시적으로 특정 시점에 시작해서 특정 시점에 종료되는 시작과 끝이 명확한 일회성 사업이며, 매번 수행하는 프로젝트는 고유한 결과물을 생산한다.

프로젝트는 업무 분야나 영역에 의해서 사람들을 묶으며, 그들에게 독특한 방법으로 상호 협력할 수 있는 기회를 제공한다. 또한 프로젝트는 다양하면서도 유연성을 갖고 있으므로 조직은 그들 고객의 요구를 충족시키기 위해 적절한 방법으로 그들을 이용한다. 그러므로 프로젝트는 내부 또는 외부 고객의 요구를 만족시키기 위한 목적을 달성하기 위한 복합적인 활동들의 집합으로 다음과 같은 조건들을 충족시켜야 한다.

① 유일성을 갖는다.
② 일정한 정도의 새로운 것을 내포한다.
③ 프로젝트 소유자가 존재한다.
④ 프로젝트 관리자가 있다.
⑤ 목적과 목표가 정해져 있다.
⑥ 일정이 수립된다.
⑦ 예산이 편성된다.
⑧ 점진적으로 구체화 된다.

2. NPO기관 프로젝트 성과관리

1) NPO기관 프로젝트 성과관리의 필요성

(1) 성과관리의 정의

성과관리란 일을 하기 전에 기대하는 일의 결과물의 기준을 목표로 명확하고 구체적으로 설정하고, 성과목표를 달성하기 위한 인과적인 달성전략을 수립하고 실행하면서 사전에 설정한 성과목표의 달성도를 기준으로 평가하는 것을 의미한다.

(2) NPO 기관의 성과

NPO 기관은 다양한 사회문제의 해결과 클라이언트에 대한 서비스 제공을 위해 노력하는 조직으로 정의되며, NPO 조직은 그 활동 방향의 설정이나 자원개발 등의 측면에서 시민사회의 참여 및 지원이 있어야 하는 자원 의존적 조직이자 개방조직이다. NPO 조직은 민간에서 자발적으로 조직한 것으로 비영리 단체, 비영리 목적으로 설립한 법인 및 최근의 사회적 경제조직(혼합조직) 등도 포함한다.

비영리조직의 증가와 활동영역 확대는 NPO 조직 간의 경쟁 심화로 연결되고 있으며, 사회적 책임성 요구의 확대 등으로 NPO 조직의 성과를 판단하려는 관심이나 노력도 향상되고 있다. 휴먼서비스를 하는 사회복지분야의 비영리 조직에서 성과는 조직의 운영을 위한 토대가 되며, 지속적인 과업 활동의 결과물이다. 또한, 조직의 목적, 목표, 세부 목표와 관련이 있으며 조직에서 미래에 대해 전망하고 지속가능한 방향을 설정하는 데 필요한 요소이다.

1990년대 이후 성과를 위한 이론적인 접근방법인 논리모델(Logical Model)은 프로그램의 기획, 실행, 평가를 체계적으로 구조화하는 도구로 성과를 단기성과, 중기성과, 장기성과로 구성되어 보다 명확하게 제시되고 있다.

① 단기성과(Short-term Outcomes)는 프로젝트, 프로그램 실행 후 즉각적으로 나타나는 변화나 결과를 의미하며, 주로 학습, 인식, 태도 변화와 같은 개인적 수준의 변화를 포함한다(예: 교육 프로그램 참여 후 지식 증가, 새로운 기술 습득 등).

② 중기성과(Intermediate Outcomes)는 단기성과 이후 나타나는 행동 변화나 실천 결과를 포함한다. 개인, 조직, 지역사회 수준에서의 행동 변화가 주된 초점이다(예: 건강 캠페인 후 건강한 생활습관 실천 증가, 지역사회 봉사활동 참여율 상승 등).

③ 장기성과(Long-term Outcomes)는 프로그램의 궁극적인 목표로, 사회적, 경제적, 환경적 변화와 같은 광범위한 영향을 포함한다. 장기성과는 프로그램의 지속 가능성과 사회적 가치 실현을 평가하는 데 중요한 기준이 된다(예: 지역사회 복지 향상, 환경보호 수준 증가, 경제적 자립도 향상 등).

비영리조직 성과는 이론, 관점, 모델 등에 따라 다양한데 사회적 성과, 경제적 성과, 이해관계자 만족도, 클라이언트의 만족도나 품질, 삶의 질이나 변화 정도, 외부자원의 개발 정도 등의 개념들을 포함하고 있다. 즉, 이전에는 모금, 자원개발, 외부 이해관계자 만족 등에 초점을 두었다면, 최근 비영리조직의 성과는 조직가치, 서비스 공정, 조직미션과 비전 등도 조직성과로 보는 견해가 추가되고 있다.

(3) NPO의 성과관리 필요성

조직의 성과에 기반을 둔 비영리조직의 관리를 성과관리라고 하며, 비영리조직에서 성과관리는 조직의 지속 가능성과 효과적인 운영을 위해 매우 중요하며, 중장기적 관점에서 조직의 방향을 고려할 때 성과관리는 조직의 의사결정을 위해 다음과 같은 필요성을 갖는다.

첫째, 책임성과 투명성 강화

외부 재정지원자와 이해관계자들은 NPO의 성과를 명확히 보여줄 것을 요구한다. 성과관리는 조직이 자원을 어떻게 활용하고 있는지, 그리고 그 결과로 어떤 사회적 가치를 창출했는지를 투명하게 제시하는 데 도움을 준다.

둘째, 조직의 효율성 및 효과성 증대

성과관리를 통해 조직은 목표 달성을 위한 전략을 명확히 하고, 자원의 효율적 배분과 운영 방식을 개선할 수 있다. 이는 조직의 장기적인 발전과 생산성 향상에 기여한다.

셋째, 조직 구성원의 동기부여

성과관리 시스템은 조직 구성원들에게 명확한 목표와 기대치를 제공하며, 이를 통해 동기부여와 업무 만족도를 높일 수 있다.

넷째, 사회적 신뢰 구축

성과관리는 NPO 조직이 사회적 신뢰를 구축하는 데 중요한 역할을 한다. 성과를 체계적으로 측정하고 보고함으로써, 조직은 더 많은 지원과 협력을 얻을 수 있다.

2) 공공부문의 성과관리

(1) 공공부문 성과관리의 법률상 정의

정부업무평가 기본법 제2조 제6호는 성과관리를 업무를 추진함에 있어서 기관의 임부, 중 · 장기목표, 연도별 목표 및 성과지표를 수립하고, 그 집행 결과 및 결과를 경제성, 능률성, 효과성 등의 관점에서 관리하는 일련의 활동으로 정의하고 있다.

(2) 공공부문 성과관리의 배경 요인

학문적으로 살펴보면, 1960년대 신공공관리론(New Public Management)과 세계화(Globalization)의 진전에 따라 정부와 공공부문의 비효율성과 행정 낭비를 제거하기 위한 수단으로 성과관리가 중심적인 역할을 수행하게 되었다.

첫째, 1960년대 후반의 유류 파동으로 인한 성장률 둔화와 이 시기에 시작된 복지지출의 증가추세가 1970년대에도 지속되면서 전체 재정지출이 급속히 늘어났으며, GDP 대비 일반정부 지출은 1960년대에서 1980년대 사이에 적게는 5%(미국), 많게는 15%(독일) 증가했기 때문이다.

둘째, 정부실패(Government failure)로 인해 정부의 역할과 기능에 대한 일반적인 인식이 바뀌기 시작하면서, 1980년대 들어와 민영화와 규제 완화와 시대적 조류로 등장했기 때문이다.

성과관리의 개념을 법 · 제도적, 학문적 차원에서 다시 재정리해보면, 성과관리는 조직 구성원들이 단순히 조직에서 요구하는 절차와 규칙의 준수뿐만 아니라 조직의 목표를 달성하는 것이다. 다시말해 성과관리란 전략목표와 성과목표를 제시하고 관련 사업을 설계하여 시행한 이후, 당초 목표로 했던 산출과 결과가 달성되었는지를 평가하고 이를 의사결정에 반영시키는 것이라고 정의할 수 있다.

(3) 미국연방정부 성과평가법(GPRA)

우리나라 공공부문 성과관리는 미국 연방정부의 성과평가시스템을 일부 벤치마킹한 것이다. 미국 최초의 성과평가법은 미국의 클린턴 정부에서 도입된 GPRA(Government Performance Result Act of 1993. 이하 GPRA)이다. OECD 및 미국의 GPRA 법에서는 성과관리가 전략계획, 운영계획, 성과측정, 성과 보고 및 활용의 4단계로 구성되어 있다.

① 전략계획(Strategic planning)

전략계획(Strategic planning)은 행정환경을 고려하여 해당 기관의 장기적인 목표와 활동 전략을 마련하는 것으로, 주요 기능과 활동에 대한 포괄적인 임무의 규정, 일반목표의 제시, 이러한 일반목표를 구체적으로 실현하는 활동 과정의 제시, 인적 · 물적 자원에 대한 정보를 포함한다.

② 운영계획(Operational plans)

운영계획(Operational plans)이란 앞의 전략계획에서 제시된 해당 기관의 임무와 목표를 달성하기 위한 구체적인 실현 방법으로 이를 통해 달성하는 성과 목표를 제시하게 된다.

③ 성과측정(Performance measurement)

성과측정(Performance measurement)은 전략계획과 운영계획에 따라 해당 기관이 수행한 활동 결과의 산출물, 서비스 수준 및 영향 등을 측정 또는 평가하는 것이다.

④ 성과보고 및 활용

성과보고 및 활용은 앞 단계 성과측정의 결과에 대한 보고서를 작성하며 대내외적으로 공표하고, 결과를 바탕으로 인사 및 예산 부문에서 인센티브를 제공하는 등 다양하게 활용하는 것을 의미한다.

3) 성과지표의 이해

(1) 성과지표의 요소

Hatry(1999)는 성과지표를 설정할 때 고려할 사항으로 관련성, 중요성, 이해 가능성, 사업의 성과에 대한 영향력, 자료획득 가능성, 비중복성, 비조작 가능성, 포괄성 등을 제시하고 있다.

① 관련성(Relevance)

사업의 업무 및 목적, 측정하려는 성과와 관련이 있어야 한다.

② 중요성(Importance): 성과의 중요한 측면을 측정해야 한다.

③ 이해가능성(Understandabillity)

성과지표는 이를 사용하는 사람들이 이해할 수 있어야 한다.

④ 영향력(Program influence of control over the outcome)

성과에 대한 영향을 고려해야 한다. 실제로 관측된 성과가 전적으로 사업의 영향에만 기인하는 경우는 거의 없다.

⑤ 자료획득 가능성(Feasibillity): 성과지표 측정을 위해 적절한 자료를 획득할

수 있다.

⑥ 비중복성(Uniqueness)

성과지표가 다른 성과지표와 중복되지 않도록 고려해야 한다.

⑦ 조작가능성(Manipulabillity)

사업 담당자가 조작할 수 있는 지표는 선택하지 않아야 한다.

⑧ 포괄성(Comprehensiveness): 사업의 여러 가지 성과지표를 사용해야 한다.

(2) 성과지표의 해외 사례

① 미국

미국의 OMB(Office of Management and Budget, 예산관리처)는 성과지표의 바람직한 성격으로 양보다는 질, 명확성, 자료획득 가능성, 협력을 제시하고 있다.

첫째, 품질 중심의 좋은 지표(Quality over Quantity) 설정으로 사업의 핵심적 임무 및 사업이 달성하려는 성과와 관련된 것이어야 한다. 이를 위해 양보다 질을 추구해야 한다.

둘째, 명확성(Public clarity)이다. 성과지표를 통해 무엇을 측정하고자 하는가를 해당 성과지표 사용자들이 이해할 수 있어야 한다. 이를 위해 무엇을 측정하고자 하는가를 조직 내부 및 외부에 알려야 하며, 사업의 기대되는 성과가 무엇인가를 사업 참여자들이 이해하는데 도움을 준다.

셋째, 자료획득 가능성(Feasibility)이다. 성과지표 측정을 위한 자료의 획득이 가능해야 한다. 그러나 자료획득 가능성이 성과지표의 선정기준이 되어서는 안 되며, 자료획득이 가능하다고 하여 결과와 별로 관련이 없는 지표를 측정해서는 안 된다.

넷째, 협력(Colaboration)이다. 정부 기관과 사업 참여자들은 협력하는 자세가 필요한데 이는 영역다툼(Turf)이 아닌 결과만이 중요하기 때문이다.

② 영국

영국의 재무부는 성과지표의 바람직한 성격으로 관련성, 왜곡된 유인의 회피, 명확성, 적시성, 신뢰성, 비교가능성, 검증가능성을 제시하고 있다.

첫째, 관련성(Relevance)은 성과지표가 해당 조직이 달성하고자 하는 목표와 관련을 맺고 있어야 한다.

둘째, 왜곡된 유인(Perverse incentives)의 회피성은 성과지표는 바람직하지 않거나 낭비적인 행위를 촉발하지 말아야 한다는 것이다.

셋째, 영향파악 가능성(Attributable)은 성과지표는 해당조직이 영향력을 미칠 수 있는 성과를 측정해야 하며, 성과의 책임이 누구에게 귀속되는지를 명확히 보여주어야 한다는 것이다.

넷째, 명확성(Well-defined)은 측정에 필요한 자료가 일관된 방식으로 수집될 수 있도록 성과지표는 명확하게 정의되어야 하며 쉽게 이해되고 사용될 수 있어야 한다는 의미이다.

다섯째, 적시성(Timely)을 가져야 하는데 성과지표는 빈번하게 측정됨으로써 사업진행 상황의 파악에 도움을 주어야 하며, 빠른 시간 내에 생산됨으로써 자료로서 유용성을 가져야 한다는 의미이다.

여섯째, 신뢰성(Reliable). 성과지표는 당초 원하던 정보를 정확하게 제공해야 하며, 성과의 변화를 민감히 파악할 수 있도록 해주어야 한다.

일곱째, 비교가능성(Comparable)은 현재의 성과를 과거의 성과나 다른 사업의 성과와 비교할 수 있어야 한다는 것을 의미한다.

여덟째, 검증가능성(Verifiable)은 적절한 과정을 거쳐 성과지표가 측정되었는지를 증명할 수 있도록 분명한 근거자료를 구비해야 하는 검증가능성을 지녀야 좋은 지표라고 할 수 있다.

③ 호주

호주의 DOFA(Department of Finance and Administration, 재무행정부)가 제시한 성과지표의 바람직한 세 가지 성격을 제시하고 있다.

첫째는 성과정보와 행동이다. 성과지표를 통해 어떤 행동을 장려할 것인지에 대해 충분히 고려하지 않고 성과지표를 설계하거나 정의할 경우 성과지표는 원하지 않던 결과를 초래할 수 있다. 이 경우 실무관리자들은 가공의 또는 부적절한 기준에 맞추어 산출을 생산하거나, 수치상의 성과달성을 위해 업무 내용을 바꿀 수 있다. 따라서 성과지표들 사이의 상호작용도 강조해야 하며, 예컨대 가격 또는 품질 목표를 희생하여 수량 목표를 달성하는 일은 부적절하고 바람직하지 않다.

둘째, 균형과 명확성이다. 성과지표는 각각의 결과, 산출 또는 관리 항목에 대해 종합적이고 균형 잡힌 시각을 제공할 때 유용성을 가지게 된다. 이를 위해서는 각각에 대해 이해하기 쉽고, 의미가 명확하며, 비용 효과적으로 수집, 보관, 관리할 수 있는 몇 개의 성과지표를 설정해야 한다.

셋째, 성과의 기준이다. 성과지표의 내외부적 활동을 위해서는 성과지표를 통해 현재의 성과가 정성적 또는 정량적으로 특정의 성과 기준과 비교될 수 있어야 한다. 또한 지속적인 성과개선을 유도하기 위해서는 이러한 성과 기준이 가능한 한

의욕적인 수준(상당한 그러나 달성 가능한 개선을 요구하는 수준)으로 설정되어야 한다. 의욕적 수준이 무엇을 의미하는지 명확히 정의되어야 하며, 그 수준은 현실적이어야 한다는 특징을 지닌다.

미국, 영국, 호주의 사례에서 살펴보았듯이 좋은 성과지표를 설정하기 위해서는 성과목표의 성격 및 내용을 고려하여 관련성, 결과 중심성, 명확성, 중요성(대표성, 포괄성), 비교가능성, 검증가능성, 통제가능성, 왜곡된 유인의 유발가능성 등을 종합적으로 고려해야 한다.

4) 성과지표 프로세스

(1) 성과지표의 종류

① 정량지표(Quantitative indicator)

정량지표는 누가 측정을 하든지 똑같은 숫자로 측정되는 양적 지표를 말한다. 프로젝트의 실시 횟수, 제공 기간, 인원수 등이다. 정량지표는 신뢰도가 매우 높아 누가 측정을 하든지 오차가 없다. 예를 들어 무게, 길이, 질량을 측정하는 것처럼 정확한 측정이 가능하다. 반면 실시 횟수, 제공 기간, 인원수 등과 같이 단순한 내용만 측정할 수 있어서 인간 변화의 깊이 있는 속성을 충분히 알아내기 어렵다.

② 정성지표(Qualitative indicator)

정성지표는 사람의 마음으로 판단해서 응답하는 질적 지표를 말한다. 체크리스트, 설문 점수, 심리검사 점수 등이다. 정성 지표는 인간 변화에 대해 궁금한 모든 사항을 문항으로 만들어 조사할 수 있는 장점이 있다. 반면 누가 응답하느냐에 따라, 언제 응답하는가에 따라 결과가 달라질 수 있어 신뢰도가 낮을 수 있다.

③ 정량지표와 정성지표 비교

〈표 13-1〉 정량지표와 정성지표 비교

구 분	정량지표	정성지표
장 점	신뢰도가 높음	인간 변화를 깊이 있게 조사 가능
단점	단순한 객관적 사실만 조사	신뢰도가 낮을 수 있음
예	프로그램 참가 인원수 서비스 제공 횟수 도시락 배달 건수 후원 금액 등	자아존중감 검사점수 프로그램 만족도 점수 사회기술 체크리스트 점수 등

(출처: 조성우 외, 2021)

(2) 성과관리 방법론

성과관리 방법론은 매우 다양하여 조직의 규모, 산업, 문화 등에 따라 적합한 방법을 선택하는 것이 중요하다. 대표적인 성과관리 방법론은 다음과 같다.

- MBO(Management by Objectives)
- OKR(Objectives and Key Results)
- BSC(Balanced Score-card)

모두 조직이 목표를 달성하고 성과를 관리하는데 사용되는 프레임워크나 방법론이다. 각각의 방법론은 목표 설정과 성과측정에 접근방법에 차이를 보인다.

① MBO(Management by Objectives, 목표관리방식)

MBO는 목표 중심의 성과관리 방법으로 상위 계층의 목표기 하위 계층으로 전달되고, 각 계층은 자체적인 목표를 설정하고 성과를 평가하는 방법이다. 피터 드러커의 1954년 저서 [경영의 실체(the practice of management)]에서 제안한 경영기업으로, 관리자와 직원이 공동으로 목표를 설정한 후 목표가 달성된 정도를 측정하고 평가함으로써 경영의 효율성을 증진시키기 위해 전사적 자원의 조직관리 체계를 말한다.

MBO는 자율성에 기반을 둔 경영 기법으로, 전사적 차원의 목표와 각 하위 수준의 목표와의 결합을 통해 조직의 성과를 향상시키는 것을 목적으로 한다. 성과를 일방적으로 평가하는 전통적인 관행에서 벗어나 목표의 달성 정도가 평가되기 때문에 결과지향적인(result-oriented) 관리체계로 평가받는다.

MBO는 조직 내 활발한 의사소통을 촉진하고 구성원들 간의 목표 달성을 위한 일체감을 형성할 수 있게 해준다. 또한 목표 설정 과정에 구성원들이 직접 참여했기 때문에 몰입도와 동기부여 수준이 높다. 이에 결국 각 개인의 목표 달성이 좀 더 원만히 이루어질 수 있게 되고 이것은 곧 부서 및 조직 전체의 목표 달성으로 자연스럽게 이어지게 된다. 그러나 단기적인 목표에만 초점을 둔다는 비판을 받기도 한다. 또한 관리자와 직원 간의 신뢰가 부족한 경우 효과적이지 않을 수 있다. 더불어 성과의 개념이 명확하지 않은 영역이나 목표를 계량화시키기 어려운 영역에서는 목표 설정 자체가 어려울 수 있다.

② OKR(Objectives and Key Results, 목표와 핵심 결과)

OKR은 인텔에서 시작되어 구글을 거쳐 실리콘밸리 전체로 확대된 성과관리 기법으로 조직적 차원에서 목표를 설정하고, 결과를 추적할 수 있도록 해주는 목표 설정 프레임워크다. 이는 조직의 전략적 목표를 수립하고 이를 효과적으로 추적하며 직원들의 노력을 목표 달성에 집중시키는데 도움이 된다.

OKR에서 Objectives(목표)는 조직이나 팀이 특정기간 동안 달성하고자 하는 큰 목표를 나타낸다. 목표는 간결하고 명확하게 영감을 주는 것이 좋다. Key Results(핵심 결과)는 각 목표를 달성하기 위한 구체적이고 측정 가능한 성과지표를 나타낸다. 핵심 결과는 목표의 성취 여부를 정량화하고 추적 가능하게 만드는데, 각 핵심 결과는 성과의 진척 상황을 측정하는데 도움이 된다.

OKR은 일반적으로 분기별 주기로 설정되며, 주기가 끝날 때마다 평가 및 업데이트가 이루어진다. 주기의 끝에서 목표 달성 여부를 확인하고 다음 주기에 적절한 조치를 취하기 위한 OKR을 조정하거나 새로운 목표를 설정할 수 있다. OKR은 목표를 중점적으로 설정하고 우선순위를 부여하여 팀이 핵심 목표에 집중하도록 돕는 역할을 하는 방법론이다.

③ BSC(Balanced Score Card, 균형성과표)

BSC는 조직의 비전과 전략을 조직 내외부의 핵심성과지표(KPI)로 재구성해 전체 조직이 목표달성을 위한 활동에 집중하도록 하는 전략경영시스템으로 1992년 하버드의 로버트 캐플란 교수와 노튼 박사가 내외부, 유무형, 장단기의 균형 잡힌 관점에서 성과를 측정하고 관리하기 위해 개발했다. 이후 BSC는 계속적으로 발전하고 지금은 전략을 지속 가능한 프로세스로 만드는 도구로 주목받고 있다.

전체적인 전략 목표에 맞는 팀별/개인별 이행 과제를 수립해 조직의 역량을 키우는데 초점을 맞추고 있다. 개인의 성과지표 달성 여부와 진척 상황을 수치화해 파악할 수 있고, 개인의 성과지표와 회사 목표가 어떻게 연동돼 있는지 한눈에 파악할 수 있다.

BSC는 조직의 비전과 전략목표 실현을 위해 4가지(재무, 고객, 내부프로세스, 학습과 성장) 관점의 성과지표를 도출하여 성과를 관리하는 성과관리 시스템으로 단기적 성격의 재무적 목표가치와 장기적 목표가치들 간의 조화를 추구하는 방법론이다.

- 재무(Financial)

  재무관점은 수익서, 이익, 현금 흐름 등과 같은 재무적 지표를 평가한다.

- 고객(Customer)

  고객 관점은 조직이 제품이나 서비스를 제공함으로써 어떻게 고객들에게 가치를 제고하는지를 평가한다.

- 내부프로세스(Internal Processes)

  조직 내부프로세스와 활동들이 얼마나 효율적이고 품질있게 수행되고 있는지 측정한다.

- 학습과 성장(Learning and Growth)

  조직 내에서 직원들이 어떻게 학습하고 발전하는지 기술적 혁신 및 지식 증진이 어떻게 이루어지는지 평가하는 것이다.

④ 성과관리 방법론 비교

〈표 13-2〉 성과관리 방법론 비교

구 분	MBO (Management by Objectives)	OKR (Objectives and Key Results)	BSC (Balanced Score Card)
창시자	피터 드러커 (1954년)	앤디 그로브 (1968년)	캐플란 & 노튼 (1992년)
개 념	목표 중심의 경영 체계	목표와 핵심 결과에 중점	균형 잡힌 성과 평가
핵 심 개 념	목적(Objective) 자기관리(Self-control)	목적(Objective) 핵심결과(Key Results)	재무, 고객, 프로세스, 학습 및 성장 관점
지 표 종 류	정성지표	정량지표	정량지표
특 징	상위 목표가 하위로 분해되어 각 수행자는 자신의 목표를 통해 전체 조직의 성과 향상을 추구함. 목표는 측정 가능하고 실현 가능한 것이어야 함.	목표는 도전적이고 향상된 방향 제시, 핵심결과는 목표 달성여부를 측정하는데 사용. 주로 짧은 주기로 설정되며 목표의 공유와 투명성을 강조하여 전체 조직의 정렬과 집중을 도모.	재무, 고객, 프로세스, 학습 및 성장 등 네 가지 관점에서 조직의 성과를 평가. 각 관점에서 목표와 지표를 설정하여 균형잡힌 성과를 구구하며, 단순한 재정적인 측면 뿐만 아니라 전략적 목표 달성에 중점을 둠.

(출처: 이제은, 2024)

⑤ 360도 피드백(360-Degree Feedback)

360도 피드백은 한 개인의 역량이나 성과에 관한 평가나 조언을 관계되는 모든 사람들로부터 받는 것을 의미한다. 조직 구성원을 평가할 때 직속상사 한 사람이 평가하는 것이 아니라 관리자. 직원, 동료, 고객 드 다양한 평가자에 의해 다양한 수준과 측면에서 이루어지는 평가이다. 경우에 따라 외부 전문가가 포함될 수 있다.

3. NPO기관 성과관리 트렌드

전통적인 방식의 성과관리 방법론 이외에도 다양한 성과관리 방법론이 등장하고 있다. 최근 조직의 민첩성, 효율성, 그리고 개인 및 팀의 발전을 강조하며 다양한 형태로 나타내는 경향이 있다. 각 방법론은 조직의 목표와 성격에 따라 선택되고 조합되어야 할 필요가 있다.

1) 최신 성과관리 기법

(1) 지속적 성과관리(Continuous Performance Management)

지속적 성과관리는 전통적인 연간 성과평가 방식에서 벗어나, 실시간 피드백과 주기적인 대화를 중심으로 성과를 관리하는 접근방식이다. 이는 조직과 개인의 성과를 지속적으로 개선하고 조정하기 위해 설계된 시스템으로, 신속한 변화와 민첩한 대응이 요구되는 현대 경영 환경에 특히 적합하다. 지속적 성과관리의 주요 요소는 정기적인 피드백과 코칭, 유연한 목표 설정 및 업데이트, 성과 모니터링 및 대화 기반 관계, 다양한 피드백 소스 활용, 개인 개발과 학습 강조 등이다.

(2) 에자일 성과관리(Agile Performance Management)

소프트웨어 개발에서 시작된 애자일(Agile) 방법론의 철학을 성과관리 시스템에 적용한 것으로, 전통적인 성과관리 방식에서 벗어나 변화에 유연하고 민첩하게 대응할 수 있도록 설계된 성과관리 접근법이다. 짧은 주기로 목표를 설정하고 지속적으로 조정하여 조직의 목표와 개인의 성과를 효과적으로 관리하여 빠르게 변화하는 환경에 대응하하고자 하는 것으로 다음과 같은 주요특징이 있다.

① 지속적인 피드백과 코칭

연간 평가 대신, 주기적으로 피드백을 제공하여 실시간으로 성과를 개선하며, 관리자뿐만 아니라 동료 간 피드백도 포함되어 협업을 강화한다.

② 유여한 목표 설정

고정된 연간 목표 대신, 분기별 또는 프로젝트 단위로 목표를 설정하고 조정하며, OKR(Objectives and Key Results)과 같은 방식으로 개인과 조직의 목표를 연결한다.

③ 협업 중심의 평가, 관리

개인의 성과뿐만 아니라 팀의 협업 성과를 중시하며, 상대평가 대신 절대평가나 다면평가(360도 평가)를 활용하여 공정성을 높인다.

④ 내재적 동기부여 강조

개인의 성장과 학습 기회를 제공하여 동기를 부여하며, 구성원의 자율성과 책임감을 중시한다.

(3) 성과 중심의 성과관리(Outcome-Based Performance Management)

결과 중심의 목표를 설정하고 성과를 중심으로 평가하는 방법이다. 목표 달성과 직결된 성과를 추구하여 비전과 전략에 더욱 가까운 성과를 달성하는데 목적이 있다.

(4) 인재 분석(People Analytics)

최근 성과관리 트렌드로 데이터 분석을 활용하여 직원의 성과를 이해하고 예측하는 방법을 들 수 있다. 데이터 기반 의사결정을 통해 개인 및 팀의 강점과 개선점을 식별하고 조직의 성과를 최적화하는데 중점을 둔다.

(5) 원격 성과관리(Remote Performance Management)

원격 근무 환경에서 성과를 효과적으로 관리하기 위한 방법론이다. 지역 및 국가간 협력을 강화하고 원격 근무에 특화된 성과지표를 도입하는데 중점을 둔다.

(6) 실시간 피드백 시스템(Real-Time Feedback Systems)

최근 성과관리는 실시간으로 피드백이 이루어지는 시스템을 도입하고 있다. 프로그램 진행 중간에 중간 결과를 평가하여 방향성을 조정하는 주기적인 평가, 실시간으로 프로그램 구성원과 의견을 나누고 아이디어를 반영하는 수시 회의, 프로그램 이용자 및 수혜자들의 의견을 적극적으로 반영하는 참여자 중심의 접근법 등의 효율적인 피드백 백을 통해 조직성과를 신속하게 개선하고 성과문화를 강조하는데 목적을 둔다.

이런 방법론들은 다양한 조직의 상황과 요구에 맞게 선택되어야 하며, 종합적으로 적용되거나 필요에 따라 특성 방법론이 강조될 수 있다는 특징이 있다.

2) 소통과 피드백 제공

성과관리의 절차 중 가장 중요한 단계 하나를 꼽자면, 소통과 피드백 제공이다. 피드백은 평가 대상자에게 그들의 성과에 대한 이해를 제공하고, 어떤 부분에 잘하고 있는지, 어떤 부분에 발전이 필요한지에 대한 정보를 전달하고, 소통은 평가 프로세스의 투명성을 확보하며 조직 내에서의 이해와 신뢰를 증진시킨다.

좋은 의사소통, 성과 창출을 위한 효과적인 소통은 서로 간의 역할과 책임을 제대로 할 수 있도록 정보를 공유하는 것이다. 특히 업무를 지시하는 역할을 하는 평가자는 실행하는 피평가자가 어떻게 하면 성과 향상을 위해 강점을 강화하고 필요한 역량을 개발할 수 있는가에 대해 고민해야 한다. 과거 감시자의 역할에서 지도하고 도와주는 조언자(Mentor, Coach)로 변해야 한다.

3) 사회적 성과 측정의 필요성

사기업은 이익 창출을 목적으로 하여 수치화가 가능하고 성과측정 및 관리가 용이하다. 비영리 영역에서는 이익 창출이 목적이 아니기 때문에 수치화로 되어있는 성과측정이 어렵다. 비영리 영역에서 활용할 수 있는 성과관리 방법 중 하나로, 성과관리를 임팩트(Impact, 사회적 영향력) 관점으로 하는 것을 말한다. 아웃컴(Outcome, 성과), 임팩트 단계의 결과 달성을 목표로 활동(프로젝트, 사업)이 계획되고 실행되도록 관리함으로써 목표(임팩트, 사회적영향력) 달성할 수 있도록 하는 방법 및 체계이다. 임팩트 성과관리는 관점, 학습, 방법론으로 의미를 가진다. 즉, 결과 중심으로 생각하고 개선하며 이러한 결과를 달성하기 위한 방법을 구상하는 것이다.

비영리조직의 과거와 현재, 즉 기성세대와 청년 활동가의 생각 변화는 시대의 변화에 따른 교육방식의 차이에서 비롯된다. 집단주의에서 개인주의로 변화하는 것에서 세대 간의 변화를 나타내는 지표이다. 기성세대들은 일과 생활의 일체가 되어야 하고, 수직적인 구조로 활동을 했다면, 청년 활동가들은 일과 생활의 분리가 확실해야 하며, 수평적인 구조를 선호한다. 기성세대가 구축한 시스템을 청년세대가 따라야하는 입장이기 때문에 공익활동을 하는데, 세대 간의 생각 변화는 소통과 화합을 통해 서로 배려하여야 한다. 공익활동의 사회적 영향력은 수 많은 성과가 누적 되어야 발생할 수 있기 때문이다.

참고문헌

가인지 컨설팅 연구소 외(2024). **조직 역동성.** 가인지북스.

강경재 (2012). KOICA 기관 성과관리 개선방안 연구: 개발 협력 사업 성과관리를 중심으로. **국제개발협력연구, 10**(1), 45-67.

강민호(2017). **변하는 것과 변하지 않는 것**. 턴어라운드.

강현수(2018). **지속가능한 지역발전과 도시계획.** 서울: 한울아카데미.

경기도교육청(2022). **마을교육공동체 우수사례집.** 수원: 경기마을교육지원센터.

고광용 · 이아람(2022). 지역 시민사회 거버넌스 주도 지역경제 회복 사례 분석 및 전략 개발 연구. NGO연구.

국승용 · 김창호(2022). 고향사랑기부제 활성화를 위한 과제. 한국농촌경제연구원.

김대헌(2020). 지역공생사회에 있어서 일본의 특정비영리활동법인의 역할과 과제에 대한 연구: 특정비영리활동법인 페리스몬테의 실천사례를 중심으로, **한국사회복지학회**, 10, 674-683.

김동일(2019). 브랜드 커뮤니케이션의 이론과 실제. **경영학연구, 48**(3), 345-370.

김동준(2012). 비영리조직의 새로운 경영기법 도입과 발전을 위한 조직론적 고찰- 우리나라 협동조합 조직을 중심으로. 한국연구재단.

김민 · 남재준(2022). 비영리 스포츠 조직의 지속 가능성 제고를 위한 사회적 기업가정신 고찰. **한국체육정책학회지, 20**(4), 15-38.

김성기 외(2017). **한국 비영리기관 경영론.** 학지사.

김성철 외(2014). **프로그램개발과평가.** 양서원.

김성철 외(2023). **비영리기관운영관리.** 박영사.

김성철 외(2024). **NPO ESG 경영론.** 양성원.

김성철 외(2024). **사회복지경영론.** 양성원.

김세연 · 김민석 · 남춘모(2022). 지역의 사회적경제 활성화방안으로서 사회자본 축적에 대한 연구: 대구 · 경북지역을 중심으로. 지역사회 현안과 담론.

김영호(2020). **UN SDGs와 시민사회 실천**. 서울: 좋은사회연구소.

김정린(2005). **비영리조직 경영.** 아르케.

김정연(2022). 비영리법인 이사회의 운영 실태와 개선방안. **법학논집, 26**(3).

김정우(2020). **지속가능한 지역공동체와 사회적경제**. 서울: 커뮤니티연구소.

김정우(2021). **ESG와 사회혁신**. 서울: 사회책임경영연구소.

김정호(2020). NPO의 회복탄력성 역량에 관한 연구. **비영리리더십연구, 7**(1), 33-54.

김지미(2020). 가족돌봄 대안으로서의 지역사회 노인통합돌봄의 가능성:일본 지자체에서의 대응사례와 한국에의 시사점. 경남대학교 학술진흥연구비 지원

김지연(2020). **지속가능한 커뮤니티 개발과 사회적 가치**. 서울: 공동체출판.

김철수 · 이영희 · 박지훈 (2021). 프로젝트 관리에서 이해관계자 리스크 관리의 중요성. **한국프로젝트관리학회지, 17**(3), 123-145.

김초이(2011). 몬테카를로 시뮬레이션을 활용한 소프트웨어 프로젝트 리스크 관리, 상명대학교 대학원 컴퓨터과학과 석사논문.

김현숙 · 홍희수 (2021). 비영리 기관의 사회적 혁신 활동이 재원조달 혁신에 미치는 영향. **한국사회복지학, 72**(3), 45-67.

김혜정 · 김유나 · 김미희(2023). 조직문화가 바꾸는 비영리조직의 내일. 제23회 기부문화심포지엄, 기빙코리아 2023.

남춘호, 김정석(2023). 거버넌스레짐을 통한 협력적 거버넌스에 관한 탐색적 분석-성북구 지역사회 혁신계획 사례를 중심으로. **지역사회연구. 31**(4), 351-383.

남희은 · 임유진 · 백정원 · 김남숙 · 윤영지(2021). 장애인복지기관 종사자의 4차 산업혁명 최신 기술 관심도가 최신기술 활용 저항도와 불안도에 미치는 영향: 최신기술 수용도의 매개효과를 중심으로. **한국산학기술학회 논문지 22**(5), 188-198.

노상우(2022). **지역사회 임팩트 전략과 파트너십**. 광주: 지방혁신출판사.

노연희 · 이민영(2022). 비영리조직의 투명성 수준과 자원동원성과에 미치는 영향에 대한 탐색적 연구. **사회복지정책과 실천, 8**(1), 129-170.

노태일(2016). 비영리조직(NPO) 회계의 문제점과 개선방안, **대한경영학회지, 29**(11).

류량도(2021). **성과관리**. 쌤앤파커스.

문성민(2023). 디지털 커뮤니케이션과 NPO의 참여 전략. **비영리와 커뮤니티, 11**(2), 44-61.

문유석(2020). 조직의 의사소통과 직무만족이 혁신능력에 미치는 영향에 대한 실증분석: 산림청 조직을 중심으로. **지방정부연구,** 제24권 제2호, 159-177

문정엽(2016). **피터드러커 경영수업.** 21세기북스.

민택기(2021). **프로젝트 관리를 알면 프로젝트가 보인다**. 노드미디어

박경미 · 정은정 · 김종엽(2016). 지속가능한 비영리기관 재정모델과 재정조직효율성에 관한 연구. **한국사회복지행정학, 20**(2), 45-67.

박미희 · 노연희 · 박란희 외(2022). **2022 기부 트렌드 - 확장되는 세계, 일상이 되는 기부**. 서울: 사랑의열매 나눔문화연구소.

박선우(2022). **데이터 기반 비영리 전략**. 서울: NPO데이터랩.

박은미 · 서정해(2020). 기업가 정신과 진정성 리더십이 비영리 조직의 성과에 미치는 영향. **한국융합학회 논문지, 11**(2), 231-240.

박인권(2012). 지역재상을 위한 지역공동체 주도 지역발전전략의 규범적 모형: SAGE 전략. **한국지역개발학회지, 24**(4), 1-26.

박종선(2008). 사회복지 분야에 미치는 시민사회의 현황과 개선방안 – 비영리민간단체 중심. **한국인간복지실천연구**, 1, 123-145.

박혜정(2022). **비영리조직의 ESG 전략**. 서울: 사회책임경영연구소.

방대욱(2015). [오피니언] 비영리조직, 혁신의 출발점은 어디일까? 희망제작소.

방화11종합사회복지관(2023). 사업운영계획서.

백유성 · 조연화(2014). 사회적 기업의 지속 경영 가능성. **사회적 가치와 기업연구, 7**(2), 135-155.

사랑의 열매. 굿네이버스 연차보고서.

서울특별시 도시재생지원센터 (2023). 서울형 창업지원 모델사례집. 서울특별시 도시재생지원센터.

서은선(2012). 중소기업의 디자인 가치구현을 위한 평가체제. **한국디자인학회지, 25**(3), 123-145.

서지원 · 제니퍼 라이너 · 김정욱(2023). Agile Management to Agile Collaboration in the Nonprofit Sector: Cases During the COVID-19 Pandemic. **도시연구, 24,** 169-214.

손정욱(2023). **프로세스측정**. 한국국제협력단 사업평가실.

송지혜(2021). 조직 내 지식 공유를 위한 전략. **한국경영학회지, 38**(2), 45-67.

스탠포드 소셜 이노베이션 리뷰(SSIR) 한국어판(2024). 한양대학교 SSIR Korea 센터.

신준섭 · 안형기(2013). 2013 봄: 사회복지조직의 혁신성 효과 분석 연구. **한국행정학보, 47**(1), pp. 149-170.

신호은(2023). 리스크 대응을 위한 규제 거버넌스의 구축에 관한 공법적 연구: 나노물질 규제를 중심으로. 박사학위논문, 한양대학교 대학원.

심미승(2016). 지역사회복지관점에서 로컬거버넌스 특성 분석. **한국콘텐츠학회논문지, 16**(12), 614-624.

앤-로어 파야르 · 사라 파탈라(2024). 디자인씽킹, 과녁을 빗나가다. Stanford Social Innovation Review 한국어판, 2024년 봄호.

연태준(2022). 기업의 ESG 활동과 영향력에 관한 연구: 조직 구성원의 인식을 중심으로. 석사학위논문.

용환성(2019). 프로젝트 거버넌스가 프로젝트 성과에 미치는 영향에 관한 연구. 석사학위논문

원정달 · 정기수(2022). 중소기업 경영자의 전략적 리더십, 구성원의 심리적 임파워먼트, 직무열의, 혁신 행동 간의 구조적 관계 분석. **한국산학기술학회논문지, 23**(5), 1-15.

이강군(2010). 생존과 지속가능경영을 위한 창의 가치 창출 전략. **지속 가능 연구, 1**(1), 43-77.

이다솔 · 김춘순 · 이대웅(2021). 사회복지정책 참여자로서 NPO의 발전방향에 관한 연구; 조직평가를 중심으로. 공감과 혁신을 위한 플랫폼 거버넌스 교육연구단.

이명규 · 최형덕 (2018). 비영리기업의 혁신활동이 봉사자들의 참여의도에 미치는 영향. **한국사회복지학**, 70, 45-65.

이민호 외(2020). 프로젝트 리스크 평가를 위한 새로운 프레임워크 제안. **한국프로젝트경영학회지, 25**(1), 55-70.

이보람 · 서경희 · 김경민(2021). 한국 사회혁신 생태계 주체별 혁신 단계에 관한 연구:정부, 사회적 조직, 시장(기업)을 중심으로. **도시행정학보,** 제34집 제1호, 79-103

이영옥 · 이용범 · 장준환(2020). 비영리기업의 디지털 전환과 혁신활동에 관한 연구. **한국사회복지학**, 72, 101-123.

이용환(2017). 주민자치와 로컬거버넌스 사례 연구:고양시 자치도시 실험을 중심으로. 경기연구원.

이유미 · 홍아름(2018). 사회적 기업의 기술혁신이 경제적 성과와 사회적 성과 미치는 영향. **한국혁신학회지**.

이익규(2014). 비영리 조직의 구축 및 자금조달 사례 연구. 저널 물 정책 · 경제(Journal of Water Policy & Economics)

이재완 · 강병노(2021). 비영리조직의 성과에 관한 연구동향 분석. **NGO연구,** 제16권 제3호, 299-339.

이재현(2023). 비영리조직의 지속가능성을 위하여. **한국비영리학회지, 17**(1), 23-45.

이제은(2024). **평가와 성과관리: 변화를 주도하는 힘.** 열린 인공지능.

이주영(2020). 시민사회 참여 동인 분석: NPO가입과 공공활동 참여를 중심으로. 성균과대 동아시아 공존 · 협력 연구센터.

이진 · 김준 · 최병숙(2023). 사회적투자수익률(SROI) 분석에 기반한 사회주택 공급 사례 '청춘 101'의 사회적 가치 측정. **한국주택학회지, 34**(2), 1-14.

이현복(2019). 기업의 지속가능경영이 사회적 자본 형성에 미치는 영향. **기업경영연구,** vol.26, no.2, 31-54.

일본 경제학 연구소(2017). Local Public Finance and Regional Economy: The Impacts of Hometown Tax Payment in Japan.

일본 지방자치연구(2018). ふるさと納税と地域活性化: 地域固有の資源を活用したまちづくりの取り

組み. **일본 지방자치연구, 45**(2), 123-140.

장혜진 · 이원현(2017). 비영리기관의 인적자원관리와 조직성과에 관한 연구: 전문성과 재정, 기능을 중심으로, **비교민주주의연구,** 제18집 1호, 199-241

전현경(2020). 비영리기관의 투명성 인식에 대한 질적 연구. 소비문화연구.

정구현(2006). 사회혁신과 조직혁신. **한국혁신학회지, 1**(1), 53-60.

정란아(2024). 비영리조직을 위한 임팩트 성과 측정 및 관리. 광명시공익활동지원센터.

정민섭(2016). 동등기회연구소(IREO). 정책연구 및 정책번역

정상호(2022). 한국 · 중국 · 일본의 시민사회 비교 연구: 비영리조직(NPO)의 규모와 특성에 관한 분석. **사회복지연구, 53**(2), 87-110.

정선화(2021). **지역사회보장협의체의 기능과 역할 변화**. 부산: 동아대학교 출판부.

정수진 · 김민수 · 이현지(2023). 프로젝트 리스크 관리를 위한 소프트웨어 도구의 효과성 연구. **한국프로젝트관리학회지, 15**(1), 101-120.

정진경 · 김혜정(2023). 비영리조직의 인적자원관리 현황과 전략적 인적자원관리 실행 영향요인. **한국사회복지행정학,** 제25권 제2호(통권 제79호), 1-23.

제임스 갤빈(2021). **굿 거버넌스, 어떻게 할 것인가**. 비아토르.

조규현(2020). 커뮤니케이션 전략과 그 구현. 한국경영학회지.

조대연 외(2008). 비영리조직의 지식경영 현황 및 비영리조직간 지식경영 핵심성공요인. **한국지식경영학회 지식경영연구,** 제9권 제2호.

조성우 · 안정선 · 최승희 · 김상곤(2018). **사회복지프로그램 개발 및 평가**. 학지사.

조영복 (2012). 사회적기업 성과측정 도구로서의 사회적투자수익률 방법(SROI)과 측정사례. **한국지식정보기술학회 논문지**, 2012 vol.7, no.6, 29-45.

조영복 · 류정란(2014). 사회적기업의 사회적 가치 측정, 그 접근법과 발전방향의 모색 - SROI의 우수성을 중심으로. **한국인적자원관리연구**, 2014 vol.21, no.3, 475-494.

주희선(2008). 하버드대학교 프로젝트 제로에 대한 고찰. **교육연구, 34**(2), 55-74.

채주석 · 김찬중(2019). 전략적 인적자원관리가 조직역량을 통해 경영 성과에 미치는 영향'. **인적자원 관리연구, 26**(1), 143-174.

최경희 · 최유미(2021). 기부자의 기부만족이 기부의도에 미치는 영향: 기관신뢰의 매개효과를 중심으로. **한국콘텐츠학회 논문지, 21**(2), 206-214.

최미화(2021). 기업혁신, 지속가능경영 및 기업가치. **세무회계연구, 67**(0), 55-73.

최상미(2014). 사회복지조직의 혁신 수행실태와 혁신 영향 요인에 대한 탐색적 연구-서울시 종합사회복지관을 중심으로. **서울도시연구,** 제15권 제4호.

최영출(2015). 사회적기업의 지속가능성에 미치는 영향요인: ACA 방법의 적용. 충북대학교 행정학과 한국연구재단.

최종혁 · 이애련(2020). 비영리조직의 자원봉사활동특성 및 정기후원에 영향을 미치는 요인- 대한적십자사 자원봉사자를 중심으로. **유라시아연구, 17**(1), 155-181.

최지은 (2022). 비영리 투명성 평가지표 만든다-'평가기준 공개초안' 공청회 개최. 한국일보.

토마스 울프(2020). 21세기 NPO경영, 이렇게 하라. 재단법인 행복세상.

피터 드러커(2006). 피터 드러커의 위대한 혁신. 한국경제신문.

피터 드러커(2013). **대변화 시대의 경영**. 청림출판.

피터드러커(1995). 피터 드러커의 비영리단체(NPO) 경영론, 한국경제신문.

한국NPO공동회의(2020). 비영리단체 협력활동 실태조사 보고서. 한국NPO공동회의.

한국사회복지관협회(2021). 코로나19 대응 우수사례집. 서울: 한국사회복지관협회.

한국소비자원(2023). UN SDGs 및 소비자 중심의 ESG 경영을 위한 전략적 성과관리 방안. 한국소비자원 연구보고서.

홍성태(2011). **사회 마케팅**. 박영사.

황보은 · 정기홍(2011). 사회적 마케팅 캠페인의 성공 요인에 관한 연구. **한국광고홍보학보, 13**(1), 7-38.

Ajzen, I. (1991). The theory of planned behavior. *Organizational Behavior and Human Decision Processes, 50*(2), 179-211.

Alexis Savkín, "결과 기반 관리 vs. 전략 구현을 위한 균형성과표," BSC Designer, 11월 14, 2024, https://bscdesigner.com/ko/results-based-management.htm.

Andreasen, A. R. (1994). Social marketing: Its definition and domain. *Journal of Public Policy & Marketing, 13*(1), 108-114.

Anheier, H. K. (2005). *Nonprofit Organizations: Theory, Management, Policy*. London: Routledge.

Armstrong, G., & Kotler, P. (2016). *Marketing: An Introduction* (13th ed.). Pearson Education.

Arnstein, S. R. (1969). A Ladder of Citizen Participation. *Journal of the American Institute of Planners, 35*(4), 216-224.

Austin, J. E. (2000). *Strategic Collaboration Between Nonprofits and Businesses*. Nonprofit and Voluntary Sector Quarterly.

Bandura, A. (1986). *Social Foundations of Thought and Action: A Social Cognitive Theory*. Prentice-Hall.

Bass, B. M. (1990). *Bass and Stogdill's Handbook of Leadership: Theory, Research, and Managerial Applications* (3rd ed.). New York: Free Press.

Bennis, W., & Nanus, B. (1985). *Leaders: Strategies for Taking Charge*. New York: Harper & Row.

Beth Kanter & Allison Fine(2010). *The Networked Nonprofit: Connecting with Social Media to Drive Change*.

Bryson, Crosby, and Stone(2015). *Designing and Implementing Cross-Sector Collaborations*.

Bryson, J. M. (2018). *Strategic Planning for Public and Nonprofit Organizations* (5th ed.). Hoboken, NJ: Wiley.

Bryson, J. M., Crosby, B. C., & Stone, M. M. (2006). T*he Design and Implementation of Cross-Sector Collaborations*.

Burns, J. M. (1978). *Leadership*. New York: Harper & Row.

California Learning Resource Network. (n.d.). *What is the social marketing? Retrieved from.* https://www.clrn.org/what-is-the-social-marketing/

Canada, G. (2010). *Whatever It Takes: Geoffrey Canada's Quest to Change Harlem and America*. Boston: Beacon Press.

Chaffey, D.(2019). *Digital Marketing: Strategy, Implementation, and Practice* (7th ed.). Pearson.

Ciulla, J. B. (1998). *Ethics, the Heart of Leadership*. Westport, CT: Praeger.

Dirks, K. T., & Ferrin, D. L. (2002). Trust in Leadership: Meta-Analytic Findings and Implications for Research and Practice. *Journal of Applied Psychology, 87*(4), 611–628.

Drucker, P. F. (1990). *Managing the Non-Profit Organization: Principles and Practices*. New York: HarperCollins.

Ebrahim, A., & Rangan, V. K. (2014). What Impact? A Framework for Measuring the Scale and Scope of Social Performance. *California Management Review, 56*(3), 118-141.

Farrelly, M. C., Davis, K. C., Haviland, M. L., Messeri, P., & Healton, C. G. (2005). Evidence of a dose–response relationship between 'truth' antismoking ads and youth smoking prevalence, *American Journal of Public Health, 95*(3), 425-431.

FasterCapital(2024). 비영리 사례 연구-성공사례: 비영리 단체가 비즈니스 세계에서 성공하는 방법.

Freeman, R. E. (1984). *Strategic Management: A Stakeholder Approach*. Boston: Pitman.

Fulton, K. & Blau, A. (2005). *Looking Out for the Future: An Orientation for Twenty-first Century Philanthropists*. Washington, D.C.: Monitor Institute.

Fulton, K., & Blau, A. (2005). *Looking Out for the Future*. Washington, D.C.: Monitor Institute.

Fulton, K., & Blau, A. (2005). *Looking Out for the Future: An Orientation for Twenty-first Century Philanthropists*. Washington, D.C.: Monitor Institute.

Fulton, K., & Blau, A. (2005). *Looking Out for the Future: An Orientation for Twenty-first Century Philanthropists*. Washington, D.C.: Monitor Institute.

Gardner, J. W. (1990). *On Leadership*. New York: Free Press.

Gaventa, J. & Cornwall, A.(2008). Power and Knowledge. *Participatory Learning and Action, 58*, 172-178.

Gaventa, J., & Cornwall, A. (2008). Power and Knowledge. *Participatory Learning and Action, 58*, 172-178.

Glanz, K., Rimer, B. K., & Viswanath, K. (Eds.). (2015). *Health Behavior: Theory, Research, and Practice* (5th ed.). Jossey-Bass.

Graham, M. & Doherty, L. (2007). *Effective Nonprofit Collaboration: Managing the Challenges of Partnerships*.

Guo, C., & Acar, M. (2005). *Understanding Collaboration among Nonprofit Organizations.*

House, R. J. (1971). A Path-Goal Theory of Leader Effectiveness. *Administrative Science Quarterly, 16*(3), 321-339.

India Free Notes. (n.d.). *Features of Social Marketing*. Retrieved from.

James E. Austin(2000). *The Collaboration Challenge.*

Bryson, J. M. (2018). *Strategic planning for public and nonprofit organizations: A guide to strengthening and sustaining organizational achievement* (5th ed.). John Wiley & Sons.

Kania, J., & Kramer, M. (2011). Collective impact. Stanford Social Innovation Review, Winter, 36-41.

Kanter, B., & Fine, A. (2010). *The Networked Nonprofit: Connecting with Social Media to Drive Change*. Jossey-Bass.

Kaplan, R. S., & Norton, D. P. (2001). *The Strategy-Focused Organization*. Boston: Harvard Business Press.

Kotler, P., & Lee, N. (2008). *Social Marketing: Influencing Behaviors for Good.* SAGE Publications.

Kotler, P., Roberto, E. L., & Lee, N. (2002). *Social Marketing: Improving the Quality of Life*. SAGE Publications.

Kotter, J. P. (1996). *Leading Change*. Boston: Harvard Business Review Press.

Kretzmann, J., & McKnight, J. (1993). *Building Communities from the Inside Out: A Path Toward Finding and Mobilizing a Community's Assets*. Chicago: ACTA Publications.

Lefebvre, R. C. (2013). *Social marketing and social change: Strategies and tools for improving health, well-being, and the environment*. Jossey-Bass.

Lewis, L. K., Hamel, S. A., & Richardson, B. K. (2001). Communicating Change to Nonprofit Stakeholders. *Management Communication Quarterly, 15*(1), 5-41.

Light, P. C. (2002). *Pathways to Nonprofit Excellence*. Washington, DC: Brookings Institution Press.

Light, P. C. (2004). *Sustaining Nonprofit Performance: The Case for Capacity Building and the Evidence to Support It*. Washington, D.C.: Brookings Institution Press.

Minkler, M., & Wallerstein, N. (2011). *Community-Based Participatory Research for Health*. San Francisco: Jossey-Bass.

Northouse, P. G. (2018). *Leadership: Theory and Practice* (8th ed.). Thousand Oaks, CA: SAGE Publications.

OECD(2020). *Building Resilient Societies after COVID-19*. Paris: OECD Publishing.

OECD(2020). *Local Development and Social Innovation*. Paris: OECD Publishing.

OECD(2021). T*he Digital Transformation of Social Services*. Paris: OECD Publishing.

Drucker, P. F(1990). *Managing the Non-Profit Organization: Principles and Practices*. HarperCollins.

Pfeffer, J., & Salancik, G. R. (1978). T*he External Control of Organizations: A Resource Dependence Perspective*. New York: Harper & Row.

Prochaska, J. O., & DiClemente, C. C. (1983). Stages and processes of self-change of smoking: Toward an integrative model of change. *Journal of Consulting and Clinical Psychology, 51*(3), 390-395.

Provan, K. G., & Kenis, P. (2008). Modes of Network Governance: Structure, Management, and Effectiveness. *Journal of Public Administration Research and Theory, 18*(2), 229-252.

Putnam, R. D. (1995). Bowling Alone: America's Declining Social Capital. *Journal of Democracy, 6*(1), 65-78.

Putnam, R. D. (2000). *Bowling Alone: The Collapse and Revival of American Community*. New York: Simon & Schuster.

Salamon, L. M. (1995). *Partners in Public Service: Government-Nonprofit Relations in the Modern Welfare State.*

Salamon, L. M. (2012). *The Resilient Sector: The State of Nonprofit America* (2nd ed.). Washington, DC: Brookings Institution Press.

Sowa, J. E(2009). The collaboration decision in nonprofit organizations: Views from the front line.

Nonprofit and Voluntary Sector Quarterly, 38(6), 1003-1025.

Stogdill, R. M. (1974). *Handbook of Leadership: A Survey of Theory and Research*. New York: Free Press.

Tannenbaum, R., Weschler, I. R., & Massarik, F. (1961). *Leadership and Organization: A Behavioral Science Approach*. New York: McGraw-Hill.

Tough, P. (2008). *Whatever It Takes: Geoffrey Canada's Harlem Children's Zone and the Promise of America*. Boston: Mariner Books.

UN(2015). Transforming our World: The 2030 Agenda for Sustainable Development. United Nations.

UNICEF(2022). Corporate Partnership Guidelines.

World Commission on Environment and Development(1987). *Our Common Future*. Oxford: Oxford University Press.

Worth, M. J. (2009). *Nonprofit management: Principles and practice*. SAGE Publications.

Yamamoto, M. (2019). *Civil Society and Disaster Recovery in Japan*. London: Routledge.

Yukl, G. (2010). *Leadership in Organizations* (7th ed.). Upper Saddle River, NJ: Pearson Education.

게으름의 흔적 https://speedspeed.tistory.com

경제포커스 https://blog.naver.com/banquest

교육실험실21 https://gschool.kr/essay

복지타임즈(http://www.bokjitimes.com)

사단볍인 한국비영리조직평가원. http://kine1004.org

소셜이노베이션그룹 http://socialinnovationgroup.kr

소셜임팩트뉴스 https://www.socialimpactnews.net

스타트업 성장의 재정적 어려움 https://fastercapital.com

아이뉴스(2025). https://www.inews24.com/view/1801968

연합뉴스(2025).https://www.yna.co.kr/view/AKR20250116065000056?input=1195m

위키백과 https://ko.wikipedia.org

이로운넷 https://www.eroun.net/news

일조칠천 https://1jo7cheon.tistory.com

조선미디어 더나은미래. https://www.futurechosun.com/archives/69333

조선미디어(2024). https://futurechosun.com/archives/104025

한경뉴스(2025).https://www.hankyung.com/article/202501071130i

한국 NPO의 거버넌스 https://www.sop.or.kr
행동경제학 withooosle.co.kr
희망제작소(NPO의 여섯 가지 과제) https://www.makehope.org
NPO스쿨 https://nposchool.tistory.com
https://blog.naver.com/angelpax
https://ssirkorea.org/sector/?bmode=view&idx=119761858
https://www.makehope.org
https://dbr.donga.com
https://indiafreenotes.com/features-of-social-marketing
Save the Children https://www.sc.or.kr
happy Info https://dinoteacher.com
https://www.wwfkorea.or.kr
https://www.socialmarketinggateway.co.uk/what-is-social-marketing
https://ssir.org
https://www.unicef.org
https://www.lifein.news
https://fastercapital.com
https://www.socialmarketinggateway.co.uk/what-is-social-marketing
http://dx.doi.org/10.31324/JRS.2023.12.31.4.351
https://campaigns.do

저자 소개

김성철 백석대학교 대학원 NPO 경영학과 주임교수

김태현 경기과학기술대학교 사회복지학과 겸임교수

유옥자 호원대학교 아동복지학과 겸임교수

윤승호 노인의료복지 시온의집 대표

최명순 서울디지털문화대학교 사회복지학과 겸임교수

허 찬 사회적협동조합 한국발달장애심리상담협회 이사장

홍병옥 백석대학교 인성개발원 교양교수

NPO 경영 혁신론

1판 1쇄 인쇄 — 2025년 8월 25일
1판 1쇄 발행 — 2025년 8월 29일

저　　자 - 김성철 김태현 유옥자 윤승호 최명순 허찬 홍병옥
발 행 인 - 강철원
발 행 처 - 양성원
주　　소 - 경기도 파주시 검산로 173번길 29-12
전　　화 - 031-946-3861(代)
팩　　스 - 031-946-3864
이 메 일 - tnwpub@naver.com
홈페이지 - tnwpub.co.kr
출판등록 - 2015년 8월 31일 제 2015-000211 호

ISBN 979-11-6126-646-6

정가 25,000원